EL CAMINO
DE LA COMPASIÓN

El camino de la compasión

Cómo convertirnos en bodhisattvas

Pema Chödrön

Gaia
Ediciones

Título original: *No Time to Lose: A Timely Guide to the Way of the Bodhisattva*

Traducción: Alfonso Taboada

Diseño de cubierta: Equipo Alfaomega

© 2005, Pema Chödrön
Publicado por acuerdo con Shambhala Publications, Inc.

De la presente edición en castellano:
© Gaia Ediciones, 2018
   Alquimia, 6 - 28933 Móstoles (Madrid) - España
   Tels.: 91 614 53 46 - 91 614 58 49
   www.alfaomega.es - E-mail: alfaomega@alfaomega.es

Primera edición: marzo de 2020

Depósito legal: M. 1.315-2020
I.S.B.N.: 978-84-8445-838-8

Impreso en España por: Artes Gráficas COFÁS, S.A. - Móstoles (Madrid)

Ante mi maestro,
Chogyam Trungpa Rimpoché,
me inclino

Índice

La gente como nosotros puede hacer que las cosas sean bien distintas

*L*A PRÁCTICA DEL BODHISATTVA* se compuso en la India hace más de doce siglos pero, por increíble que parezca, sigue siendo relevante en nuestros días. Este texto clásico, escrito por el sabio indio Shantideva, nos sorprende con instrucciones muy actuales y para personas como tú y como yo, que nos ayudan a vivir de una manera sensata y a abrir el corazón, incluso en este mundo tan turbulento. Se trata de una guía esencial para bodhisattvas novatos, guerreros espirituales que anhelan aliviar el sufrimiento, tanto el propio como el de los demás. Se enmarca por tanto dentro del mahayana, la escuela del budismo que pone de relieve la compasión universal y el cultivo de nuestra mente de sabiduría, esa mente flexible y libre de prejuicios.

Según la tradición, quien escriba un comentario sobre un texto como *La práctica del bodhisattva* (*Bodhicharyavatara* en sáns-

---

* Existen varias traducciones al castellano del *Bodhicaryavatara*, entre ellas la más reciente es *La práctica del bodhisattva*, Ediciones Dharma, 2008. Este texto usa el mismo original inglés del que yo me he valido para la traducción del poema de Shantideva incluido en esta obra, aunque en ambas traducciones se han usado otras referencias. *(N. del T.)*

crito) ha de tener una realización espiritual avanzada, o haber recibido en un sueño indicaciones que lo lleven a componer dicho tratado. Como yo desgraciadamente no cumplo con ninguno de estos requisitos, me limito a ofrecer esta enseñanza con la sincera aspiración de que resulte útil a los que lean a Shantideva por vez primera y de que se beneficien de su texto tanto como yo.

La estima que siento por *La práctica del bodhisattva* es algo que surgió poco a poco, y que solo llegó tras familiarizarme con Patrul Rimpoché, el gran yogui errante tibetano del siglo XIX. Gracias a sus escritos y a las historias locas que se cuentan sobre él, llegué a respetar y a querer mucho a este hombre. No tenía una residencia fija, ni pertenencias, y era muy poco convencional y extremadamente espontáneo en su comportamiento. Pero, a la vez, era un maestro poderoso y sabio, con una realización espiritual manifiesta en todas las situaciones de su vida. Se relacionaba con la gente con una gran compasión y ternura, pero también con una honestidad inexorable.

Cuando descubrí que Patrul Rimpoché había enseñado este texto cientos de veces, sentí curiosidad. Él vagaba por el Tíbet enseñando a cualquiera que estuviera dispuesto a escuchar: pobres y ricos, nómadas y aristócratas, académicos y gente que no había estudiado nunca las enseñanzas budistas. Al saber esto, me dije: «Si a este hombre excéntrico, a este dedicado yogui, le encantaba tanto este texto, es que debe de tener algo especial». Fue entonces cuando comencé a estudiarlo en serio.

Hay personas que se enamoran de *La práctica del bodhisattva* en la primera lectura, pero yo no soy una de ellas y, ciertamente, sin la admiración que siento por Patrul Rimpoché, no le hubiera dedicado más tiempo. Pero una vez que comencé a esforzarme de verdad por entender su contenido, el texto me sacudió, obligándome a abandonar una autocomplacencia profundamente arraigada en mí, y llegué a reconocer la urgencia y relevancia de estas enseñanzas. Gracias a la guía de Shantideva, me di cuenta de que personas comunes y corrientes como nosotros pueden hacer que las cosas sean bien distintas en un mundo que necesita ayuda desesperadamente.

Comencé también a desear un comentario menos académico que los existentes, que pudiera llegar a un público amplio y ser accesible incluso para aquellos que no supieran nada acerca de las enseñanzas budistas.

Por todo ello, cuando me pidieron que enseñara acerca de *La práctica del bodhisattva* en el colegio superior de Gampo Abbey*, me ilusionó mucho intentarlo. Este libro está basado en las transcripciones de aquellas conferencias. Mi comentario acerca de la enseñanza de Shantideva presenta en gran medida el punto de vista de una estudiante y es un trabajo sin concluir. No cabe duda de que, con la ayuda de mis maestros, mi comprensión de estos versos se hará más profunda con el tiempo; sin embargo, estoy verdaderamente contenta de poder compartir mi entusiasmo por las instrucciones de Shantideva.

*   *   *

Al nacer, Shantideva era un príncipe de la India del siglo VIII y, como primogénito, su destino era heredar el trono. Una versión de la historia de Shantideva nos cuenta que, la noche anterior al día de su coronación, tuvo un sueño en el que se le apareció Mañjushri (el bodhisattva de la sabiduría), diciéndole que renunciara a la vida mundana y buscase la verdad suprema. En-

---

* Gampo Abbey, la abadía en Nueva Escocia (Canadá), ligada a la comunidad Shambhala, que la autora ha dirigido muchos años. *(N. del T.)*

tonces Shantideva abandonó su hogar inmediatamente, renunciando al trono para seguir un camino espiritual, exactamente igual que el Buda histórico.

Según otra versión, su madre le dio un baño ceremonial usando agua hirviendo en la noche previa a su coronación. Cuando Shantideva le preguntó por qué le estaba quemando intencionadamente, ella respondió: «Hijo, este dolor no es nada comparado con el que padecerás cuando seas rey». Esa misma noche, el muchacho se marchó apresuradamente.

Fuere cual fuere el catalizador, Shantideva se perdió por la India y comenzó a llevar una vida de renunciante. Con el tiempo, llegó a la Universidad de Nalanda, el monasterio más grande y poderoso de la India en aquella época, un lugar donde se impartían grandes conocimientos y que atraía a estudiantes de todos los puntos del mundo budista. Fue en Nalanda donde se ordenó monje y recibió el nombre de Shantideva, que se traduce como «dios de paz».

Contrariamente a lo que pudiera sugerir su reputación posterior, Shantideva no caía muy bien en Nalanda, ya que aparentemente era una de esas personas que no participaba en nada, un mal estudiante que tampoco acudía a las sesiones de práctica. Sus compañeros monjes decían que sus tres «logros» eran comer, dormir y defecar, y llegó finalmente el día en que, para darle una buena lección, le invitaron a pronunciar una conferencia ante toda la universidad. Tal honor solo era concedido a los mejores estudiantes, quienes debían sentarse en un trono y, por supuesto, tener algo que decir. Como se suponía que Shantideva no sabía nada de nada, los monjes pensaron que esa humillación le avergonzaría y le empujaría a abandonar la universidad. Esa es una versión.

Hay otra que presenta una imagen más benevolente de Nalanda, en la que los monjes esperaban que poner en evidencia a

Shantideva le sirviera de acicate en el estudio. Sin embargo, al igual que todos cuando acusamos a alguien, probablemente se alegraban ante la perspectiva de ver a Shantideva avergonzado. Se cuenta que intentaron humillarle aún más haciendo un trono más elevado de lo normal y sin escaleras pero, para sorpresa de todos, Shantideva se subió a él sin dificultad. Seguidamente se dirigió con seguridad a la asamblea de monjes, preguntando si querían escuchar enseñanzas tradicionales o algo totalmente nuevo, y cuando respondieron que querían algo que nunca antes hubieran escuchado, procedió a dictar el *Bodhicharyavatara* entero, *La práctica del bodhisattva*.

Resultó que estas enseñanzas no solo eran muy personales, relevantes en sus vidas y llenas de consejos útiles, también eran poéticas y novedosas. El contenido en sí no era radicalmente nuevo y, ya en los primeros versos, Shantideva dice que todo lo que está a punto de enseñar proviene del linaje del Buda. Así que lo original no era el tema, sino el modo directo y contemporáneo de expresar las enseñanzas, así como la belleza y el poder de sus palabras.

Hacia el final de la presentación, Shantideva comenzó a enseñar acerca del vacío: la naturaleza incondicionada, inefable y onírica de toda experiencia. Según iba pronunciando su discurso, las enseñanzas se tornaban cada vez más inasibles, al tiempo que las mentes de los monjes se abrían cada vez más hasta que, según se dice, Shantideva empezó a levitar, ascendiendo hasta que los monjes dejaron de verle, aunque continuaran escuchando su voz. Es posible que esto simplemente exprese lo cautivado que estaba su público, nunca lo sabremos con seguridad. Lo que en efecto sabemos es que, tras su discurso sobre el vacío, Shantideva desapareció. Después de lo que pasó es muy probable que los monjes lamentaran su desaparición, pero el caso es que nunca regresó a Nalanda y pasó el resto de su vida siendo un yogui errante.

* * *

La práctica del bodhisattva tiene diez capítulos, que Patrul Rimpoché dividió en tres partes principales en base a la siguiente estrofa del gran maestro budista Nagarjuna:

> Que pueda el bodhichita, preciado y sublime,
> surgir donde todavía no ha llegado a ser;
> y donde ya ha surgido que no decline,
> sino que crezca y florezca siempre, más y más.

El término sánscrito *bodhichita* se traduce habitualmente como «corazón despierto», y se refiere a un fuerte deseo de aliviar el sufrimiento. En el plano de lo relativo, el bodhichita se manifiesta como anhelo. En concreto, se trata del sincero anhelo de liberarse del dolor de la ignorancia y de las tendencias habituales para poder ayudar a los demás a hacer lo propio. Este afán de aliviar el sufrimiento ajeno es lo más importante. Aunque empezamos con la gente cercana, deseando ayudar a aquellos que conocemos y queremos, la aspiración es, en el fondo, global y universal. El bodhichita viene a ser una especie de misión imposible: el deseo de terminar con el sufrimiento de todos los seres, incluyendo a quienes nunca conoceremos y, también, a quienes detestamos.

En el plano de lo absoluto, el bodhichita es la sabiduría no dual, la esencia vasta e imparcial de la mente. Además, y esto es lo que más relevancia tiene, se trata de tu mente, y de la mía también. Puede parecer algo lejano pero no lo es; de hecho,

Shantideva compuso este texto para recordarse a sí mismo que podía entablar contacto con su mente de sabiduría y ayudarla a florecer.

Según la clasificación en tres partes de Patrul Rimpoché, los tres primeros capítulos de *La práctica del bodhisattva* esclarecen los versos que abren la estrofa de Nagarjuna: «Que pueda el bodhichita, preciado y sublime, surgir donde todavía no ha llegado a ser», y se refieren a nuestro anhelo inicial de interesarnos por cuidar a los demás. Anhelamos que esta cualidad transformadora surja en nosotros y en todos los seres, incluso en aquellos que nunca se han preocupado de que los demás estén bien. El primer capítulo exalta las maravillas del bodhichita; el segundo prepara la mente para que pueda nutrir este afán del bodhichita: igual que preparamos el terreno para la siembra, preparamos la mente para que pueda brotar en ella la semilla del bodhichita; el tercer capítulo nos presenta el voto del bodhisattva: el compromiso de usar nuestra vida para ayudar a los demás.

Aunque sea triste reconocerlo, estamos normalmente tan preocupados con nuestro propio confort y seguridad que no nos ponemos a pensar en el sufrimiento de los demás. Justificamos nuestros propios prejuicios y nuestra ira, aunque tememos y denunciamos la misma actitud en los demás. No queremos sufrir ni que sufran quienes nos conciernen, pero pedimos venganza contra nuestros enemigos. Es posible sin embargo que, cuando vemos en las noticias las desastrosas consecuencias de ponerse en primer lugar, anhelemos que el bodhichita despierte en los corazones de los hombres y mujeres de todo el mundo. Será entonces cuando, en vez de buscar la venganza, querremos que incluso nuestros enemigos estén en paz. Martín Luther King Jr. fue un ejemplo de este tipo de anhelo; sabía que la felicidad dependía de sanar toda la situación. Tomar partido (blanco o negro, víctima o verdugo), no hace sino perpetuar el sufrimiento: si yo quiero sanar, todos tienen que sanar.

Las personas que hacen que las cosas cambien para bien en este mundo tienen un gran corazón: el bodhichita está muy despierto en sus mentes. Además, cuando tienen la capacidad de comunicarse con grupos numerosos de gente, pueden producir un cambio tremendo, incluso en aquellos que nunca antes habían puesto la mirada más allá de sus propias necesidades. Este es el tema de los tres primeros capítulos de *La práctica del bodhisattva*: el despuntar incipiente del corazón despierto.

El siguiente verso de Nagarjuna, «y donde ya ha nacido que no decline», corresponde a los tres capítulos siguientes de *La práctica del bodhisattva* y pone de relieve la necesidad de nutrir el bodhichita. Si no lo estimulamos, nuestro afán por aliviar el sufrimiento puede pasar a un estado latente. Aunque nunca desaparece totalmente, la capacidad de amar y la empatía pueden desde luego mermar.

Lo mismo pasa con la capacidad de ver las cosas claramente. Un mero vislumbre de la apertura de nuestra mente puede tocarnos muy adentro, e inspirarnos para que empecemos a leer libros como este y avivemos en nosotros una sensación de urgencia que nos lleve a hacer algo que tenga sentido en nuestras vidas. Por otro lado, si no la nutrimos, esta inspiración decaerá. Entonces la vida nos absorberá y nos olvidaremos de que habíamos visto las cosas desde una perspectiva más amplia. Por lo tanto, una vez que hemos sentido el anhelo del bodhichita, nos tienen que decir cómo proceder.

En los capítulos cuarto, quinto y sexto, Shantideva nos describe cómo trabajar hábilmente con las reacciones emocionales y la mente desenfrenada. Se trata de las instrucciones esenciales para liberarnos del ensimismamiento en el yo, el punto de referencia basado en la estrechez de miras que mi maestro, Chogyam Trungpa Rimpoché, llamaba «el capullo».

En estos capítulos también se nos presentan las seis paramitas, que son seis modos básicos de trascender la falsa seguridad de las tendencias habituales y de relajarse con el hecho de que nuestras vidas son esencialmente impredecibles y no hay nada que las sustente. La palabra *paramita* significa literalmente «ido a la otra orilla», es decir, ir más allá de las ideas preconcebidas que nos ciegan a la experiencia inmediata.

En el quinto capítulo, Shantideva nos presenta la paramita de la disciplina y, en el siguiente, la paramita de la paciencia. Pero no se trata de disciplina y paciencia en el sentido común y corriente de represión y aguante, sino de la disciplina y de la paciencia que despiertan nuestros corazones disolviendo esos negativos hábitos egoístas tan arraigados.

Los capítulos séptimo a noveno elucidan el último verso de la estrofa de Nagarjuna e incluyen enseñanzas que fomentan que el bodhichita «crezca y florezca siempre, más y más». El séptimo capítulo trata la paramita del entusiasmo, el siguiente la paramita de la meditación, y el noveno la sabiduría del vacío.

En esta tercera parte, Shantideva nos muestra la forma en que el bodhichita puede convertirse en una manera de vivir. Con su apoyo, podremos llegar incluso a metemos en las situaciones más difíciles sin perder la claridad ni la compasión. Como se trata, por supuesto, de un proceso gradual de aprendizaje, es posible que suframos algunas recaídas. Pero según vamos recorriendo el camino que separa el miedo de la intrepidez, Shantideva está siempre ahí para brindarnos la sabiduría y el ánimo que necesitamos.

Tras algunas consideraciones, he concluido que el comentario acerca del noveno capítulo de *La práctica del bodhisattva* merece todo un libro. Por más importantes que estas enseñanzas acerca de la paramita de la sabiduría sean en la exposición de conjunto que hace Shantideva, su profundidad las hace mucho menos asequibles que el resto del libro. Presentan un debate filosófico entre la perspectiva del vacío de la «vía media», que sostiene Shantideva, y los puntos de vista de otras escuelas budistas y no budistas.

A causa de su complejidad, creo que sería mejor presentarlas aparte en el futuro. De momento, sugiero leer la excelente explicación que se da en la introducción a la traducción de La *práctica del bodisattva* por el Grupo de Traducción Padmakara, así como el libro del dalái lama *El arte de la sabiduría**.

En el décimo y último capítulo, Shantideva, con total sinceridad y gran pasión, dedica el beneficio que derive de sus enseñanzas a todos los seres que sufren, sean quienes sean y estén donde estén.

*   *   *

Para mí, este texto es un manual de instrucciones para abrirnos a los demás, una guía para la acción compasiva. Podemos leerlo para liberarnos de nuestros hábitos dañinos y de nuestra confusión, para alentar el crecimiento y el fortalecimiento de nuestra sabiduría y compasión y, finalmente, podemos leerlo con la motivación de compartir el beneficio que se derive de ello con todos los que se crucen en nuestro camino.

La actitud correcta para leer *La práctica del bodhisattva* conlleva la intención de aceptar y asimilar todo lo que suene convincente. No todo lo que leas te va a inspirar, puede que encuentres

---

* Ed. Grijalbo 2006 y Debolsillo, 2008. *(N. del T.)*

que el lenguaje es difícil, y a veces sientas que te provoca u ofende, pero recuerda que la intención inquebrantable de Shantideva es alentarnos. Él no duda nunca de que poseamos la fuerza y la bondad fundamental necesarias para ayudar a los demás, y nos cuenta todo lo que ha aprendido sobre cómo hacerlo. Aunque luego, claro está, depende de nosotros usar esta información para ponerla en práctica.

En lo que a mí concierne, estoy en deuda con Shantideva por su determinación en la transmisión de este mensaje: las personas como tú y como yo *podemos* transformar nuestras vidas despertando el anhelo del bodhichita. Le estoy profundamente agradecida por haber expresado sin cesar que es urgente, muy urgente, que lo hagamos. No hay tiempo que perder. Cuando veo el estado actual del mundo, sé que su mensaje no podría ser más oportuno.

> Y ahora mientras el espacio perdure
> y siga habiendo seres que encontrar,
> que de igual modo continúe yo existiendo
> para alejar las amarguras del mundo.
>
> *La práctica del bodhisattva,*
> estrofa 10.55.

Cultivar una intención clara
Las excelencias del bodhichita

E L PRIMER CAPÍTULO DEL *Bodhicharyavatara* es una extensa ala-banza del bodhichita. Shantideva comienza con una nota positiva: podemos entablar contacto con lo mejor que tenemos y ayudar a los demás a hacer lo mismo. El bodhichita es la sabiduría humana fundamental que puede aliviar las amarguras del mundo.

Bodhi significa «despierto», libre de la mente ordinaria y confusa, libre de la ilusión de que estamos separados de los demás. *Chita* significa «corazón» o «mente». Según Shantideva y el Buda, que le precedió, la mente imparcial y el buen corazón del bodhi guardan la llave de la felicidad y la paz.

Shantideva comienza su enseñanza con una introducción tradicional que consta de cuatro partes. En primer lugar, expresa su gratitud y respeto, a continuación, se compromete a llevar a cabo su exposición hasta el final, luego se muestra humilde y, en la tercera estrofa, aviva su confianza. Todos los monjes de Nalanda conocían al dedillo este comienzo protocolario, pero el toque personal de Shantideva y su aspecto novedoso lo hicieron único.

1.1 Ante quienes se van gozosos, el dharmakaya que poseen y sus herederos,
y ante todos aquellos dignos de honra, me inclino con respeto.
Describiré brevemente ahora, y me ciño a las escrituras,
la práctica de la disciplina que sigue el bodhisattva.

Estos primeros versos rinden homenaje a las «tres joyas»: el Buda, el dharma y el sangha. En la fórmula habitual, se considera que Buda es un ejemplo o modelo a seguir, *dharma* se refiere a sus enseñanzas y *sangha* a los practicantes monásticos y a los bodhisattvas más avanzados. Aquí, sin embargo, Shantideva nos conduce a una comprensión más profunda de las tres joyas.

Entre *quienes se van gozosos* se encuentran naturalmente los budas, pero también se refiere a nuestro propio potencial. Nosotros también podemos liberarnos a nosotros mismos de las esperanzas y temores del egocentrismo. Poder estar gozosos al percibir la realidad sin tales limitaciones es nuestro derecho de nacimiento. De modo que Shantideva no se inclina ante algo externo a sí mismo, sino ante su propia capacidad de realización espiritual, y venera a quienes han alcanzado esa posibilidad, que también tenemos cada uno de nosotros. *El dharmakaya* que poseen* se refiere no solo a las enseñanzas escritas y orales, sino también a la verdad de la experiencia directa, a la vida tal y como es, sin dobleces ni interpretaciones. Todo lo que nos ocurra, sea bueno o malo, alegre o triste, puede liberarnos del ensimismamiento en el yo. Si hacemos uso de estas oportunidades que están siempre ahí, entonces todo lo que nos encontremos es dharma.

---

* *Kaya* significa literalmente «cuerpo», de modo que dharmakaya es el «cuerpo del dharma». *(N. del T.)*

Sus herederos se refiere al sangha maduro con toda su cordura y compasión, aunque también incluye a los aspirantes a bodhisattvas. Todos nosotros somos los herederos del Buda, si estamos dispuestos a trascender el engreimiento y a buscar maneras de tratarnos con cariño.

Por último, para expresar su gratitud hacia todos aquellos dignos de veneración, se inclina ante los maestros y amigos que le han ayudado en el camino.

Shantideva, en la segunda parte de su introducción tradicional, presenta el tema que tratará y se compromete a llevar su enseñanza hasta el final sin impedimentos. Además, lo hará *ciñéndose a las escrituras*, exponiendo lo que él ha aprendido y comprendido gracias al Buda, al dharma y al sangha, así como a sus propios maestros.

No podemos sobreestimar el poder del compromiso, ya que hasta que no tomemos la firme resolución de continuar una tarea hasta llevarla a buen término, siempre va a haber indecisión y vacilación. Recordemos que a Shantideva le habían invitado a pronunciar esta conferencia unos monjes que estaban intentando humillarle. Teniendo en cuenta esta clase de espectadores, es posible que se sintiera algo inquieto, de modo que invoca un valor libre de ego que no puede verse amenazado fácilmente, y sigue adelante.

> 1.2 No voy a decir aquí nada que no se dijera ya antes,
> y carezco de habilidad en el arte de la prosodia.
> No se me ocurre entonces que esto pueda beneficiar a nadie,
> así que lo escribí tan solo para que mi mente se habituase.

Acogiéndose a una humildad que es también tradicional, Shantideva manifiesta una nítida comprensión del peligro de la arrogancia. Sabe que incluso si el mismo Buda estuviese sentado frente a él, no le beneficiaría en lo más mínimo hinchar su mente de orgullo.

La humildad, sin embargo, no ha de confundirse con la falta de autoestima. Cuando Shantideva expresa que *no va a decir nada que no se dijera ya antes* y que *carece de habilidad en el arte de la prosodia*, no se está menospreciando. La escasa autoestima, tan frecuente en Occidente, se basa en un estereotipo de ineptitud personal. Shantideva está decidido a no quedarse atrapado en ese tipo de identidades limitantes. Es lo suficientemente humilde como para saber dónde se queda atascado y lo suficientemente inteligente como para saber que tiene las herramientas para liberarse; es así de simple.

En los versos finales de esta estrofa, Shantideva explica que originalmente compuso esta narración para darse ánimos, sin soñar nunca que llegaría a compartirla con los demás.

1.3　De ese modo mi fe se verá brevemente revitalizada,
　　　para poder acostumbrarme a esta senda de virtud.
　　　Mas los que se tropezaran ahora con estas palabras
　　　podrían también, aprovechándolas, igualar mi buena suerte.

En la tercera estrofa, Shantideva concluye la introducción tradicional avivando la confianza. Componer este texto y vivir de acuerdo con lo que dice le produce una gran alegría, y el pensamiento de que sus propias reflexiones puedan resultar provechosas a los demás le hace todavía más feliz. Con ese ánimo alegre y rebosando gratitud, Shantideva comienza su exposición principal.

1.4　¡Qué difícil es encontrar la fortuna y las facilidades
　　　que permiten a los seres alcanzar sus propósitos!

Si no soy ahora capaz de beneficiarme de ellas,
¿cómo podría tener otra vez tal oportunidad?

Bajo la perspectiva budista, el nacimiento humano es algo muy valioso. Shantideva supone que comprendemos su valor, con la comodidad y fortuna relativas que conlleva. Nos exhorta a contemplar nuestra buena situación y a no desperdiciar esta oportunidad que tenemos de hacer algo significativo con nuestras vidas.

Esta vida, sin embargo, es una oportunidad que se asoma brevemente y se desvanece. Ninguno de nosotros sabe qué pasará a continuación. Según he ido envejeciendo junto a mis hermanos y hermanas del sangha, he visto como muchos amigos morían o vivían cambios dramáticos en su salud o en su estabilidad mental. En este mismo momento, aunque pueda parecernos que nuestras vidas distan mucho de la perfección, nuestras circunstancias son excelentes: tenemos inteligencia, maestros y enseñanzas a nuestra disposición y, por lo menos, cierta inclinación a estudiar y a meditar. Sin embargo, algunos de nosotros moriremos antes de fin de año y, dentro de cinco años, otros estaremos demasiado enfermos o con demasiado dolor como para concentrarnos en un texto budista, y no digamos para vivir de acuerdo a él.

Además, entre nosotros habrá muchos que se distraerán todavía más, persiguiendo cosas mundanas durante los próximos dos, diez o veinte años de su vida, y puede que entonces no dispongan del tiempo necesario para librarse de la rigidez del ensimismamiento en el yo.

En el futuro, circunstancias externas como la guerra o la violencia podrían generalizarse tanto que no tendríamos tiempo para una autorreflexión honesta; eso es algo que podría ocurrir fácilmente. Quizá podríamos también caer en la trampa del confort excesivo. Cuando la vida nos parece tan placentera, lujosa y agradable, no hay suficiente dolor para apartarnos de las seducciones mundanas y, adormecidos por la autocomplacencia, nos volvemos indiferentes al sufrimiento de nuestros compañeros, los demás seres.

Buda nos asegura que nuestro nacimiento humano es ideal, con la mezcla justa de placer y dolor. Se trata de no dilapidar esta buena fortuna.

1.5 Igual que en una noche negra llena de nubes oscuras,
resplandece el súbito rayo que todo lo ilumina,
raras veces, por el poder de los budas,
surgen en el mundo, fugaces y breves, los pensamientos virtuosos.

1.6 Es débil, pues, la virtud; y nunca hay ocasión
en la que el mal no posea gran fuerza y poder.
Exceptuando el perfecto bodhichita,
¿qué otra virtud podría vencer todo ese mal?

En estas dos estrofas, el surgimiento inicial del bodhichita se describe como algo pasajero y delicado. Sin embargo, las enseñanzas del mahayana dicen generalmente que son *las neurosis* las que son pasajeras e insustanciales, como las nubes que cubren el despejado cielo azul. Cuando estamos teniendo nuestros ataques de emoción, los budas y los bodhisattvas no ven que seamos estúpidos o irremediables, sino que perciben nuestra confusión como meras nubes que traen el mal tiempo, efímero y pasajero, atravesando nuestra mente que es como el cielo.

Pero la quinta y sexta estrofas no describen el punto de vista de los budas y de los bodhisattvas, sino el nuestro. Nosotros somos quienes nos sentimos atrapados tras las nubes, quizá porque no tenemos lo que hace falta, porque somos demasiado débiles, e incluso aunque vislumbremos de vez en cuando el cielo, todo parece demasiado costoso, demasiado doloroso. Escuchamos esto a menudo, saliendo tanto de nuestras bocas como de las de los demás.

En lugar de vivir nuestras crisis como si fueran sólidas y duraderas, en vez de creer con certeza que son «yo», *podríamos* decir: «Esto es como el clima de hoy, pasará; no es el estado fundamental». Desde la perspectiva de Shantideva, estos atisbos de la mente de la bodhi tienen un gran poder. Todo el mundo sabe lo que se siente cuando se abren las nubes, aunque sea brevemente, y surge una posibilidad esperanzadora. Sin este destello inicial o continuo, no estaríamos nunca inspirados para investigar este camino.

> **1.7** Durante muchos eones de profundas reflexiones,
> los sabios poderosos vieron sus beneficios,
> que llevaron a multitudes innúmeras
> a la alegría suprema con facilidad.

Shantideva sabe que podemos confiar en estos destellos de bodhichita, y que reconociéndolos y alimentándolos crecerán. Los que han despertado, *durante muchos eones de profundas reflexiones* han visto que solamente este buen corazón de la bodhi puede evitar que nos quedemos enganchados en los mismos hábitos egocéntricos de siempre.

Es posible, llegado este punto, que nos preguntemos por qué tiene el bodhichita tanto poder. La respuesta más sencilla es, probablemente, que nos saca del egocentrismo y nos brinda la oportunidad de dejar atrás los hábitos que nos trastornan. Más aún, todo lo que nos encontramos se convierte en una oportunidad para cultivar la gran valentía del corazón de la bodhi. Cuando nos dan una buena bofetada, miramos alrededor y vemos que las demás personas también tienen dificultades. Cuando nos sentimos solos, enfadados o deprimidos, dejamos que estos estados de ánimo oscuros nos unan a las amarguras de los demás.

Compartimos la misma reactividad, la misma ansia y la misma resistencia. Cuando aspiramos a que todos los seres se liberen de su sufrimiento, nos liberamos de nuestros capullos y la vida se engrandece más allá de «mí». Sin importar lo oscura y lúgubre, o lo alegre y animada, que sea nuestra vida, podemos cultivar un sentimiento de humanidad compartida; algo que ensancha nuestras miras. Trungpa Rimpoché solía decir: «La esencia del mahayana es pensar a lo grande». Shantideva nos presenta esa esencia: sus enseñanzas son una guía para vivir con compasión y pensar a lo grande.

1.8   Quienes deseen destruir las muchas amarguras de la existencia,
      quienes quieran aliviar a los seres vivos de sus dolores,
      y experimentar un sinfín de alegrías,
      no deberían darle nunca la espalda al bodhichita.

Cuando Shantideva menciona a *quienes deseen destruir las muchas amarguras de la existencia,* se refiere a quienes siguen las enseñanzas básicas del budismo, que subrayan el cese del sufrimiento personal. Mientras que cuando habla de *aliviar a los seres vivos de sus dolores* señala la intención mahayanista de liberar del sufrimiento a todos los seres sin excepción.

Por supuesto que no está diciendo: «Me preocuparé solo de los demás. Da igual si yo lo paso mal y estoy constantemente atormentado, o si me odio a mí mismo y mi temperamento está fuera de control». No hay duda alguna de que queremos acabar con nuestro sufrimiento, pero el giro en el budismo mahayana es el siguiente: queremos poner fin a nuestro sufrimiento personal para poder entonces ayudar a los demás a hacer lo propio. Este es el mensaje más categórico de Shantideva y la esencia del bodhichita.

La mayoría de nosotros queremos compartir lo que hemos aprendido con los demás, pero al intentar hacerlo vemos, incluso con más claridad, el trabajo personal que todavía nos queda por hacer. En algún momento nos percatamos de que lo que hacemos por nosotros mismos beneficia a los demás y de que lo que hacemos por los demás nos beneficia a nosotros. Esto es lo que quiere decir Shantideva cuando afirma que aquellos que deseen ganarse una gran felicidad no deberían *nunca darle la espalda al bodhichita*.

> **1.9** Si viniera a nacer el bodhichita
> en los que languidecen encadenados en los calabozos del saṃsara,
> pasarían a llamarse en el acto hijos del Bendito,
> y todos irían a honrarlos: los dioses y los humanos.

Una explicación sucinta y expresiva de la palabra sánscrita *samsara* es la definición que da Albert Einstein de la locura: «Hacer la misma cosa una y otra vez creyendo que obtendremos resultados diferentes». Shantideva lo describe como estar *encadenado en los calabozos del samsara*. No obstante, incluso cuando creemos que estamos atrapados en hábitos repetitivos, podemos sentir bondad y empatía hacia los demás. En el instante en que nace en nosotros un destello de bodhichita, aunque sea momentáneo, nos convertimos en un hijo o una hija de los budas y nos hacemos merecedores de respeto universal.

Esta estrofa, según Dzongsar Khyentse Rimpoché, puede ser una crítica a la sociedad hindú. Shantideva afirma que no tenemos que pertenecer a una determinada casta para experimentar el bodhichita: incluso los que se consideran «intocables» son los herederos de los budas.

El bodhichita no consiste en cierta teoría elitista para personas sofisticadas o bien educadas, es para todos. No tenemos nunca que pensar que somos un caso perdido y que no podemos recurrir al bodhichita, ni tampoco podemos mirar por encima del hombro a los demás y decir que son demasiado frívolos o arrogantes para merecerlo. Todos y cada uno de los que están prisioneros en el samsara tienen la capacidad de despertar un corazón compasivo.

1.10   Es como la sustancia suprema de los alquimistas,
       pues toma nuestra carne, impura, y hace de ella
       el cuerpo de un Buda, una gema inapreciable.
       Así es el bodhichita. ¡Sujetémoslo con fuerza!

1.11   Con sabiduría ilimitada, el único guía de los seres
       lo examinó a la perfección y vio su excelente valía:
       quienes deseen abandonar este estado errante
       deberían afianzarse bien en este preciado bodhichita.

1.12   Todas las demás virtudes, al igual que el banano,
       después de dar su fruto pierden vigor y se marchitan.
       Solo el maravilloso gran árbol del bodhichita
       fructifica siempre y crece sin cesar.

1.13   Incluso los responsables de viles y terribles faltas,
       quedarán en un instante liberados si tienen bodhichita,
       que es como un héroe que nos protege de los peligros.
       ¿Por qué no han de recurrir a él quienes temen por sus errores?

1.14 Exactamente igual que el gran fuego que destruirá el mundo, consume ciertamente y en el acto grandes faltas.
No se pueden por tanto enumerar todas sus ventajas, como le explicó a Sudhana el Sabio y Dulce Señor.

En esta sección, Shantideva nos ofrece seis símiles del bodhichita. El primero, en la décima estrofa, es la alquimia. El bodhichita puede usar cualquier cosa —cualquier pensamiento, acción o palabra ordinarios— para airear nuestro ensimismamiento en el yo. Desde esa décima estrofa hasta la decimocuarta, usa los símiles de la joya que no tiene precio, el árbol que concede los deseos, el héroe y el fuego que destruirá el mundo. El sexto símil es una especie de etcétera, y se refiere a una escritura budista donde se encuentran otros muchos símiles.

El *único guía de los seres* de la estrofa 11 es el Buda. Él y los bodhisattvas son como experimentados capitanes de barco en busca de gemas, porque conocen la excelente valía de una buena joya cuando la ven. Los marineros confían en estos capitanes y los relacionan con la riqueza ya que, con ellos, pueden llegar a hacer fortuna y dejar así su *estado errante*. Shantideva nos dice que podemos tener la misma confianza. Igual que los marineros confían en el conocimiento de su capitán, nosotros podemos confiar en el examen que Buda hizo de *este preciado bodhichita*.

En la estrofa 12, el bodhichita se compara a un árbol que concede los deseos y que fructifica eternamente. Por el contrario, el banano solo fructifica una vez antes de marchitarse. Del mismo modo, echarle una mano a alguien está siempre bien y tendrá un fruto, aunque limitado, pero si la ayuda que prestamos a los demás está motivada por el anhelo de liberarles de toda confusión, entonces fructificará hasta que alcancen la iluminación. Un simple acto de bondad hecho con la intención del bodhichita nos puede abrir a esta posibilidad expansiva.

El símil en la estrofa 13 es el del héroe, comparable a un buen amigo que impide que nos metamos en líos. *Los peligros* se refiere a la maduración de las semillas kármicas negativas. Podemos usar estas situaciones difíciles para abrirnos en vez de cerrarnos, y hacerlo es como tener un protector a nuestro lado.

En la estrofa 14, se compara a un gran fuego que quema las tendencias negativas. Lo normal es que cedamos a nuestros hábitos negativos, dándoles cancha o volviéndolos en nuestra contra; fortaleciéndolos en cualquier caso. Los bodhisattvas practican «en medio del fuego», lo que significa que se meten en el sufrimiento del mundo, así como que mantienen la calma en medio del fuego de sus propias emociones dolorosas. Ellos ni les dan rienda suelta ni las reprimen, están dispuestos a exponerse a las emociones y explorar sus cualidades inasibles y sus energías fluidas, a la vez que permiten que esa experiencia les una al dolor y al coraje de los demás.

El sexto símil se refiere a una escritura budista en la que un buda futuro, llamado Maitreya, dio otros 230 ejemplos de bodhichita a su discípulo Sudhana.

1.15 El bodhichita, la mente despierta,
tiene, en resumen, dos aspectos:
el primero es la aspiración, el bodhichita en intención,
y el segundo la dedicación práctica, *el bodhichita activo.*

1.16 Son, respectivamente, el deseo de partir
y, a continuación, la verdadera marcha.
El sabio debería comprender
la diferencia que a ambos separa.

Shantideva nos presenta aquí los dos aspectos del bodhichita relativo: la aspiración y la acción. El bodhichita de la aspiración o de la intención es como el deseo de hacer un viaje, mientras que el bodhichita de la acción consiste en viajar de verdad. Nosotros, en primer lugar, aspiramos a alcanzar la realización y beneficiar a los demás y, después, hacemos todo lo que haga falta para hacerlo realidad.

Para poner un ejemplo mundano, supongamos que no podemos evitar la avidez y la codicia, sabemos que acaparamos y acumulamos cosas y que nos ataca el pánico cuando nos quitan algo o tenemos que desprendernos de alguna cosa. ¿Cómo podríamos trabajar con ese apego irracional, por nuestro propio interés y por el de los demás?

Una manera sería cultivar la generosidad. Para hacerlo según el bodhichita de la aspiración, podríamos buscar en nuestra habitación algo que nos encanta (ese jersey rojo tan bonito, ese libro tan especial o el chocolate que atesoramos debajo de la cama) y visualizar que lo damos. No hace falta darlo literalmente, sino simplemente visualizarlo. A continuación aumentamos la ofrenda para incluir millones de jerséis, libros o chocolates, que enviamos a seres concretos o al universo para que cualquiera los pueda recibir.

De este modo, el bodhichita de la aspiración logra dos propósitos: satisfacer nuestro deseo de disminuir el dolor que produce el ensimismamiento en el yo y satisfacer nuestro deseo de beneficiar a los demás. Además, si aspiramos a que los demás disfruten no solo de nuestros regalos, sino también de las alegrías de una mente ilimitada, nuestra intención se hace todavía más vasta.

El bodhichita de la intención es una manera poderosa de trabajar con las situaciones que nos cuesta afrontar. Por ejemplo, la mera aspiración de dar algo a lo que estamos apegados enseña a nuestra mente temerosa a ser desprendida. Más adelante, con el tiempo, vendrá el bodhichita activo que, en este caso, será la capacidad de *dar*, literalmente. Si equiparamos «dar» con «estar libre de avidez», entonces nos animaremos y pasaremos a la acción, incluso si hacerlo nos causa algún dolor.

1.17   Gracias al bodhichita en intención,
obtienen grandes frutos quienes siguen girando en la rueda de la
vida.
Mas de este no llega a manar ese mérito sin interrupción
que surge del *bodhichita activo.*

1.18   Porque cuando, con intención irrevocable,
la mente abraza el bodhichita
dispuesta a liberar a las infinitas masas de seres,
en tal momento, a partir de ese instante,

1.19   un gran raudal imparable,
una fuerza de purísimo mérito
aun dormido o sin estar atento,
crece igualando la inmensidad del firmamento.

El bodhichita de la aspiración produce un mérito enorme, hace que aquellos de nosotros que erramos en el samsara obtengamos *grandes frutos*. Podemos ver por qué esto es así. En el plano de la intención, comenzamos con lo que es posible alcanzar y dejamos que nuestro entendimiento evolucione. Cuando llegamos a ser capaces de actuar según nuestra intención, nos percatamos de algo profundo: comprendemos que la acción desinteresada nos libera del miedo y de la amargura.

En las estrofas 18 y 19, Shantideva explica que nuestra intención de liberar a todos los seres del sufrimiento puede llegar a ser irrevocable, y que produce un beneficio que iguala *la inmensidad del firmamento*. Esto ocurre cuando dejamos de poner en tela de juicio la sabiduría de pensar en los demás: sabemos que en ella radica verdaderamente la felicidad indestructible. Hay algo que cambia en la esencia de nuestro ser y, cuando eso ocurre, experimentamos un flujo incesante de beneficio *aun dormido o sin estar atento*.

En esto consiste la felicidad del no-yo. Se trata de la alegría que produce saber que no hay prisión alguna, sino solo unos hábitos muy fuertes, y que tampoco hay razón sensata alguna para seguir fortaleciéndolos. En esencia tales hábitos son insustanciales. Además, no hay identidad propia o separación definitivas. Nos lo hemos inventado todo. Esto es lo que queremos que comprendan *las infinitas masas de seres*.

1.20 Y esto el Tathagata,
en aquel sutra que solicitó Subahu,
explicó con razonados argumentos
a quienes se inclinaban por las sendas menores.

Shantideva nos dice aquí que el Buda dio esta enseñanza sobre los méritos del bodhichita a las personas que *se inclinaban por las sendas menores*: aquellas que principalmente pretendían liberarse de su dolor personal. En este sutra, que solicitó su discípulo Subahu, el Buda estaba alentando a dar el siguiente paso y despertar el bodhichita.

Su razonamiento es que los seres son tan innumerables como los granos de arena del Ganges y que por ello, porque superan lo que la mente puede concebir, el deseo de salvarles a todos ellos es igualmente inconcebible. Al generar esta clase de aspiración, nuestra mente ordinaria y confusa se extiende mucho más allá de su capacidad normal, se extiende ilimitadamente. Cuando expandimos nuestro anhelo personal de liberación para incluir un número inconmensurable de seres, el beneficio que recibimos es igualmente inconmensurable. Resumiendo, cuanto más entremos en contacto con la inconcebible e indescriptible inmensidad de la mente, más alegres estaremos.

1.21 Si cuando con una buena actitud altruista
se quieren meramente aliviar
las dolorosas jaquecas que otros padecen,
se origina un mérito que no tiene medida,

1.22 entonces huelga decir nada acerca del deseo
de extinguir totalmente el sufrimiento eterno
de todos y cada uno de los seres vivos
y de que gocen de una excelsitud ilimitada.

Tenemos aquí la lógica del mahayana: si es maravilloso aliviar el dolor de cabeza de una persona, no digamos entonces aliviar todos los dolores de cabeza.

Por supuesto que, cuando nuestro deseo se haga inconmensurable, podría crearse un dilema, porque los bodhisattvas en potencia que se tomen estas enseñanzas demasiado al pie de la letra pueden decir: «¡Es imposible aliviar el dolor de cabeza de todos los seres! ¿Qué vamos a hacer, mandarle una aspirina a todo el mundo?».

Por otro lado, tenemos la respuesta de Bernard Glassman Roshi, quien trabajó con los vagabundos de Yonkers, en Nueva York. Dijo que era consciente de la imposibilidad de conseguir que dejara de haber gente sin hogar, pero que dedicaría su vida a intentarlo. Esta es la aspiración de un bodhisattva. No nos preocupemos por los resultados, limitémonos a abrir el corazón de una manera inconcebible, de esa manera ilimitada que beneficia a todo aquel que se cruza en nuestro camino. No nos preocupemos de si puede hacerse o no. La intención es inmensa: que se alivie el dolor físico de todos y, lo más importante, que todos alcancen la realización.

1.23   ¿Podría nuestro padre o nuestra madre
tener nunca un deseo tan noble?
¿Y los rishis y dioses, o el mismísimo Brahma,
albergan una bondad equiparable?

1.24   Y es que ellos nunca desearon en el pasado,
ni siquiera en sueños,
algo así, aunque fuera solo en su propio provecho,
¿cómo entonces podrían desearlo para bien de otros?

Es posible que nuestro padre y nuestra madre sean muy buenos, pero aunque nos crían y quieren lo mejor para nosotros, ¿pueden librarnos de nuestras tendencias habituales?, y lo que es más importante, ¿aspiran a que todos los seres sin excepción sean igualmente libres? En la estrofa 23, Shantideva se refiere de nuevo al hinduismo preguntando si acaso los rishis, o incluso Brahma (el creador del universo) tendrían esta clase de aspiración.

En estos versos, Shantideva se refiere indirectamente al sistema de castas en el que algunas personas merecen despertar, espiritualmente hablando, pero otras no, a causa de su mal karma. Si incluso los dioses y los rishis piensan así, ¿cómo podrían desear a los demás que se liberen de una mente parcial?

1.25 Que surja este estado mental noble que es como una joya,
la intención de trabajar por el beneficio de los seres,
un beneficio que los demás ni siquiera desean para ellos mismos,
es una cosa no vista, realmente maravillosa.

Cuando Shantideva menciona un *beneficio que los demás ni siquiera desean para ellos mismos,* se está refiriendo a la mayoría de nosotros. Trabajar con las tendencias habituales no es normalmente nuestra prioridad: a la mayoría de nosotros no nos apasiona reducir nuestras emociones y prejuicios o despertar el bodhichita. Este beneficio real no es nuestro objetivo principal, sino que nos gustaría simplemente pasar el día sin incidentes y, desde luego, no queremos ocuparnos de aquellos que nos hieren. Pero si nosotros mismos no aspiramos a ser libres, ¿cómo vamos a querer que lo sean los demás? Solo podemos desearles lo que nosotros mismos valoramos.

Esta oportunidad *noble* de despertar el bodhichita *es como una joya, es una cosa no vista.* Como dice Shantideva, experimentar algo que nos libera de la estrechez de miras, producto de nuestros prejuicios e ideas preconcebidas, es una cosa *realmente maravillosa.* Además, no hay nadie que no pueda tener esa experiencia, si está dispuesto a intentarlo.

1.26 La panacea universal que alivia el dolor,
la causa de la dicha de quienes vagan por el mundo,
esta valiosa actitud, esta joya de la mente:
¿cómo podríamos llegar a calcular su mérito?

¿Hay algo comparable a esta *panacea universal que alivia el dolor?* Esta medicina excelente del bodhichita nos libera del egocentrismo, aliviándonos y enterneciéndonos el corazón.

La causa de la dicha la encontrarán *quienes vagan por el mundo*. Incluso nosotros, bodhisattvas noveles, no concebimos nuestras vidas para eludir el caos del mundo, pues nos metemos donde está la acción y trabajamos con cualquier cosa que encontremos. El samsara se convierte en nuestro campo de entrenamiento, como el de los reclutas de la Marina, por decirlo así. Si vemos que nos enganchamos constantemente en el drama, nos retiramos temporalmente para trabajarnos, pero lo que nos apasiona es aliviar un sufrimiento que cada vez se encuentra a más profundidad y encarar con ecuanimidad retos que cada vez son más desafiantes.

1.27 Si el mero pensamiento de ayudar a los demás
es más valioso que venerar a los budas,
¿hace falta mencionar el valor de las acciones reales
que benefician a los seres y les procuran bienestar?

1.28 Porque aunque los seres quieran liberarse de la infelicidad,
es la infelicidad misma lo que buscan y persiguen.
Y aunque añoren ser felices, en su gran ingenuidad,
aniquilan su alegría como si fuera un enemigo.

Shantideva alaba de nuevo los beneficios de los pensamientos altruistas ordinarios, añadiendo, a la vez, que es mucho mejor llevarlos a cabo realmente. Sin embargo, para poder ayudar a los demás en lo que es más significativo, tenemos que encarar primero nuestra propia confusión.

Como señala Shantideva, por mucho que anhelemos liberarnos de la infelicidad, es *la infelicidad misma lo que buscamos y perseguimos*. Quizá supongamos que hacemos locuras intencionadamente pero, en realidad, estas acciones no son siempre volitivas. Nuestros condicionamientos son a veces tan profundos que hacemos daño sin siquiera darnos cuenta de ello. Anhelamos estar alegres, pero hacemos exactamente lo que destruye nuestra paz mental, empeorando una y otra vez las cosas sin ser conscientes de ello. Si vamos a ayudar a los demás a liberarse, tenemos que trabajar con compasión con nuestros propios hábitos lamentables. Shantideva, como veremos, es un experto en desmantelar estos hábitos repetitivos.

1.29   Pero aquellos que llenan de gozo
a todos los seres desposeídos de alegría,
que eliminan todo el sufrimiento y el dolor
de quienes sufren abrumados la amargura,

1.30   y que aclaran la negrura de su ignorancia:
¿habría alguna virtud que iguale a la suya?,
¿hay algún amigo que sea comparable?,
¿y hay algún mérito que se le parezca?

Las estrofas 29 y 30 se refieren indirectamente a la paramita de la generosidad, la generosidad que nos libera del estrés y del egoísmo. Según las enseñanzas, hay tres clases de generosidad, o tres maneras de ayudar a los demás con nuestra entrega. La primera consiste en dar cosas materiales, como comida y cobijo. La segunda es «dar el regalo de la intrepidez»: podemos ayudar a los que tienen miedo. Si alguien tiene miedo de la oscuridad, le regalamos una linterna; si está pasando una racha llena de miedos, le tranquilizamos; y si le aterroriza estar a solas por la noche, dormimos a su lado. Esto puede sonar fácil, pero requiere tiempo, esfuerzo y esmero. El tercer tipo de generosidad *aclara la negrura de la ignorancia*. Se trata del «regalo del dharma», considerado el más profundo. Aunque solo uno mismo puede eliminar su propio desconocimiento, por medio de dar ejemplo y enseñanzas podemos inspirar a los demás y ayudarnos mutuamente. El inconcebible deseo de ayudar a todos los seres sensibles siempre empieza con uno mismo. Lo único que podemos compartir es nuestra propia experiencia y, aparte de eso, no podemos pretender estar más despiertos o ser más compasivos de lo que realmente somos. Una gran parte de nuestra realización tiene su origen en el reconocimiento honesto de nuestras flaquezas. Ver la incapacidad de estar a la altura de nuestros propios principios nos hace, con toda seguridad, más humildes y nos permite tener empatía con los demás, porque comprendemos sus dificultades y errores. En dos palabras, el mejor amigo es aquel que reconoce nuestra cordura y sabe cómo ayudarnos a que nos ayudemos a nosotros mismos.

1.31 Cuando una persona devuelve un favor
es merecedora de alguna alabanza,
¿y qué no merecerán estos bodhisattvas,
que hacen el bien aunque no se lo pidan?

1.32 Las personas glorifican como donantes virtuosos
a quienes con desprecio donan algo de sustento
con alimentos comunes y corrientes a unos pocos:
una ofrenda del momento que nutre medio día solamente.

1.33 ¿Hará falta hablar de quienes
siempre otorgan a incontables seres
la alegría sin par de la budeidad gozosa,
que supone el logro supremo de sus deseos?

La estrofa 32 se refiere a la costumbre india de dar limosnas, según la cual se percibe como ciudadano virtuoso a quien ofrece comida a los mendigos una vez al día, a la semana o al mes. Así pues, Shantideva trata el tema de dar por rutina.

Lo que acabamos haciendo la mayoría de los que vivimos en ciudades con vagabundos es inventarnos un plan, como dar a la primera persona que nos pida, esperando aliviar así durante el resto del día nuestra culpabilidad. Dar de este modo es beneficioso, por supuesto, pero podríamos, sin lugar a dudas, estirarnos un poco más. Cuando demos una limosna a quienes no tienen techo, podríamos aspirar a que se liberaran de todo su dolor, a extenderles nuestra comodidad y felicidad, a ellos y a todos los vagabundos de todas partes. Y lo que es más importante, podríamos reconocer que tenemos mucho en común con ellos y dar con desprendimiento y sin resentimiento ni condescendencia.

Podemos incluir a todos los seres incluso cuando damos los primeros pasos en la práctica del bodhichita de la aspiración. Si *otorgar siempre a incontables seres la alegría sin par de la budeidad gozosa* parece algo inalcanzable, hagámoslo realidad, simplemente. Cuando enfermamos, por ejemplo, no pensamos normalmente en las enfermedades de los demás. Sin embargo, podríamos cambiar nuestra actitud si, cuando caigamos enfermos, pensamos en quienes se encuentren en la misma situación. Incluso darse un baño relajante puede sacarte del capullo. Muchísimas personas no tienen esas comodidades, hay gente pasando mucho frío que anhela calor, otros están agotados y no pueden relajarse. Podemos aspirar a que todos los seres se liberen de su sufrimiento y disfruten de los placeres que nosotros disfrutamos.

Las tres últimas estrofas versan sobre el tratamiento correcto hacia un bodhisattva.

1.34 Todos aquellos que hayan albergado maldad en sus mentes
en contra de esos benignos seres, los herederos del Buda,
estarán en el infierno —ha dicho el Sabio poderoso—
un número de eones igual al de sus momentos de malicia.

1.35 Mas si son pensamientos de devoción y alegría,
los frutos serán abundantes e incluso más poderosos.
Ni en la mayor adversidad hacen el mal los bodhisattvas;
y sus virtudes aumentan de una manera natural.

1.36 Ante aquellos en que esta preciada joya de la mente
nace: ¡ante ellos me postro!
Me refugio en aquellos que causan la felicidad,
llevando incluso a sus mismos enemigos al perfecto gozo.

En la estrofa 34, tenemos la primera mención al infierno. Cuando era niña, me enseñaron que el infierno era el peor de los castigos, el sitio donde te mandaban cuando morías si habías sido rematadamente mala. Me alegra decir que aquí no se comparte ese punto de vista. Para comprender esta referencia al infierno desde la perspectiva budista, hay que examinar la causa y el efecto, así como el modo en que constantemente dejamos huellas en la mente. Sembramos las semillas de nuestros infiernos o felicidades futuros según cerramos o abrimos la mente en este mismo momento.

Los infiernos que todo lo consumen, descritos gráficamente en muchos textos tibetanos, no existen más que en las mentes de los seres que los sufren. La idea es que cuando dañamos intencionadamente a alguien, especialmente si se trata de alguien que se dedica a beneficiar a los demás, las consecuencias a largo plazo de nuestra crueldad se experimentarán como circunstancias externas infernales. Es entonces nuestra propia agresión lo que nos daña: no es que se nos castigue mandándonos al infierno, sino que el infierno es la manifestación de una mente vengativa.

También es importante comprender lo que quiere decir Shantideva con *todos aquellos que hayan albergado alguna maldad en sus mentes*. La palabra clave aquí es «albergar». Albergar odio contra alguien, quien sea, produce un cuadro mental de angustia. Permanecemos en este estado infernal *durante un número de eones igual* al de momentos de ira hayamos tenido; en otras palabras, mientras sigamos manteniendo nuestro odio en vez de soltarlo.

Los *pensamientos de devoción y alegría*, por otro lado, nos traen felicidad, ya que en vez de separarnos y hacernos sentir más aislados y temerosos, nos acercan a los demás.

En la estrofa 35, Shantideva dice que incluso en *la mayor adversidad* los bodhisattvas no hacen sino el bien. Frecuentemente, en periodos de adversidad nos volvemos temerosos y golpeamos airados o nos permitimos diversas adicciones con la esperanza de evadir el dolor. Shantideva dice que los bodhisattvas dejan que el sufrimiento de la adversidad los ablande y los haga más amables, y que nosotros podemos aspirar a hacer lo mismo.

Este camino bodhisáttvico requiere algún esfuerzo, ya que nuestras tendencias habituales están firmemente arraigadas. No obstante, cuando las dificultades nos hagan ser más egoístas y retraídos, podríamos verlas como la hora de la verdad. La transformación puede ocurrir en esas circunstancias tan dolorosas. En vez del *mal* de la neurosis y la dureza añadidas, la adversidad puede producir humildad y empatía. Haciéndonos doblar la rodilla, puede enternecernos y hacernos más capaces de salir al encuentro de los demás.

En la última estrofa, Shantideva se inclina ante todos aquellos de nosotros dispuestos a despertar el bodhichita; también se inclina ante el bodhichita mismo de *aquellos que causan la felicidad, llevando incluso a sus mismos enemigos al perfecto gozo*.

Estas palabras finales pueden parecer contradictorias con la estrofa 34, que mencionaba las consecuencias infernales para quienes actúen con agresividad, pero desde el punto de vista de los que han despertado, la felicidad puede llegar incluso a *todos aquellos que hayan albergado alguna maldad en sus mentes*. Como consecuencia de nuestras intenciones compasivas, incluso nuestros «enemigos» pueden ser liberados del ensimismamiento en el yo y alcanzar así el despertar.

Saber dónde se encuentra la raíz de la felicidad evita que intensifiquemos el dolor. Si alguien te insulta, por ejemplo, es posible que estés deseando devolvérsela, pero sabes que eso no va a beneficiar a nadie. En vez de ello, cuando estamos en las mismas garras del deseo de venganza, podemos decirnos: «Que la ira que siento hacia esta persona cause la liberación de ambos».

Se trata de la aspiración de bodhisattvas noveles que están aprendiendo a soltar. Incluso aunque no lo sintamos de verdad, podemos ser capaces de decir: «Que esta conexión aparentemente negativa pueda ser nuestro lazo para despertar».

Preparar el terreno
Confesión

M E HE PREGUNTADO A MENUDO cómo surgen los primeros destellos de bodhichita. ¿Cómo pasa cualquiera de nosotros de estar totalmente ensimismado con su yo en las «prisiones del samsara» a ver, aunque sea solo por asomo, el anhelo y la perspectiva vasta del bodhichita?

En el segundo y tercer capítulo de *La práctica del bodhisattva*, Shantideva nos presenta la «ofrenda en siete partes»: siete prácticas que preparan la mente y el corazón para el despertar. Se trata de métodos tradicionales para acumular mérito. En este capítulo tratará las tres primeras: hacer ofrendas, hacer postraciones y confesión. Shantideva comienza en la primera estrofa con la práctica de hacer ofrendas:

2.1   Para poder adquirir esta preciosa actitud,
hago una ofrenda perfecta a todos los tathagatas*,
al dharma sagrado, puro y muy difícil de hallar,
y a la progenie del Buda, un océano de virtud.

---

* «El que así ha venido (o llegado)», «aquel que ha llegado a la talidad (tathata)», adjetivo con el que el propio Buda se califica en los sutras. *(N. del T.)*

Esta práctica tiene tres partes: el objeto especial al que se ofrece, la intención especial y las ofrendas especiales mismas. El objeto especial son las tres joyas: los budas, el dharma, o ley sagrada, y el sangha, o comunidad de la *progenie* del Buda. Aquí se trata de evocar el estado despierto: el estado despierto que está aparentemente «ahí fuera» evoca el que está aparentemente «aquí dentro». En ese sentido, la veneración de cualquier ejemplo de sabiduría rememora nuestra propia apertura, provocando que salga de nosotros lo mejor que tenemos.

La intención especial al hacer las ofrendas consiste en adquirir la preciosa actitud del bodhichita, y así hacemos esta práctica con la clara intención de despertar el corazón de la bodhi. Por ejemplo, cuando nos sentimos unos ineptos o se nos endurece el corazón, podríamos levantarnos el ánimo con el simple pero potente gesto de ofrecer mentalmente las cosas más agradables y hermosas que haya en nuestra vida. A Shantideva, como veremos pronto, le apasiona esta clase de práctica. Ofrece con entusiasmo toda la belleza que percibe en el mundo, se ofrece a sí mismo y ofrece también visualizaciones detalladas de los mejores regalos imaginables.

El hecho de hacer ofrendas realmente valiosas es tan opuesto a nuestro egoísmo habitual que se produce un efecto liberador. Dar nos permite desprendernos de esos apegos que incrementan nuestra vulnerabilidad y nuestro miedo. De este modo, la práctica airea la claustrofobia del ensimismamiento en el yo y nos acerca a la mente generosa del bodhichita.

Al hacer ofrendas a los budas, a los bodhisattvas y a los demás objetos de veneración, no solo entramos en contacto con nuestra apertura expansiva, sino también con la calidez de la devoción y del amor. Al hacer ofrendas a aquellos que sufren y que necesitan ayuda, accedemos a nuestra ternura y compasión. De modo que esta práctica aparentemente simple de dar, que consiste en abrirse y desprenderse, puede transformarnos profundamente. Cualquier cosa que nos aparte del egocentrismo siembra semillas positivas en nuestro continuo mental y, cuando se den las causas y condiciones apropiadas, estas semillas brotarán creando circunstancias afortunadas. Esta buena fortuna se llama «mérito» y se manifiesta como situaciones externas y estados mentales propicios. El mérito por antonomasia es el que surge cuando contactamos con la claridad imparcial de la mente.

Cuando nos aliamos con nuestra cordura, en vez de con la estrechez de miras del ensimismamiento en el yo, acumulamos mérito. Esta es una manera muy honesta de entablar amistad con nosotros mismos. Trungpa Rimpoché dijo en una ocasión: «La persona que recoge más mérito tiene que ser humilde y estar dispuesta a dar en vez de acumular». Con ese ánimo, movido por la intención de acumular mérito y el anhelo de experimentar el bodhichita, Shantideva lleva a cabo estas siete prácticas.

2.2 Ofrezco todas las frutas y las flores,
      cualquier variedad de poción medicinal,
      todas las piedras preciosas que hay en el mundo
      y toda clase de agua fresca y purificadora;

2.3 ofrezco todas las montañas, de piedras preciosas labradas,
      todas las arboledas plácidas y solitarias de los bosques,
      los árboles del paraíso, adornados de flores,
      y los que inclinan sus cargadas ramas con perfectos frutos;

2.4 ofrezco la rica fragancia de los mundos divinos y otros,
      todos los inciensos, los árboles que otorgan deseos y los que dan
      gemas,

todas las cosechas no labradas, naturales,
y cualquier objeto lujoso que valga la pena ofrecer;

2.5 ofrezco albuferas, lagos embellecidos con lotos
y bellas aves acuáticas que emiten dulces chillidos,
y todas las cosas libres que no tienen propietario
y llegan a los confines del espacio ilimitado.

2.6 Imaginándome todo ello, ante el sin par Sabio poderoso
y ante todos sus herederos, hago una ofrenda perfecta.
¡Oh, mis sublimes receptores, mis compasivos señores,
pensad en mí con amor y aceptad estas ofrendas!

2.7 Puesto que soy muy pobre: se ha agotado mi mérito
y otra riqueza no poseo, os ruego, protectores,
vosotros que siempre miráis sabiamente por el bien ajeno,
que con vuestro gran poder las aceptéis por el mío.

Estas primeras ofrendas de la prodigalidad de la naturaleza con sus frutas y flores, sus montañas y árboles, no pueden «poseerse»; las podría hacer el más pobre de entre los pobres. Podríamos ofrecer el firmamento, el canto de los pájaros o el placer que sentimos al ver un amanecer. Como Shantideva, podríamos hacer alegremente ofrendas inmensas y maravillosas de todo lo que vemos, oímos, saboreamos y olemos, así como de cada objeto valioso que disfrutamos.

Si buscamos esos momentos de deleite, siempre tendremos a mano un regalo precioso. Incluso si vivimos en la calle y estamos con las manos vacías, desposeídos de mérito alguno y sin ninguna otra riqueza, somos ricos por nuestros regalos de inestimable valor. Como valoramos el mundo y percibimos toda su abundancia, que está a nuestra disposición, podemos ofrecer todo ello a los demás. En vez de fomentar la codicia con las cosas que deseamos, las convertimos en vehículos para la liberación usándolas como la mejor de las ofrendas.

2.8 Vosotros, los que habéis despertado, y todos vuestros herederos, los bodhisattvas:
os ofrezco mi cuerpo en esta y todas mis vidas venideras.
Aceptadme sin reparos, héroes valientes y supremos,
porque, devotamente, yo seré vuestro siervo.

2.9 Y es que si me aceptáis,
seré impávido ante el samsara y beneficiaré a todos los seres.
Dejaré mis maldades pasadas muy atrás,
y en el futuro nunca más las cometeré.

En las estrofas 8 y 9, Shantideva se ofrece a sí mismo siguiendo un razonamiento práctico: cualquier cosa que nos induzca a salir del egocentrismo es prometedora. En el día a día, podemos ofrecernos de un modo muy literal. En una reunión, por ejemplo, puede que alguien diga: «Necesitamos una persona más para quedarse a trabajar hasta tarde». Cuando sintamos el tirón de la resistencia podríamos ofrecernos, aunque haga falta darse un empujoncito. Una vez que hayamos decidido liberarnos de nuestros hábitos, fundamentados en el miedo, las oportunidades para practicar se presentarán por doquier.

Shantideva, por supuesto, no se está dirigiendo a los compañeros de trabajo o a sus amigos, sino a los budas y a los bodhisattvas. Pero en realidad no estamos haciendo esto por los budas. Cuando Shantideva se ofrece a quienes encarnan la sabiduría y la compasión, él mismo es quien va a salir beneficiado; los budas no nos necesitan como sirvientes. Por otro lado, ¿quién no se alegraría de vernos más aliviados y menos tacaños y posesivos?

Hacer ofrendas nos libera del dolor del ensimismamiento en el yo. ¿Estamos dispuestos a ofrecer algo tan valioso como nuestro tiempo, energía y cualquier otra cosa a la que nos aferramos? ¿Estamos dispuestos a aflojar los hábitos del egoísmo, el miedo y la estrechez de miras? Si así es, esta práctica puede beneficiarnos mucho.

2.10 En un gran salón de baño dulcemente perfumado,
con suaves suelos de cristal, radiantes y claros,
y elegantes columnas cuyas gemas centellean,
todo ello bajo relucientes doseles cubiertos de perlas,

2.11 allí a los tathagatas y a sus herederos
bañaré con diversas vasijas preciosas,
rebosantes de deliciosa agua fragante.
Todo ello al son de múltiples melodías y versos.

2.12 Con telas y toallas de gran calidad,
limpias y perfumadas, secaré sus cuerpos.
Luego les daré espléndidas ropas aromatizadas,
bellamente tintadas y excelentes.

2.13 Con diferentes prendas, livianas y suaves,
y con cien variedades de bellos adornos
vestiré al gran Samantabhadra,
a Mañjughosha, Avalokiteshvara y a otros bodhisattvas.

Shantideva visualiza magníficas ofrendas y nos muestra lo mucho que se puede disfrutar de esta práctica. Podemos deleitarnos con maravillosas fantasías y visualizar valiosas ofrendas, no solamente para nosotros, sino también para los budas, los bodhisattvas y todos los seres.

En las estrofas 10 y 11 nos describe un exquisito salón de baño, mientras que en las dos siguientes ofrece telas excelentes: las toallas más suaves y lujosas, ropas bonitas y perfumadas; todos esos codiciados artículos que salen en los catálogos. Podemos disfrutar de nuestras ensoñaciones y, a continuación, ¡darlo todo!

Estos obsequios se ofrecen a tres de los ocho bodhisattvas principales: *Samantabhadra, Mañjughosha* y *Avalokiteshvara*. Samantabhadra tiene que ver con la generosidad ilimitada, una cualidad que también nosotros poseemos: una mente desprendida con un potencial de crecimiento infinito. Mañjughosha manifiesta la sabiduría incondicional que está a la disposición de todos nosotros. Avalokiteshvara encarna la compasión; lo veneramos sabiendo que nuestra compasión puede crecer y expandirse.

2.14 Y con una exquisita esencia de primera calidad,
que impregna mil millones de mundos,
ungiré los cuerpos de los grandes sabios,
para que brillen como el oro puro bruñido.

2.15 Pongo ante quienes venero, los sabios poderosos,
espléndidas flores como la mandarava y el loto,
y otras inflorescencias fragantes como el utpala,
entrelazadas en bellas y perfumadas guirnaldas.

2.16 Nubes de incienso les doy como ofrenda,
creando un ambiente que embelesa a la mente,
y mucha y muy diversa comida y bebida,
todas ellas exquisiteces dignas de los dioses.

2.17 También les ofrezco preciosas lamparillas
dispuestas en hileras de lotos de oro,
y un tapiz de flores hermosas esparcidas
sobre el suave suelo rociado de incienso.

Parece que Shantideva se lo está pasando realmente bien. Ofrece aceites perfumados con los que unge *los cuerpos de los grandes sabios*, y flores formando guirnaldas como los collares de flores de Hawái.

Cuando ofrecemos una *lamparilla*, no se trata de una simple vela, sino de una exquisita lámpara de oro en forma de loto, sobre un lecho de pétalos de flor esparcidos sobre el suelo rociado con perfume de incienso.

Las ofrendas que empiezan en la estrofa 15 adquieren un significado especial pues, según la tradición, cada ofrenda cultiva una cualidad específica. Ofrecer flores, por ejemplo, aumenta nuestra capacidad de sentir amor y compasión; ofrecer incienso, en la estrofa 16, aumenta la capacidad de disciplina.

Todo lo que ofrecemos revela nuestras buenas cualidades inherentes. Es como quitarse una tapadera, al hacerlo, quizá nos sintamos inmersos en la abundancia y nos encontremos menos posesivos y más generosos. Por eso se dice que haciendo ofrendas superamos la mezquindad. El cultivo de esta práctica es una manera muy directa y no conceptual de revelar nuestra bondad fundamental.

2.18 A quienes tienen por naturaleza la compasión
ofrezco inmensos palacios en donde resuenan hermosas loas,
decorados con bellas perlas y lindos colgantes de gemas:
joyas brillantes que ornan el amplio espacio.

2.19 Y bellos parasoles, valiosos, con empuñaduras de oro
y las cenefas de sus bordes llenas de joyas preciosas,
muy derechos y elegantes, y bien proporcionados:
de nuevo todo ello ofrezco a todos los budas.

2.20 Que multitudes de otras ofrendas
y nubes de dulces y cautivadoras melodías,
que alivian el dolor de los seres vivos,
surjan y por siempre permanezcan.

2.21 Que muchas flores y toda clase de gemas preciosas
desciendan sin parar en incesante lluvia
sobre las joyas del dharma, las estatuas, las imágenes,
los stupas y todo aquello que recibe ofrendas.

En la estrofa 18, la ofrenda de *inmensos palacios en donde resuenan hermosas loas* simboliza la creación de comunidades armoniosas y animadas. La ofrenda tradicional de parasoles, en la estrofa 19, tiene que ver con la capacidad de beneficiar a los seres. En la 20, la ofrenda de la música incrementa la capacidad de transmitir el dharma, para que la gente pueda escuchar la dulzura de la verdad.

En la estrofa 21, la ofrenda consiste en la aspiración de que haya una lluvia continua de flores y joyas preciosas descendiendo sobre los textos sagrados, las tres joyas y cualquier otra cosa que sirva como apoyo a nuestra práctica.

Por último, en las estrofas 22 y 23, Shantideva va a hacer la más sublime de las ofrendas: seguir el ejemplo de los maestros y practicar lo que nos han enseñado.

2.22 Igual que Mañjughosha, y otros como él,
realizó ofrendas a todos los Conquistadores,
yo también dono a todos los budas, nuestros protectores,
y a todos los bodhisattvas que de ellos descienden.

2.23 A estos vastos océanos de buenas virtudes
con un mar de elogios y armonías enaltezco.
Que abundantes nubes de melodiosas loas
asciendan incesantemente ante ellos.

La siguiente de las siete prácticas, la segunda, es hacer postraciones. Cuando ofrecemos postraciones, preparamos el terreno todavía más para que la semilla del bodhichita eche raíces. En las estrofas que siguen, 24 a 26, Shantideva acumula mérito otra vez entregándose él mismo.

2.24 Ante todos los budas, pasados, presentes y futuros,
la doctrina del dharma y la suprema asamblea,
con tantos cuerpos como haya granos de arena,
me postro sobre la tierra rindiendo mis respetos.

2.25 Me inclino ante los altares
y todo lo que sustenta el bodhichita;
ante los abades que administran los votos, ante los maestros
   eruditos
y ante todos los sublimes practicantes.

2.26 Hasta que la esencia de la iluminación alcance
busco refugio en los budas.
También me refugio en el dharma,
y en toda la gran asamblea de bodhisattvas.

Cualquier ofrenda es susceptible de ser expandida. Por ejemplo, cuando visualizamos regalar nuestras queridas pertenencias, no nos imaginamos simplemente un libro o un suéter, sino innumerables libros y suéteres. Análogamente, en la estrofa 24, Shantideva visualiza incontables imágenes de su cuerpo haciendo postraciones.

Esta práctica tiene muchos beneficios. El primero y más importante es que las postraciones vencen la arrogancia. Trungpa Rimpoché solía decir que como tenemos bondad fundamental, no podemos sentir orgullo mientras nos entregamos. No tenemos que aferrarnos a nuestros logros o a nuestra buena fortuna. Podemos permitirnos ser humildes e inclinarnos ante quienes encarnan la sabiduría, ante todas aquellas personas valientes que se esforzaron tanto para que las enseñanzas sigan vivas hoy en día.

En segundo lugar, las postraciones nos ponen en contacto con nuestra propia cordura. Cuando estamos en presencia de una persona extremadamente abierta y compasiva, podemos sentir que estas cualidades brotan en nosotros. Una persona, o un objeto, que veneramos puede despertar la claridad y la frescura de nuestra mente, aunque se trate aparentemente de algo externo. Como gesto de respeto, cariño y gratitud hacia quienes nos muestran nuestra bondad fundamental, hacemos una reverencia y nos postramos.

En tercer lugar, las postraciones nos sirven como instrumento para superar la resistencia y rendir nuestras tendencias neuróticas profundamente arraigadas. Cada vez que nos inclinamos nos ofrecemos; ofrecemos nuestra confusión, la incapacidad de amar, nuestra falta de sensibilidad y nuestro egoísmo. Es como abrir nuestras manos diciendo: «Con este gesto reconozco de buen grado que estoy realmente en un atolladero. Lo entrego todo al corazón vasto y compasivo del bodhichita. Hasta que alcance la esencia de la realización, me refugio en la mente despierta». Hacer postraciones con cualquiera de esas tres intenciones nos preparará para experimentar el corazón de la bodhi.

Desde la estrofa 27 hasta el final de este capítulo, Shantideva nos presenta la práctica de la confesión o, según la traducción de Trungpa Rimpoché, «dejar de lado nuestros crímenes neuróticos». Siempre que hagamos algo que hubiésemos deseado no hacer, le prestamos toda nuestra atención con compasión. En vez de esconder nuestras faltas para no verlas ni que las vean, las declaramos honestamente: reconociéndolas *nosotros mismos* evitamos el autoengaño. En ciertas circunstancias, es posible que también se las contemos a alguien, que será testigo de nuestra sabia intención.

Para ver claramente cómo fortalecemos o debilitamos nuestras tendencias nefastas, necesitamos sacarlas a la luz. Es como cuando por la noche nos preparamos para meternos en la cama: nos quitamos fácilmente la ropa cuando estamos solos en la habitación, pero la presencia de otra persona nos hace ser más conscientes. El papel de los demás, tanto si se trata de los *protectores grandiosos* como de nuestros amigos, consiste simplemente en escucharnos, sin juzgarnos y sin intentar solucionar lo que nos pasa. Es así como la confesión vence al desconocimiento, o falta de introspección.

Nos podríamos preguntar si no sería suficiente con que cada cual se arrepintiera de sus errores. Aunque eso es muy útil, no basta para disolver por completo el autoengaño. Cuando expresamos nuestro arrepentimiento a los budas o a otro ser humano, no nos podemos engañar. Usamos un testigo para abrirnos a nosotros mismos, lo cual es un acto de compasión y respeto hacia nosotros mismos. Como resultado, en vez de ir cargando por ahí con la culpa, quedamos libres y podemos empezar de nuevo. La ventaja de dejar de lado nuestros «crímenes neuróticos» es ser capaces de seguir adelante sin culpabilidad.

La práctica de la confesión es un modo excelente de trascender la culpabilidad y el autoengaño. Se fundamenta en el punto de vista de que la neurosis, aunque nos parezca monolítica e inmutable, es en esencia transitoria e insustancial. Se trata solamente de una energía fortísima que, equivocadamente, hemos identificado con un «yo» sólido y permanente. La confesión, al igual que hacer ofrendas y postraciones, nos ayuda a desprendernos de esta versión rígida que tenemos acerca de quiénes somos.

Cuando hacemos algo que desearíamos no haber hecho, no nos quedamos como si tal cosa, sino que lo reconocemos con lo que Dzigar Kongtrul Rimpoché llama «tristeza positiva». En vez de condenarnos, podemos entablar contacto con la cálida ternura del arrepentimiento. De ese modo, puede que los hábitos del autoengaño y de sentirse culpable mermen hasta desvanecerse. Este es el aspecto más importante de la práctica de confesión.

2.27 Ante los budas perfectos y los bodhisattvas,
de cualquier dirección donde puedan estar morando,
ante estos soberanos de grandísima piedad,
junto mis manos y hago esta súplica:

2.28 «En esta vida presente y en todas las demás,
mientras giraba en el círculo sin comienzo,
ciegamente he venido a suscitar el mal
e incitado a otros a cometerlo.

2.29 Engañado y avasallado por mi propia ignorancia,
me he regodeado pecando de ese modo,
y viendo ahora la falta que hay en todo ello,
¡Oh, protectores grandiosos, confieso de todo corazón!».

En estos versos, Shantideva presenta la práctica tradicional tibetana de «los cuatro poderes de la confesión»: los cuatro métodos para dejar de lado los actos neuróticos. Son los siguientes: reconocer nuestras fechorías con «tristeza positiva», confiar en la sabiduría fundamental, realizar acciones compensatorias y tomar la resolución de hacer todo lo posible para dejar de cometer los mismos errores.

La estrofa 27 presenta la confianza en la sabiduría fundamental. En presencia de la sabiduría de *los soberanos de grandísima piedad*, Shantideva declara en las estrofas 28 y 29 que ha causado daño. Con honestidad y confianza en su bondad fundamental, admite que no ha estado a la altura.

Se trata de un reconocimiento sanador: el poder de reconocer con tristeza positiva. Cuando dice *ciegamente he venido a suscitar el mal e incitado a otros a cometerlo*, aplica el tipo de introspección compasiva que trae libertad. Como dice Dzigar Kongtrul: «Podemos admitir que hemos hecho daño debido a nuestro desconocimiento, sin quedarnos enganchados en los argumentos acerca de lo malos que somos».

El tercero de los cuatro poderes se llama «acción compensatoria» o «poder opuesto». Tras haber reconocido nuestros lamentables actos, esta acción nos permite liberarnos de lo que queda por resolver del pasado, y trascender así la represión y la culpabilidad.

Hay un abanico de ejemplos de acciones compensatorias que van desde las prácticas más clásicas hasta las contemporáneas. El maestro vietnamita Thich Nhat Hanh, por ejemplo, trabajó con un estadounidense, veterano de la guerra de Vietnam, que no podía librarse de un insoportable sentimiento de culpa por haber matado a personas inocentes. Para él, la acción sanadora fue volver a Vietnam y pasar allí algún tiempo ayudando a personas que padecían de angustia. Del mismo modo, si hemos matado animales en el pasado, podemos quizás ahora protegerlos.

Otro método es «repasar la vida». Una vez al año, como mínimo, imagino que estoy a punto de morir y, repasando con la mayor honestidad posible toda mi vida, me paro a prestar total atención a las cosas que deseo que no hubieran ocurrido. Cuando admito estos errores con sinceridad, aunque sin reproches, intento regocijarme por tener esa sabiduría innata que me permite mirar con tanto valor, a la vez que siento compasión por la cantidad de veces que metí la pata. Después puedo seguir adelante; el futuro está abierto de par en par y lo que haga con él es cosa mía.

La acción compensatoria de Shantideva es su declaración «¡*Oh, protectores grandiosos, confieso de todo corazón!*», ya que al expresar abiertamente su arrepentimiento lleva a cabo una acción compensatoria, sanadora.

El cuarto poder, la resolución, aparece en la estrofa 65, la última de este capítulo. Shantideva promete evitar en lo posible los mismos errores y seguir adelante sin el bagaje innecesario de la culpa.

Estos cuatro poderes de la confesión generan una relación más cálida con el mundo. Podemos transformar el arrepentimiento que sentimos al creernos fundamentalmente malos, acompañado del deseo de no serlo, en la comprensión de que somos fundamentalmente buenos y no queremos seguir ocultándolo.

2.30 «Cualquier cosa que haya hecho en contra de la triple gema,
y de mis padres y maestros, así como del resto de los seres,
a causa de la fuerza de mis envilecimientos
utilizando el cuerpo, la palabra o la mente,

2.31 todo mal que yo, un pecador, haya cometido,
todos los actos perversos que a mí ahora se aferran,
esas fechorías horrendas que yo mismo discurrí,
abiertamente, maestros del mundo, os declaro».

Esta traducción: «*yo, un pecador*», puede equivocarnos. El budismo recalca la necesidad de trascender cualquier identidad preestablecida: ser bueno, malo, o regular. Se trata básicamente de que, con los métodos adecuados para trabajar con nuestras mentes y la buena disposición a usarlos, todos tenemos la capacidad de cambiar el curso de cualquier cosa. Podemos trascender la intransigencia y los prejuicios que nos hacen actuar sin sabiduría y, también, revelar nuestra apertura y bondad fundamentales. En las estrofas 30 y 31, Shantideva nos declara todo lo que le impide llevar una vida compasiva, pero sin culpa o atisbo alguno de sentirse una mala persona.

Un aspecto positivo de usar palabras como «pecado» y «pecador» es que llaman nuestra atención y nos recuerdan que todo esto no se puede tomar a la ligera, aunque yo prefiero evitar las palabras que tienen una carga cultural, para no imbuir las enseñanzas budistas con proyecciones engañosas.

Trungpa Rimpoché, por ejemplo, tradujo la palabra tibetana *dikpa* como «crímenes neuróticos» en vez de «pecado», optando por una interpretación psicológica en vez de ética. Las palabras que nos señalan como alguien fundamentalmente degenerado no parecen muy útiles. Sin ellas es más probable que nos sintamos inspirados a entrar en contacto con nuestra fortaleza y bondad inherentes.

2.32 «Puede ser que la muerte me sobrevenga
antes de que mis maldades se hayan purificado.
¿Cómo podría entonces verme liberado de ellas?
Os lo ruego: ¡dadme ya vuestra protección!».

2.33 Siempre hemos de desconfiar del traidor Señor de la Muerte.
Esté o no acabada la tarea, él no espera.
Por tanto no hemos de contar, estemos sanos o enfermos,
con nuestra vida presente, pasajera e impermanente.

2.34 Y aunque hemos de partir dejándolo atrás todo,
yo, que tengo realmente poco juicio,
movido tanto por mis amigos como por mis enemigos,
he alentado y cometido un sinfín de fechorías.

2.35 Pero todos mis amigos dejarán de existir,
y todos mis enemigos dejarán de existir,
y yo mismo también dejaré de existir,
e igualmente todo dejará de existir.

En las estrofas 32 a 46, Shantideva introduce el tema de la impermanencia y la muerte. Su intención es señalar que tenemos que reflexionar en nuestra situación antes de que sea demasiado tarde. Cualquiera de nosotros puede fallecer de repente. Esto nos motiva de verdad a repasar nuestras vidas con una actitud de saber perdonarnos; podremos entonces morir sin sentir arrepentimiento.

En la estrofa 32, Shantideva dice: «*dadme ya vuestra protección*», y en otras liturgias budistas leemos «conceded vuestra gracia», pero *¿a quién* le estamos pidiendo ayuda y gracia?, ¿cómo podemos entender esto desde la no dualidad? Trungpa Rimpoché explicó que no se trata tanto de la noción de que alguien nos protege o nos bendice, sino que es más bien una actitud de «así sea»: «Que me vea yo protegido bajo la gracia de la inspiración de la mente de sabiduría, ¡que así sea!».

La estrofa 34 introduce un tema provocador, que reaparece en la 37: seguimos llevando las huellas de nuestras reacciones positivas y negativas mucho tiempo después de que nuestros amigos y enemigos se hayan ido. Nuestras tendencias habituales siguen estando ahí mucho después de que los objetos de nuestro apego y de nuestra aversión dejen de existir. El problema en sí no radica en nuestros amigos y enemigos, sino en la manera en que nos relacionamos con ellos, o con cualquier otra circunstancia externa. ¿Qué hábitos estamos fortaleciendo cuando nos enredamos en nuestros apegos y aversiones? ¿Cómo experimentaremos el mundo dentro de un mes, un año o cinco años? ¿Estaremos todavía más enfadados, ansiosos y miedosos, o habrá ocurrido un cambio? Esto depende totalmente de las tendencias que reforcemos hoy. Shantideva nos dice que es inútil irritarse a causa de aquellos que, exactamente igual que nosotros, tienen *vidas pasajeras e impermanentes*.

2.36 Todo aquello que disfruto y que poseo
es como la visión fugaz de un sueño:
se desvanece en el ámbito de la memoria,
desapareciendo para nunca más ser visto.

2.37 Incluso en esta existencia en que efímeramente vivo,
hay infinidad de amigos y enemigos que ya marcharon,
pero aún así las maldades que he cometido por ellos
me estarán aguardando, porque esas sí que se quedan conmigo.

2.38 Nunca me acudió a la mente el pensamiento
de que yo soy también algo breve y pasajero,
y así por el odio, la lujuria y la ignorancia,
he llegado a perpetrar una infinidad de faltas.

2.39 Sin detenerse nunca ni de día ni de noche,
mi vida se va agotando poco a poco,
y como no hay ninguna cosa que la prolongue,
¿acaso la muerte no me está ya acechando?

La estrofa 36 evoca la cualidad insustancial de nuestras vidas. Se trata de la primera referencia que hace Shantideva a la naturaleza ilusoria y onírica de la realidad. Siempre que sintamos que nos estamos enganchando, el mero recuerdo de estas palabras puede ser de gran ayuda para abrirnos paso a través de nuestros enredos emocionales y poder acercarnos a una perspectiva más amplia.

Estos versos tratan acerca de la falta esencial de puntos de referencia firmes en nuestra experiencia. Si estamos intentando ignorar la verdad de la muerte, es posible que nos lleguemos a encontrar en la situación de pánico que describe Shantideva.

Con solo prestar un poco de atención a nuestra experiencia, nos convenceremos fácilmente de que *la vida se va agotando poco a poco*. Veo en mi propia experiencia que envejecer nos motiva de verdad a no desperdiciar esta valiosa vida humana.

2.40   Allí estaré yo, yaciendo en mi lecho,
        con todos mis seres queridos alrededor.
        Mas seré yo el único que sienta
        la sección del hilo del que pende la vida.

2.41   Y cuando me sujeten los heraldos del Rey Mortífero,
        ¿me podrán ayudar mis amigos y parientes?
        Mi única defensa entonces será la virtud que haya vivido,
        y a esta, ¡ay!, he hecho caso omiso toda la vida.

Nos morimos solos. Las amistades, la familia o la abundancia material son impotentes ante este simple hecho. Cuando mis hijos eran adolescentes, les llevé a que conocieran a Karmapa XVI. Como ellos no eran budistas, le pedí a Su Santidad que les dijera algo que pudieran entender sin conocimiento alguno del dharma y, sin vacilar, les dijo: «Vais a morir, y cuando eso ocurra no os podréis llevar nada con vosotros, excepto el estado mental que tengáis». Shantideva lo reitera en la estrofa 41 y, a continuación, describe gráficamente los horrores de la muerte.

2.42   ¡Oh, protectores! Tan poca cabeza he tenido
        que apenas adivinaba que hubiera tal horror.
        ¡Y que solo por esta breve y efímera existencia
        haya perpetrado yo tantísimas maldades!

2.43 El día que llevan el reo al patíbulo,
para seccionarle sus brazos y piernas,
su aspecto muda a causa del miedo:
tiene la boca seca y los ojos como platos.

2.44 Huelga decir que grande será mi aflicción
cuando, sobrecogido y enfermo por el espanto,
no pueda apartar de mí el horroroso espectáculo
de los temibles vasallos del Señor de la Muerte.

2.45 ¿Quién podrá entonces ponerme a salvo
de este gran horror, de este pánico espantoso?
Miraré entonces hacia los cuatro costados
buscando auxilio con aterrorizados ojos.

2.46 Pero en ningún sitio hallaré tal protección
y en la desesperación me acabaré sumiendo.
Sin ningún lugar en donde refugiarme,
en esos momentos, ¿qué podré hacer?

Shantideva usa dos técnicas pedagógicas tradicionales. Mientras que una de ellas exalta la belleza y los beneficios de entrar en contacto con el bodhichita, la otra se vale de la táctica del miedo para estremecernos y debilitar nuestros hábitos neuróticos, además de despertarnos dándonos un buen susto.

Este último método no funciona muy bien en Occidente y, sin la confianza en la bondad fundamental, lo que pretende puede malinterpretarse fácilmente. Se trata realmente de comprender que todo lo que hacemos tiene consecuencias, y de que estas no van a ser siempre agradables. Cada día estamos fortaleciendo o debilitando las tendencias negativas. Sin embargo, como dijo en una ocasión Trungpa Rimpoché: «El karma no es un castigo, sino consecuencias que se manifiestan temporalmente como atolladeros. Podemos deshacerlo siguiendo el camino».

Por mucho que la muerte pueda ser aterradora, también nos abre una puerta hacia la realización. Todo depende de lo que cultivemos en el transcurso de nuestra vida. Como preparación para la muerte, es extremadamente útil llegar a familiarizarse con el bodhichita y con la apertura incondicional de la mente.

Mientras nos adiestramos en el bodhichita, aprendemos a usar cualquier dolor o miedo que tengamos para abrir nuestros corazones a la aflicción de los demás. De este modo, nuestra infelicidad personal no nos cierra, sino que se convierte en un trampolín que nos impulsa hacia una perspectiva más amplia. Si aprendemos esto durante la vida, el proceso de morir despertará la compasión. Incluso la incomodidad del dolor físico, las dificultades respiratorias o el miedo despertarán automáticamente el bodhichita.

La mejor preparación para el momento de la muerte es reconocer la naturaleza de la mente. Observando el duelo de las personas, me he dado cuenta de que la muerte puede ser un gran aliciente para despertar. Cuando ocurre, todo se va deshaciendo de un modo natural: el cuerpo decae, la manera en que percibimos la realidad se debilita, cualquier cosa a que nos aferremos se va disolviendo. El desprendimiento que cultivamos en vida está ocurriendo de un modo natural. ¿No era eso lo que queríamos? Pues ahora ocurre por sí solo.

Para aquellos que se pasan la vida aprendiendo a relajarse con la ausencia de puntos de referencia, la muerte es liberadora. Por otro lado, si nos pasamos toda la vida intentando mantener esta existencia breve y transitoria, entonces nos vamos a sentir asustados, y hasta aterrorizados, cuando nos llegue la hora. La muerte es el gran desconocido que siempre estamos intentando eludir, la ausencia absoluta de puntos de referencia que intentamos evadir. Pero si aprendemos a relajarnos con la incertidumbre y la inseguridad, entonces la muerte promueve la alegría.

Si nos pasamos la vida buscando algo externo que nos ayude (tal como tener buen aspecto, salir de compras buscando terapias, adicciones y un largo etcétera), entonces buscaremos también algo sólido a que agarrarnos cuando nos llegue la hora. Cuando veamos que estamos *buscando auxilio con ojos como platos*, caeremos en la cuenta demasiado tarde de que esta respuesta habitual es totalmente inútil. Esta reflexión de Shantideva nos hace pensar.

Tenemos que preguntarnos en dónde buscamos refugio. Cuando nos sentimos asustados, infelices o solos, ¿en dónde nos refugiamos cada uno de nosotros? Shantideva concluye que buscar refugio en el corazón y la mente inasibles e inconcebibles del bodhichita tendrá su compensación cuando nos llegue la hora.

2.47　Así pues, a partir de hoy, me refugio
en lo que da cobijo a los seres: los budas,
que pugnan por cuidar a todos los errantes
y que, con su poder, todos los miedos esfuman.

2.48　Y en el dharma que ha prendido en sus corazones,
que aleja los terrores del samsara;
y en toda la gran asamblea de bodhisattvas
asimismo me refugio cabalmente.

Cuando nos refugiemos en la misma mente despierta, valiente e ilimitada, en vez de en puntos de referencia aparentemente inmutables, se disiparán todos los miedos cuando más lo necesitemos.

2.49 Aterrorizado y fuera de mí, en zozobra,
me entregaré al gran Samantabhadra;
y haré donación de mi cuerpo
al gentil y melodioso Mañjughosha.

2.50 Y a aquel de infalibles acciones piadosas,
Avalokiteshvara, mi señor,
imploro desde el abismo de la desventura:
«¡Proteged con premura a este malhechor!».

2.51 Y ahora también al noble Akashagarbha
y a Kshitigarbha llamo, con mi corazón en la mano.
A todos los protectores, grandes y compasivos,
voy en busca de cobijo, les imploro que me lo den.

2.52 E iré volando hacia Vajrapani,
puesto que al divisarlo
todos los seres dañinos, como las huestes de Yama,
escapan despavoridos hacia los cuatro costados.

2.53 Otrora a vuestras palabras hice oídos sordos,
pero una vez vistos todos estos horrores
he acudido en busca de refugio y rogándoos:
«¡Alejad prestamente este miedo mío!».

En la estrofa 53, Shantideva concluye que cuando no comprendió el funcionamiento de la causa y del efecto, siguió fortaleciendo sus inclinaciones negativas. Ahora, sin embargo, comprende que es él quien crea las causas de su felicidad o infelicidad futuras. Se siente entonces inspirado a seguir el ejemplo de los maestros bodhisattvas que menciona, llevando a la práctica sus enseñanzas. Es así como siempre estarán a su lado, protegiéndole del miedo.

2.54 Si cuando alarmado por un común padecimiento
debo hacer lo que el médico me dice,
¿para qué hablar de cuando me encuentro siempre abatido
por dolencias como la lujuria y otros cientos de faltas?

2.55 Y si además a causa de una sola de ellas
cae toda la gente de la Tierra al abismo,
y si no existe ningún otro remedio,
ni curación alguna que pueda encontrarse

2.56 excepto en las palabras del doctor omnisciente,
que de raíz arrancan todas nuestras dolencias,
desatenderle haciendo oídos sordos
sería algo tonto, reprobable y abyecto.

El símil que aquí se hace es muy conocido en las enseñanzas budistas: padecemos una enfermedad, el Buda es un médico cuyo diagnóstico es infalible y las enseñanzas son la medicina. Para que la medicina surta efecto, tenemos que tomarla según la prescripción médica, pues simplemente leerla no funciona. Para curarnos, tenemos que hacer *lo que nos diga el médico*.

Cuando una persona descubre que tiene una enfermedad terrible, o que la tiene un ser querido, se siente inspirada a hacer todo lo que esté en sus manos para encontrar la cura. Esto ayuda no solo al enfermo, sino también a todos los que padecen la misma enfermedad. En este caso, sin embargo, todos compartimos la misma enfermedad. Por mucho que una enfermedad como el sida o el cáncer pueda afectar a millones de personas, la enfermedad del desconocimiento y el ensimismamiento en el yo nos afecta a todos. Que el *doctor omnisciente* nos dé un remedio y ni lo probemos, ni por uno o dos años tan siquiera, no solo sería una insensatez, *es algo tonto, reprobable y abyecto.*

> **2.57** Cuando camino bordeando un pequeño acantilado
> debo escoger con muchísimo cuidado la senda,
> ¿y qué decir del insondable abismo,
> si tiene una caída en picado de mil profundas leguas?

Este *insondable abismo* se refiere al modo de pensar samsárico, que consiste en estar continuamente buscando la comodidad e intentando evitar el dolor. Shantideva pregunta cómo es que estamos tan atentos cuando *bordeamos un pequeño acantilado* y no le prestamos por lo menos la misma atención al peligroso abismo del samsara. Durante una infinidad de vidas hemos estado cayendo en este abismo, así que seamos por fin un poco más listos y dejemos de hacerlo. Y si nos caemos en él de vez en cuando, démonos cuenta a tiempo y salgamos trepando afuera; de eso se trata.

> **2.58** «Hoy, por lo menos, no voy a morir».
> ¡Qué ligereza arrullarme con estas palabras!
> Mi disolución y mi hora,
> sin lugar a dudas, vendrán a por mí.

> **2.59** ¿Puede alguien calmar mi miedo?
> ¿Hay una vía de escape segura?

Si inevitablemente voy a morir,
¿cómo puedo aquietar mi mente y relajarme?

Tanto si practicamos como si no, la muerte llegará, así que, *¿cómo podemos aquietar la mente y relajarnos?* De hecho, *podemos* relajarnos si aplicamos con regularidad los cuatro poderes de la confesión. Repasando lo que ha ocurrido anteriormente y haciendo que todo salga a la luz, seremos capaces de relajarnos y soltar cuando nos llegue la hora, pues una vez que hemos examinado honestamente el pasado y el presente podemos morir con claridad consciente.

2.60 Pasadas todas las estaciones, de las experiencias de la vida,
¿qué me queda?, ¿qué tengo yo ahora?
Apegándome a lo que ya se ha ido,
he desobedecido las normas de mi maestro.

Aunque sea imposible mantener nada, el aferramiento sigue siendo uno de nuestros hábitos más fuertes y, por muy inútil que sea, dedicamos una gran parte de nuestras energías ansiando lo que es inaprensible e impermanente.

En este instante presente, aparte de los recuerdos, no queda nada del pasado. Eso es lo único que queda: la nostalgia por los momentos agradables y el miedo de los momentos malos. En vez de quedarnos todavía más enganchados en la nostalgia y el miedo, podemos sencillamente reconocer estas tendencias y preguntarnos si es inteligente seguir sufriendo por esas preocupaciones pasajeras.

2.61 Y cuando deje atrás esta vida,
y con ella mis familiares y amigos,

yo solo hollaré caminos inciertos,
¿importa tanto hacer amigos y enemigos?

¿Con qué criterio discernimos los amigos de los enemigos? Puede ocurrir que un amigo sea la causa de trastornos emocionales y hábitos negativos, mientras que alguien que llamamos «enemigo» puede beneficiarnos muchísimo. A menudo tenemos una comprensión de las cosas significativamente mayor gracias al daño que alguien nos hace. Muchas veces las enseñanzas nos penetran cuando todo se derrumba, así que, por mucho que «amigo» y «enemigo» sean conceptos muy habituales, cuesta decir quiénes son los que realmente ayudan y quiénes los que entorpecen en el proceso del despertar.

2.62   En vez de importarme eso, ¿cómo puedo asegurarme
       de librarme de la maldad, sola causa de mi pesar?
       Debería ser esta mi única preocupación,
       mi solo pensamiento noche y día.

2.63   Los errores que he cometido
       por ignorancia y necedad:
       toda acción mala por naturaleza
       y las transgresiones de los preceptos,

2.64   temiendo todos los dolores futuros
       uno mis manos y me postro sin cesar,
       al tiempo que los confieso todos
       enfrente mismo de mis protectores.

2.65   Os suplico, guías y guardianes del mundo,
       aceptad tal y como es a este pecador,

y todas estas viles acciones
prometo no repetir jamás.

Shantideva acaba repasando los cuatro poderes de la confesión y haciendo el voto vehemente de liberarse a sí mismo de las causas de la amargura.

Es extremadamente difícil resistirse a la seducción de los hábitos, incluso cuando sabemos que los resultados finales serán muy insatisfactorios. Nos empeñamos en repetir las mismas tendencias de siempre que, contra toda lógica, nos prometen confort. Para librarnos del sufrimiento inevitable, es crucial reconocer en el acto cómo una y otra vez nos enganchamos. Dzigar Kongtrul llama a este proceso ir «desengañándose del samsara». Trungpa Rimpoché se refiere a él como «las náuseas del samsara»: la tendencia a actuar, una y otra vez, movidos por los impulsos neuróticos nos produce náuseas.

Esta es una práctica peliaguda para los occidentales, pues solemos considerar que nuestras deficiencias no prueban nuestra humanidad, sino nuestra falta de valía. Los cuatro poderes de la confesión, sin embargo, recalcan una inteligencia pragmática: encaramos los hechos con compasión y promocionamos nuestros propios intereses de un modo inteligente.

Temer *los dolores futuros* nos brinda una gran motivación para resistir la resaca de los impulsos dañinos. En los capítulos quinto y sexto, Shantideva nos dará instrucciones precisas para trabajar de un modo creativo con la seducción de los hábitos de siempre pero, en primer lugar, tenemos que reconocer con inteligencia y compasión que estamos enganchados.

Por ello, en presencia de *los guías y guardianes del mundo*, Shantideva no esconde nada. Valiéndose de la inspiración que le brinda la mente despierta, presenta una versión íntegra de sus actos previos y dice *aceptadme tal y como soy*. Tras haber reconocido sus acciones pasadas y presentes, aspira honestamente a no dejarse nunca más engañar por las falsas promesas y las adicciones de las respuestas rutinarias. Hace borrón y cuenta nueva, y crea así la posibilidad de que emerja su cordura fundamental.

Trascender la indecisión
Adoptar el bodhichita

E L TERCER CAPÍTULO de *La práctica del bodhisattva* es el último de los que sientan la base del bodhichita. En él, Shantideva concluye su presentación de la ofrenda en siete partes con las cuatro últimas prácticas: alegrarse, solicitar a los maestros que presenten el dharma, pedirles que se queden entre nosotros y dedicar el mérito.

Alegrarse de la buena fortuna de los demás es una práctica que nos puede ser útil cuando nos sentimos emocionalmente cohibidos e incapaces de comunicarnos con los demás. Alegrarse genera buena voluntad. La próxima vez que salgas a la calle, puedes probar esta práctica: dirige la atención a las personas que estén en sus automóviles, en la acera, hablando por el móvil, y simplemente deséales a todos que sean felices y que se encuentren bien. Aunque no sepamos nada acerca de esas personas, se pueden volver muy cercanas cuando consideramos a cada una de ellas individualmente y nos alegramos de las comodidades y los placeres que puedan cruzarse en su camino. Cada uno de nosotros tiene un punto débil: la capacidad de amar y de enternecerse, pero si no la fomentamos, podemos volvernos muy testarudos y seguir estando amargados.

Tengo un amigo que en cuanto empieza a ponerse depresivo y a aislarse, se va a un parque cercano y hace esta práctica con cada persona que pase. Esto le ayuda a salir del bajón antes de que sea demasiado tarde. Lo más difícil es conseguir salir de casa antes de ceder a la seducción de la melancolía.

Cuando empezamos a hacer la práctica de alegrarnos de la buena fortuna de los demás, podemos estar seguros de que nos encontraremos con nuestro punto débil, así como con nuestra competitividad y envidia. Sentarse en el banco de un parque a sentir ternura por gente que no conocemos es algo relativamente sencillo, pero cuando le sonríe la buena fortuna a aquellos que conocemos mejor, especialmente a quienes nos caen mal, podemos ver nuestra envidia muy de cerca.

Ciertamente, esto me ha ocurrido a mí, y hasta que no comencé la práctica de alegrarme por los demás, no fui consciente de toda la envidia que tenía. Recuerdo cuando escuché que el libro de un colega se estaba convirtiendo rápidamente en un *best seller* y mi primera reacción fue resentimiento, lo que me dolió mucho. Del mismo modo, cuando practico la generosidad veo mi indecisión mucho más claramente que antes, y al practicar la paciencia me cuesta más negar mi ira. Para alguien que está en el camino espiritual, ver todo esto puede resultar vergonzoso.

¿Quién iba a pensar que la práctica de alegrarse por los demás resultaría ser todo un truco para ver nuestra neurosis? Nuestra reacción habitual sería creer que la hemos fastidiado, pero no es así para quienes aspiran a ser bodhisattvas: como nuestra intención es despertar para ayudar a los demás a hacer lo propio, nos alegramos igualmente al ver dónde están nuestros atolladeros que al ver nuestro amor y bondad.

Esta es la única manera de que emerja la verdadera compasión, porque así tenemos la oportunidad de comprender las dificultades de los demás. Igual que nosotros, ellos aspiran a abrirse, pero lo único que acaban viendo es cómo se cierran; igual que nosotros, tienen la capacidad de alegrarse, pero la bloquean debido al desconocimiento. En beneficio propio y ajeno, podemos dejar de lado nuestros argumentos, estar presentes con el corazón abierto y, además, alegrarnos por el simple hecho de que esa nueva posibilidad nos resulte atractiva.

3.1 Celebro alegre la virtud que a todos los seres alivia
de las amarguras de los estados de perdición,
exultándome en los felices estados
que disfrutan aquellos que, con todo, siguen sufriendo.

Para presentar la práctica de alegrarse por los demás, Shantideva expresa el júbilo que siente por el hecho de que los seres pueden pasar de los mundos inferiores a los superiores. Según la tradición, los seres del samsara pueden nacer en seis mundos diferentes. Los tres mundos inferiores son *los estados de perdición* mencionados en la primera estrofa. Se caracterizan por un sufrimiento tan intenso que, por mucho que sea como un sueño e impermanente, parece eterno e inevitable. *Los felices estados* se refieren a los tres más elevados, que incluyen el mundo humano. En ellos se sufre menos y, por lo tanto, hay mejores oportunidades para liberarse del samsara.

Lo importante aquí no es si creemos que estos mundos existen de un modo real y tangible o si no son más que estados psicológicos porque, en cualquier caso, es nuestro estado mental lo que determina que vivamos en la infelicidad o en la dicha. Afortunadamente, tenemos una capacidad innata para liberarnos de la confusión, y es precisamente de esta posibilidad de liberación, que siempre está presente, de lo que se alegra Shantideva.

Es posible que nos preguntemos en qué consiste esa *virtud* que posibilita la reducción de nuestro sufrimiento. Según las enseñanzas budistas, esta se da una vez que comprendemos el karma. Cuando aceptamos sin reservas que nuestras acciones de cuerpo, habla y mente tienen consecuencias agradables o desagradables, entonces nos sentimos motivados a actuar, hablar y pensar de una manera beneficiosa para nosotros, en vez de dañina.

Tengo un amigo budista que está encarcelado en California, en la prisión de San Quintín. Un día le estaba acosando un guardia, pero no respondió. Los otros reclusos lo vieron y le preguntaron cómo pudo mantener la serenidad. Les respondió que si hubiera enfadado más al guardia, es posible que al llegar a casa hubiera pegado a sus hijos. Esta es la clase de comprensión de la virtud y de la compasión a que se refiere Shantideva en su primera estrofa.

3.2   Mucho me alegro por el acopio de virtud,
       causa de alcanzar el estado de la realización;
       celebro la libertad que se han ganado
       los seres vivos que salieron de la rueda del dolor.

3.3   Y gozo con la budeidad de los protectores
       y con las tierras de realización* de sus herederos,

Shantideva disfruta con la posibilidad de llegar al *estado de la realización* que, en la segunda estrofa, denota la experiencia de liberación individual de los *arhats*.

---

* Las diez bhumis. Véase el glosario. *(N. del T.)*

¡Qué alegría que los seres puedan liberarse a sí mismos de *la rueda del dolor*! La libertad es posible y tenemos ejemplos que nos lo prueban. Si ellos pudieron lograrla, nosotros también. De modo que celebra la existencia de los *arhats* y la posibilidad real de que podamos alcanzar la realización.

En la tercera estrofa, disfruta *con la budeidad de los protectores*, así como con la realización parcial de los bodhisattvas. ¡Qué maravilloso que hayan alcanzado la liberación en beneficio propio y ajeno!

3.4. con su despierta intención, un océano de gran bondad,
que pretende llevar a los seres al estado de gozo,
y con cada acción hecha para bien de los seres:
todo ello me alegra y deleita.

El océano de gran bondad se refiere al bodhichita de la aspiración. Una vez que la intención de despertar para beneficio de los demás se convierte en nuestro principio guiador, ni siquiera los trastornos emocionales nos llevarán por mal camino. Las personas que tienen claro su compromiso se hacen montañas, inamovibles aunque el tiempo se ponga tempestuoso. Es importante tener esto presente, y no pensar que no podemos seguir adelante hasta que la tempestad haya amainado por completo.

Shantideva se alegra por quienes anhelan *llevar a los seres al estado de gozo* y por aquellos de nosotros que, aunque no tengamos más que un atisbo siquiera de esa vasta aspiración, nos comprometemos a entrenar nuestras mentes. Del mismo modo, se alegra por quienes se dedican a aliviar el sufrimiento *con acciones hechas para bien de los seres*.

Ahora bien, es posible que la referencia a todos los seres pueda sonar excesiva por su inmensidad, pero de lo que se trata aquí realmente no es más que de echar un vistazo al mundo para ver si hay alguien que detestamos, que tememos o que, inevitablemente, nos suscita resentimiento. Incluir a todos los seres pone en un brete nuestra usual tendencia de separar a quien nos gusta de quien no, o a quien queremos que prospere de quien queremos que fracase. Las viejas costumbres son duras de pelar. Se trata entonces de ir paso a paso, a la vez que mantenemos la postura de beneficiar a todos los seres sin excluir a ninguno.

Leí una serie de artículos acerca de una mujer cuya práctica principal consistió en dejar de odiar a los líderes políticos. Cuando llegó al día 35 dijo: «No me va demasiado bien, pero todavía no he tirado la toalla». Ese es con toda seguridad el espíritu del bodhisattva. Hay que permitirse mucho tiempo para que ocurra el cambio, de modo que no nos desanimemos simplemente por la lentitud del proceso.

La práctica de alegrarse por los demás vence los celos y la competitividad, lo que se consigue incrementando nuestra capacidad de percibir de modo imparcial las mismísimas cualidades que nos gustaría negar.

3.5. Uno entonces mis manos y rezo
a los budas que habitan en cada dirección.
¡Prended ya la luz del dharma
por los que andan confusos y a tientas en las penumbras del dolor!

Shantideva nos presenta aquí la quinta de las siete ofrendas: la práctica de solicitar a los maestros que nos ayuden a clarificar nuestra comprensión del dharma. Pedirle a los sabios que iluminen nuestra confusión vence las «perspectivas erróneas», tales como creer que la gente es fundamentalmente mala o que el karma es un castigo que nos inflige algún poder externo.

3.6 Con las manos juntas ruego a los iluminados
que al nirvana desearían pasar.
No nos dejéis vagando en la ceguera,
¡quedaos entre nosotros durante incontables siglos!

En esta sexta estrofa, Shantideva nos presenta la sexta práctica, que consiste en pedir a los maestros que se queden entre nosotros y que no moren permanentemente en el nirvana. Si no los tuviéramos como ejemplos de sabiduría, sería bien difícil entrar en contacto con nuestro propio potencial.

Aunque siempre podemos acceder a la sabiduría y a la compasión, necesitamos tener alguna muestra de lo que es posible para poder palpar nuestra fortaleza interior. A menudo, son los grandes maestros quienes nos muestran los primeros atisbos de la expansividad de nuestra mente. Si están entre nosotros, entonces tenemos ejemplos vivos que nos recuerdan nuestra propia sabiduría, y por ello la tradición dice que gracias a esta práctica dominamos el miedo a permanecer en la ignorancia y la confusión para siempre.

3.7 Gracias a estas acciones que acabo de realizar
y a todas las virtudes que he ido adquiriendo,
¡que todo el sufrimiento de cada ser vivo
pueda ser totalmente disipado y destruido!

Aquí Shantideva nos presenta la última práctica: la dedicación del mérito. Esta práctica vence el ensimismamiento en el yo. En vez de acumular para engordar nuestra fortuna, lo damos todo, bien a gente concreta o a todos los seres de todo el mundo. Lo hacemos con la aspiración de que su dolor *sea totalmente disipado y destruido*.

La palabra «mérito» nos resulta problemática a algunos budistas occidentales, porque decir que si realizamos acciones virtuosas entonces todo nos irá bien en el futuro no es precisamente algo que acabe de convencernos a todos. Es posible que a algunos nos resulte más accesible la perspectiva última de Trungpa Rimpoché, quien dice que para acumular mérito tenemos que desprendernos totalmente del ansia de poseer. Y esto es algo que no se puede hacer con una simple mentalidad empresarial: no es como poner dinero en una libreta de ahorros para cuando nos jubilemos. La única manera de acumular mérito es ser desprendidos.

Desde este punto de vista, compartir el mérito significa entregarse completamente a la situación, con la actitud de permitir que ocurra cualquier cosa que esté ocurriendo: si es mejor que yo tenga placer, así sea, y si es mejor que tenga dolor, así sea también. De modo que no estamos acopiándonos de algo a lo que el ego pueda luego aferrarse, sino todo lo contrario.

En la estrofas 8, 9 y 10, el mérito se dedica con unas intenciones específicas. En primer lugar, Shantideva dedica su mérito a los enfermos. Cuando alguien que amamos está enfermo y sufre mucho, por ejemplo, estamos dispuestos a entregar todo lo que valoramos, aspirando a que se beneficie de nuestros sacrificios. Podríamos expresar esta intención en palabras parecidas a las de Shantideva.

3.8 Para todos aquellos que enferman en el mundo,
y hasta que se repongan de todas sus dolencias,
pueda llegar yo a ser para ellos
su enfermera, doctor y hasta su medicina.

3.9 Que provocando una riada de comida y bebida,
pueda yo saciar los males de la sed y las hambrunas.
Y en los siglos que reine la escasez y la desdicha
que yo mismo resurja como agua y alimento.

En la octava estrofa, Shantideva nos da tres ejemplos de posibles manifestaciones de un bodhisattva: *enfermera, doctor y medicina*. Él aspira no solo a ayudar a la gente que está físicamente enferma, sino también a aquellos que padecen la enfermedad de la avidez, la agresividad y el desconocimiento. De modo que anhela socorrer con cosas materiales como medicina, comida y bebida, así como beneficiar en el plano más profundo del sustento espiritual. Lo principal es no acaparar por temor a quedarse sin nada.

3.10 Para los seres sensibles desahuciados e indigentes,
pueda llegar a ser un inagotable tesoro,
y a ponerles delante, cerca y a su alcance,
fuentes variadas con todo lo que necesiten.

Aquí Shantideva dedica su mérito a los *desahuciados e indigentes*, de nuevo, tanto en la esfera de lo material como de lo espiritual. Un bodhisattva puede aparecer como un tesoro, un refugio, un enfermero o cualquier otra cosa que mitigue nuestro dolor y nos abra los ojos a una perspectiva más amplia.

En la historia de Naropa, el gran maestro budista de la India, su maestro Tilopa se le apareció en forma de un perro infestado de gusanos. Sintiendo asco, Naropa intentó saltar sobre la pobre criatura y salir corriendo, pero inmediatamente el perro se transformó en Tilopa, que le dijo: «Si sientes aversión por los seres, ¿cómo pretendes despertar de la mente samsárica?». Todo aquello que despierte nuestra compasión o sabiduría hará la función de un bodhisattva.

3.11 Mi cuerpo, por lo tanto, y todo lo que poseo
y también todo mi mérito, ya ganado o venidero,
los doy sin reserva alguna, sin reparar en su precio,
para ayudar a los seres: puedan serles de provecho.

Es así como Shantideva nos enseña a cultivar una mente renovadamente generosa, una mente que tiene el poder de superar el aferramiento y el «yo quiero, lo necesito» del ensimismamiento en el yo. Es lo máximo que nos podemos acercar a ese desprenderse de *todo* lo que conforma el «yo» o «lo mío».

El recorrido que nos lleva a la realización requiere desprendimiento en vez de acumulación. Se trata de un proceso continuo en el que nos abrimos y entregamos, como si nos estuviéramos quitando una capa de ropa tras otra, hasta quedar completamente desnudos sin nada que esconder. Pero no podemos simplemente fingir, montando el número de desvestirnos para luego volver a ponernos toda la ropa otra vez cuando nadie nos vea: nuestra entrega tiene que ser auténtica.

Después de aprender con Tilopa durante muchos años, Naropa comenzó a enseñar a sus propios estudiantes. El más famoso de ellos fue el maestro tibetano conocido como Marpa el traductor. Marpa, que había ido a estudiar a la India con Naropa, tenía gran cantidad de polvo de oro como presente de despedida para su maestro. Cuando estaba a punto de iniciar el regreso a casa, se lo ofreció solemnemente. Sin embargo, Naropa vio que se estaba guardando algo para el viaje, y exigió a Marpa que se lo entregara todo, diciendo: «¿Crees que puedes comprar mi enseñanza con tu engaño?». Muy a su pesar, Marpa le entregó todo su polvo de oro, que Naropa lanzó al aire como si tal cosa. Este fue un momento de sorpresa e incredulidad para Marpa, pero le sirvió para abrirse totalmente. Pudo finalmente convertirse en un recipiente vacío en el que recibir las bendiciones de Naropa sin reserva alguna. Hasta que no lo rindió todo, el engreimiento bloqueaba su progreso.

En esta estrofa, Shantideva hace el voto de entregar los tres pilares principales que sustentan el engreimiento: el apego a las posesiones, al cuerpo y al mérito. La palabra tibetana para apego es *shenpa*. Dzigar Kongtrul la describe como la «carga» que subyace a las emociones: la carga que está detrás del «me gusta» y del «no me gusta», y del engreimiento mismo.

Shenpa es la sensación de «engancharse», una tensión no verbal o turbación. Supongamos que estamos hablando con una persona y, de repente, vemos que aprieta la mandíbula, se pone tensa o sus ojos se vidrian. Estamos presenciando el shenpa: la manifestación externa de un impulso interno, la forma más tenue de aversión o atracción. Podemos verlo en los demás, pero lo más importante es que podamos sentir esta carga en nosotros mismos.

Las posesiones incitan constantemente el shenpa: tenemos miedo de perderlas, de romperlas o de no tener suficientes. No tiene que ver con las cosas mismas, sino con la *carga* subyacente que nos lleva a querer tenerlas o a temer que nos las quiten. Engancharse de ese modo es totalmente irracional, ¿o acaso los objetos de nuestro deseo pueden proporcionarnos seguridad y felicidad duraderas?, pero, no obstante, el shenpa ocurre. Es esa sensación pegajosa que se produce cuando pretendemos que las cosas vayan tal y como queremos.

Nuestros cuerpos también provocan shenpa, que se manifiesta de varias maneras. Es la sensación de ansiedad que provoca el deseo de tener buena salud, buen aspecto o de no sufrir dolor físico. Personalmente, a pesar de mi sincera aspiración a aliviar el sufrimiento de los demás, mi buena disposición se derrumba a veces ante la menor incomodidad. Este verano, por ejemplo, titubeé cuando tenía que salvar a un pájaro que se había quedado atrapado en las espinas de un rosal, por miedo a pincharme.

Este cuerpo es un recipiente valioso, es nuestro barco para alcanzar la iluminación, pero si nos pasamos la vida barnizando la cubierta, no llegaremos nunca a zarpar y perderemos esta oportunidad pasajera. Además, nuestro cuerpo, como todo lo demás, es impermanente y está sujeto al decaimiento y a la muerte. Quizá sea ya hora de verlo tal como es y dejar de fortalecer nuestro shenpa.

Según Patrul Rimpoché, lo que menos cuesta abandonar son las posesiones, y todos sabemos lo difícil que eso puede llegar a ser. Abandonar el apego a nuestros cuerpos es, dice, todavía más costoso; pero lo que más cuesta abandonar es nuestro mérito. ¿Puedes imaginar desprenderte voluntariamente de toda tu buena fortuna? ¿Serías capaz de renunciar a tus buenas cualidades, las circunstancias agradables, tus comodidades y prestigio para que los demás puedan ser felices?

Se podría pensar que sería más fácil desprenderse del shenpa que instiga nuestro mérito que del apego a nuestros cuerpos y posesiones; los practicantes budistas aparentan estar siempre haciéndolo. Pero renunciar al apego al mérito supone el desprendimiento más profundo y difícil, en el que incluso desaparecería el intento de aferrarse a la seguridad ilusoria que nos da la certidumbre. Deshacerse del mérito equivale a liberarse de todo, y es lo mejor que podemos hacer para llegar a estar libres de shenpa.

3.12 El nirvana se logra entregándolo todo,
él es el propósito que me empeño en lograr;
y como todo ha de rendirse en un instante,
será mejor entonces dárselo a los demás.

Con estas palabras, Shantideva nos destila la esencia de la undécima estrofa: si lo que queremos es la liberación, tendremos que dejarlo todo. Que no podamos guardarnos nada para cobijarnos de un día de chubascos es, probablemente, lo que más nos cueste escuchar a cualquiera de nosotros.

3.13 A este cuerpo mío acabo de renunciar
para que dé placer a todos los seres vivos.
Puedan ellos despreciarlo, golpearlo y matarlo;
usarlo para todo aquello que deseen.

3.14 Y aunque como un pelele lo traten
y sea blanco fácil de muchas burlas,
como a ellos se lo he entregado,
¿por qué me ha de importar?

Cuando leí estos versos por primera vez quedé consternada. No quería pensar en la posibilidad de ir tan lejos, y ni siquiera creía que fuera inteligente hacerlo. Desde una perspectiva occidental, este consejo parece encajar perfectamente con la autocrítica exacerbada tan prevaleciente en nuestra cultura. Pero como sabía que Shantideva tiene siempre la intención de apoyarnos y animarnos, pasé por alto mi rechazo inicial y descubrí la sabiduría de sus palabras.

Me di cuenta de que esto era, en realidad, lo que hacían los trabajadores del movimiento por los derechos civiles. Para beneficiar no solo a los afroamericanos, sino también a sus opresores, estaban dispuestos a exponer sus cuerpos y sus sentimientos al peligro, a meterse en situaciones arriesgadas para bien de todos. Ser *el blanco fácil de muchas burlas* era lo de menos, sabían que les golpearían, les insultarían y hasta les matarían. Este es un ejemplo de la sabiduría y el coraje de los bodhisattvas. Así y todo, se trataba solo de gente común y corriente que, eso sí, había engendrado el corazón de la bodhi.

Estos versos nos narran lo que muchos bodhisattvas famosos —personas como Nelson Mandela, la madre Teresa, Aung San Suu Kyi y Gandhi— estaban dispuestos a encarar. También describen la valentía de incontables héroes y heroínas que cayeron en el olvido.

3.15 Sea pues, que los seres hagan conmigo
cualquier cosa que no les perjudique.
Y que nada de lo que piensen de mí,
impida que se beneficien.

Cuando alguien nos abofetea o se mofa de nosotros, no está precisamente fortaleciendo unos hábitos saludables. Desde el punto de vista del bodhisattva, se está dañando más a sí mismo que a nosotros. Por lo tanto, Shantideva dice que los seres pueden hacerle cualquier cosa mientras que ello no resulte en su propio perjuicio.

Hay una historia de un monje tibetano que lloraba al recordar el modo en que los chinos le habían torturado en prisión. Los que le escuchaban, por supuesto, creyeron que el motivo de sus lágrimas era el recuerdo de su propio trauma personal. Sin embargo, no estaba llorando por él mismo, sino por los chinos. Por lo que sufrirían en el futuro cuando madurara en ellos el dolor intenso fruto de su crueldad.

Si pudiésemos mantener esta perspectiva a largo plazo, no resultaría tan difícil desear que nuestros opresores cesaran de crear su propio sufrimiento. Esto no surge de la noche a la mañana, pero si nos dedicamos a ello, sembraremos semillas de felicidad para todos los involucrados.

> **3.16** Y si soy motivo para que ellos tengan
> algún pensamiento de enfado o respeto,
> que aquello que sientan sea siempre la causa
> de que sus deseos y su bien se vean colmados.

> **3.17** ¡Y deseo a quienes me insultan a la cara
> o me hacen cualquier otra clase de mal,
> aun si con difamaciones me echan la culpa,
> que puedan alcanzar el bien del despertar!

Todo lo que los demás piensen de nosotros y todo lo que nos hagan, aunque sea negativo, puede crear una conexión entre ellos y nosotros que produzca un beneficio mutuo ahora y en el futuro.

Mientras leía la estrofa 17, estaba pensando en el público de Shantideva en Nalanda. Llegado este punto, probablemente se había metido a los monjes en el bolsillo, aquellos que, en un principio, habían querido humillarle. Y aquí indirectamente les está diciendo: «Cualquiera que haya sido vuestra intención original, que sea la causa para que alcancéis el despertar». Esta es una forma de perdonar en el acto. Va más allá del simple perdón, porque les está realmente deseando lo mejor: el bienestar supremo del despertar espiritual, la iluminación.

3.18 Que los desprotegidos tengan en mí su guarda,
y los que andan las sendas hallen en mí su guía,
y si alguien quiere atravesar las aguas
pueda ser yo puente, batel o almadía.

3.19 Sea yo isla de quienes ansían llegar a tierra,
y si la luz anhelan que sea yo su lámpara,
y sea yo una cama si echarse necesitan
y si sirviente quieren que sea yo su esclavo.

3.20 Que sea yo para todos la vaca de la abundancia,
la joya de los deseos, el jarrón de la riqueza,
la curación suprema y un poderoso mantra,
y el árbol milagroso que todo deseo sacia.

En las estrofas 18 a 20, Shantideva elabora más su intención
y aspira a beneficiar a los seres de cualquier forma que haga falta.
De hecho, nunca se sabe cómo se va a manifestar un bodhisattva
en nuestra vida.

Cuando los mormones se asentaron originalmente en Utah y
sus primeras cosechas estaban siendo devastadas por las langostas, rezaron pidiendo ayuda y miles de gaviotas aparecieron para
cebarse en todas las langostas: bodhisattvas gaviotas que fueron
a rescatar a la gente al borde de la hambruna.

La imagen de una *isla* representa un lugar de descanso protegido. Podemos proporcionárselo a un amigo que esté deprimido y que necesite apoyo y aliento. Para levantarle el ánimo a una
persona, podemos salir con ella a tomar un café

Convertirse en *sirviente* significa hacer cualquier cosa prove-
chosa. En Gampo Abbey, parte de nuestra educación monástica
consiste en aprender a servirnos mutuamente sin arrogancia ni

quejas. La *joya de los deseos* y el *jarrón de la riqueza* ejemplifican suplir cualquier cosa necesaria sin esfuerzo alguno y en abundancia.

Las catorce estrofas restantes se conocen como «el voto del bodhisattva». Generaciones de bodhisattvas han repetido estas palabras diariamente para restablecer su intención de ayudar a los demás.

3.21 Exactamente igual que el espacio y la tierra,
junto con todos los demás poderosos elementos,
que sea yo siempre fuente de vida y variado sustento
para los seres que llenan el universo.

3.22 Y así sea yo entonces para todo lo que está vivo,
abarcando los confines del amplio cielo,
la inagotable fuente con la que nutren sus vidas
hasta que todos trasciendan hasta el menor sufrimiento.

Sin indecisión, Shantideva se compromete a entrar en el camino del bodhisattva. Comienza con la aspiración de ofrecer su perseverancia, dando sustento a todos los seres hasta que hayan alcanzado la iluminación.

Las dos estrofas que siguen forman el núcleo del voto del bodhisattva. Si las decimos tres veces, podemos renovar nuestro compromiso en cualquier ocasión. Esencialmente, nos estamos comprometiendo a seguir siempre aprendiendo mientras hacemos la labor.

3.23 Igual que todos los Budas de tiempos pasados
llegaron a engendrar la mente despierta,

> y siguiendo los preceptos de los bodhisattvas
> se gobernaron y adiestraron paso a paso,

> **3.24** igualmente haré yo, para bien de los seres,
> que nazca en mí la mente despierta,
> y siguiendo los mismos preceptos,
> me gobernaré y adiestraré paso a paso.

Las palabras *paso a paso* son aquí importantes. Incluso los que han despertado totalmente se adiestraron de forma gradual, y nosotros seguimos su ejemplo. Como este voto puede romperse con solo una palabra dura o un arrebato de ira, es obvio que sería sabio ser pacientes con nosotros mismos y abandonar la esperanza de no equivocarnos nunca. Podemos, una y otra y otra vez, renovar nuestra intención de seguir abriéndonos. Todas las mañanas, antes de levantarme, recito en mi cama estas dos estrofas tres veces y luego empiezo el día.

Hay tres maneras de trabajar con el voto de bodhisattva. Nuestro compromiso se puede hacer con la actitud de un rey, de un barquero o de un pastor. Estas imágenes representan diferentes maneras de avanzar con realismo, *paso a paso*, teniendo en cuenta nuestra capacidad del momento. En lo que concierne al aspecto del rey, trabajamos en nosotros mismos como punto de partida. Aunque nuestra intención sea claramente beneficiar a los demás, sabemos que esto solo es posible si, en primer lugar, despertamos nosotros. Cualquiera que trabaje en profesiones donde se ayuda a los demás conoce lo fácil que es perder la paciencia o sentir rechazo. Pronto se hace evidente que no podemos realizar la tarea de beneficiar a los demás hasta que no hayamos puesto en orden nuestro «reino» particular.

La siguiente manera es la aspiración del barquero. Nos encontramos en el mismo barco que todos los seres, cruzando juntos las aguas. El símil viene a decir «exactamente igual que yo»: como yo, todos los seres se ven como los protagonistas del drama de la vida; como yo, son prisioneros de los apegos y las aversiones, las esperanzas y los temores. Nadie quiere experimentar dolor físico o emocional ni una pizca más de lo que yo quiero; todos queremos sentirnos seguros y libres de miedo.

Con esto como base de nuestro aprendizaje como bodhisattvas, nos extendemos más allá de nuestra versión egocéntrica de la realidad e incluimos a los demás en nuestras vidas. Cuando se presente la depresión, o el resentimiento, esta se convierte en un trampolín para comprender la oscuridad que sienten los demás. Si tenemos insomnio, un dolor de muelas, una quemadura o un cáncer, en vez de aislarnos en nuestro pequeño mundo, hacemos que esa situación se convierta en la base para sentir empatía, amor y bondad.

Este método también funciona cuando las cosas van bien. Cuando nos sintamos relajados y felices, podemos recordar que los demás también disfrutan de estos estados mentales. Ellos también quieren sentirse cómodos, como en casa, con ellos mismos y en su mundo. Que todos nosotros podamos ser felices y estar tranquilos; y que podamos experimentar la claridad y espontaneidad de la mente.

La siguiente imagen, la del pastor, representa lo que generalmente tomamos por compasión «real». Exactamente igual que los pastores anteponen el bienestar de su rebaño ante el suyo propio, nosotros aspiramos a poner a los demás en primer lugar. La mayoría de nosotros pensamos que es así como deberíamos trabajar con nuestro compromiso como bodhisattvas pero, honestamente, somos muy pocos los que nos creemos realmente capaces de hacerlo. Todos nosotros, por supuesto, hemos estado en situaciones en las que espontáneamente hemos puesto a los demás en primer lugar, tales como cederle nuestro asiento en el autobús a un anciano o estar en vela toda la noche con un amigo que lo está pasando mal. Los padres lo hacen constantemente, e incluso se lanzarían en medio del tráfico para poner a salvo a su niño pequeño. Pero valernos solo de este modelo podría con toda seguridad inducirnos al error. En vez de ello, podemos proceder siguiendo cualquiera de esos tres modelos: rey, barquero o pastor. Para despertar el bodhichita, podemos empezar donde estamos y avanzar *paso a paso*.

> 3.25 Y si ya hemos adoptado lúcidamente la mente despierta
> podemos estar ahora alegres y radiantes,
> a la vez que incrementamos lo que hemos adquirido
> alzando los corazones con plegarias como estas:

> 3.26 «El día de hoy mi vida ha dado fruto.
> Ahora asumo totalmente este estado humano.
> Hoy dentro del linaje de Buda he nacido
> y he pasado a ser su hijo y heredero.

Tras haber recitado las dos estrofas esenciales del voto, Shantideva, a continuación, se regocija. Desde su punto de vista, una vez que nos hemos comprometido y comenzamos a practicar el entrenamiento mental, ya somos bodhisattvas. Esta es una manera muy alentadora de ver nuestro camino espiritual. En algunas escuelas de pensamiento, esto no ocurre hasta cierto momento en un futuro distante, pero Shantideva dice que una vez hecho el voto, uno ya es *hijo y heredero* de Buda. Y por si fuera poco, tenemos su libro como manual de aprendizaje.

3.27 Llevaré a cabo pues, en todo lo posible,
los actos coherentes con esa condición
y ninguna acción realizaré que ultraje o manche
este elevado e intachable linaje.

Shantideva proclama alegremente su intención de actuar de forma apropiada para un bodhisattva. Esta clase de confianza no se desmorona cada vez que tropezamos y caemos. Cuando decimos que no haremos nada *que manche este elevado e intachable linaje,* lo hacemos sabiendo que no siempre vamos a estar a la altura. No obstante, nuestra aspiración para despertar el bodhichita es muy fuerte, así que, sin intentar estar a la altura de un ideal poco realista, aspiramos a dirigirnos hacia una mayor cordura. No queremos desperdiciar este precioso nacimiento humano fortaleciendo los hábitos negativos que debilitan nuestra capacidad de despertar.

3.28 Porque no soy más que un ciego que por suerte fue a dar
con una valiosa gema en un montón de inmundicias.
Ya que ha sido así, por rara casualidad,
que ha llegado a nacer dentro de mí el bodhichita.

Justo en medio de nuestras emociones más inmundas encontramos esta preciosa *gema*: rodeados de confusión y reactividad, damos con la joya del bodhichita. Las emociones más negativas pueden servir como base para la compasión. Cuando estamos furiosos con algún «enemigo», por ejemplo, podemos apropiarnos exclusivamente de esa negatividad y desear que todo el mundo esté libre de agresión, incluido nuestro adversario. No importa lo que se presente, siempre podemos encontrar ese punto tierno del corazón de la bodhi.

En las estrofas 29 a 33, Shantideva nos presenta ocho símiles más del bodhichita: un elixir que extermina no solo la muerte sino también, y esto es más importante, el pensamiento dualista; el tesoro inagotable del darse cuenta no dual y no conceptual que cura la pobreza del desconocimiento; una medicina que cura nuestros oscurecimientos más fundamentales: la percepción dualista y las emociones negativas; un árbol que colma los deseos y otorga todas nuestras aspiraciones espirituales; un puente universal para cruzar sobre los mundos inferiores con seguridad; la luna llena de la compasión; el sol que ilumina la oscuridad; y, por último, la mejor de las mantequillas, que representa la riqueza de nuestra mente de la bodhi.

3.29 Es el elixir sumo de la inmortalidad
que vence al Señor de la Muerte, asesino de seres;
es la mina de tesoros, rica e inagotable,
que remedia la pobreza de todos los errantes.

3.30 Es el remedio supremo
que aplaca perfectamente todos los males.
Es el árbol que alivia con su sombra
a quienes por las vías de la existencia yerran cansinamente.

3.31 Es el puente universal que cruzan para salvarse
de los estados de perdición todos los seres errantes.
La luna creciente de la mente iluminada
que alivia las amarguras fruto de las pasiones.

3.32 Es el sol poderoso que levanta por completo
la niebla de la ignorancia de los seres errantes.

La mantequilla cremosa, rica y refinada
que sale al batir la leche de la santa enseñanza.

Con los versos que siguen a continuación, Shantideva acaba este capítulo acerca del compromiso necesario para alcanzar la realización, y ayudar así a todos los seres a hacer lo mismo.

3.33 ¡Seres vivos que viajáis por las sendas de la vida
deseando degustar las riquezas del contento,
tenéis aquí, ante vosotros, el gozo supremo!
¡Aquí, viajeros eternos, tenéis vuestra satisfacción!

Puedo imaginarme a Shantideva elevándose en su asiento con entusiasmo diciendo: «¡Venga, vamos! No hagáis oídos sordos. Esta es vuestra oportunidad. ¡Aprovechadla!». *La satisfacción* está muy cerca; podemos despertar el bodhichita con cada uno de nuestros pensamientos, palabras o gestos. Tenemos gran abundancia de instrucciones, más de las que podríamos usar nunca, para encontrar este *gozo supremo* que está enfrente de nuestras narices.

3.34 Y así hoy, a la vista de todos los protectores,
llamo a todos los seres: ¡venid a la budeidad!,
y en tanto no se alcance, ¡gozad de lo terrenal!
¡Que dioses y semidioses y todos los demás gocen!».

En esta última estrofa, Shantideva nos exhorta a consumar nuestro derecho de nacimiento. Hasta entonces, nos dice: «*Gozad de lo terrenal*», esto es, de todas las circunstancias provechosas que necesitamos para relajarnos y disfrutar de nuestro recorrido hacia la iluminación.

Usar nuestra inteligencia
Prestar atención

DESPERTAR EL CORAZÓN de la bodhi significa conectar con nuestro anhelo de alcanzar la realización, con el claro deseo de aliviar el sufrimiento creciente que vemos hoy en el mundo. Aunque la mayoría de la gente no piense demasiado en la realización, no es raro que sí anhele una situación mejor a escala mundial, así como estar libre de los hábitos neuróticos y de la angustia mental. Este estado mental de anhelo es el ideal para despertar el bodhichita: sabemos que queremos contribuir a la mejora de las cosas y que necesitamos tener una mente más sana para que esa contribución pueda ser efectiva. Ese es el mejor punto de partida.

Si nos comprometemos a dedicarnos a esta empresa, estaremos en la misma onda que Shantideva. Igual que nosotros, él tuvo que trabajar con una mente desenfrenada, emociones muy fuertes y tendencias habituales muy arraigadas. Igual que nosotros, fue capaz de usar su vida, tal y como era, para trabajar de un modo inteligente con la manera en que reaccionaba a las cosas.

El anhelo de hacer tal cosa es el «bodhichita de la aspiración». Aunque no seamos siempre capaces de evitar causar dolor a los demás, nuestra intención de calmar nuestra confusión y serles útiles sigue inquebrantable.

En los tres primeros capítulos de *La práctica del Bodhisattva*, Shantideva comparte su aspiración a dar una prioridad absoluta al despertar y a beneficiar a los demás. En los tres capítulos que siguen, nos mostrará algunos métodos para asegurar que esta pasión del bodhichita no decaiga, lo cual es muy importante.

Cuando somos jóvenes, tenemos una curiosidad natural acerca del mundo que nos rodea. Hay una chispa natural que nos da energía y nos motiva a aprender, así como miedo a llegar a ser como algunas de esas personas mayores que vemos metidas en el atolladero de sus hábitos, con las mentes cerradas y sin espíritu alguno de aventura.

Es cierto que algunas personas, al hacerse mayores, comienzan a emplear más tiempo buscando el confort y la seguridad. Pero Shantideva no es una de ellas, por su pasión y determinación a mantener su curiosidad juvenil viva. Él aspira a extender constantemente su corazón más allá de sus ideas preconcebidas y prejuicios. En vez de quedarse enfrascado en su capullo, quiere aumentar su flexibilidad y su entusiasmo. El camino del bodhisattva no tiene que ver con ser una «buena» persona, ni con aceptar el *statu quo*, ya que requiere valor y estar dispuesto a seguir creciendo.

En el cuarto capítulo, Shantideva aborda dos temas esenciales a la hora de mantener vivas nuestra pasión y determinación. El primero es la atención, y el segundo trabajar hábilmente con las emociones. El título de este capítulo es, en tibetano, *pag-yü*, un término que se ha traducido de muchos modos: tener cuidado, ser consciente, tener presente, darse cuenta. Creo que la traducción que mejor lo describe es «prestar atención»: una atención acompañada de un darse cuenta inteligente de lo que está pasando. Un símil tradicional es caminar al borde de un profundo precipicio: estamos atentos a la vez que nos damos perfecta cuenta de las consecuencias de un descuido.

Prestar atención es uno de los componentes más significativos de la introspección. Cuando prestamos atención mientras sentimos el tirón del shenpa, nos volvemos más listos y somos menos proclives a quedarnos enganchados.

En los versos que siguen, Shantideva nos ofrece cinco ejemplos de ocasiones en las que podemos estar atentos: cuando se presenta el bodhichita, antes de comprometernos a algo, después de haberlo hecho, cuando nos relacionamos con la causa y el efecto del karma (o consecuencias de nuestras acciones) y, por último, cuando nuestros kleshas nos seducen.

La palabra sánscrita *klesha* se refiere a una emoción fuerte que, inevitablemente, conduce al sufrimiento. A veces se traduce como «neurosis» y, en este texto, como «pasiones», «envilecimientos» o «emociones envilecidas». Esencialmente, un klesha es una energía dinámica e indescriptible aunque, al mismo tiempo, algo que nos esclaviza y hace que actuemos y hablemos con torpeza.

Los kleshas surgen con la tensión sutil inherente a la percepción dualista. Si no percibimos esta tensión, se provoca una reacción en cadena en base a estar «a favor» o «en contra». Estas reacciones se intensifican rápidamente, dando como resultado agresión, avidez, ignorancia, celos, envidia y orgullo, todos ellos reales e inequívocos; igual de reales que la infelicidad que nos traen a nosotros mismos y a los demás. Los kleshas sobreviven gracias a la ignorancia, acerca tanto de su naturaleza insustancial como de la manera en que los fortalecemos, y se sustentan con los pensamientos. El tema principal del cuarto capítulo es el hecho de que prestar atención reduce el poder de los kleshas.

En la primera estrofa, Shantideva comienza su presentación de las cinco ocasiones en las que hay que usar la atención.

4.1 Los hijos de El Conquistador que, de ese modo,
han adoptado en firme este bodhichita,
no deberían abandonarlo nunca,
ni intentar transgredir sus disciplinas.

Una vez que el bodhichita ha hecho acto de presencia, usamos la atención para mantener *sus disciplinas*, máxime sabiendo que el descuido podría hacer que el bodhichita declinara. Esto se refiere específicamente a las seis *paramitas*, de las que Shantideva tratará extensamente en los siguientes capítulos.

4.2 Si comencé algo sin la debida atención,
o bien no lo concebí correctamente,
aunque me comprometí haciendo una promesa
sería justo considerar: ¿he de hacerlo o no?

Antes de comprometernos a algo, deberíamos reflexionarlo desde cada ángulo y estar atentos a las posibles consecuencias. Si nos hemos precipitado a hacer algo a ciegas, es sabio vacilar y preguntarse: «¿Debería seguir insistiendo o dejarlo ya?». Sin embargo, si hemos reflexionado sobre nuestra decisión con inteligencia, ¿de qué nos valen las dudas? Tras haber tomado una buena decisión, no miremos atrás. Esa es la actitud correcta.

4.3 Mas aquello que los budas y sus herederos
han determinado ya con su gran sabiduría,
y que yo mismo he indagado y hasta confirmado,
¿por qué habría de postergarlo en este momento?

Estar atentos antes de actuar no es un mero consejo para principiantes, ya que incluso los budas y los bodhisattvas están atentos antes de contraer un compromiso. Shantideva mismo sopesó la decisión de tomar o no el voto de bodhisattva. Tras haberlo hecho pudo relajarse, pues ya no quedaba motivo alguno para la vacilación.

Cuando no estamos seguros acerca de qué curso tomar, podemos buscar inspiración en los maestros que nos inspiran confianza. Motivados por sus palabras y su ejemplo, quizá decidamos dar un paso. Aquí Shantideva nos dice que él, al igual que *los budas y sus herederos*, ha reflexionado cuidadosamente su decisión y no ve motivo alguno para arrepentirse.

4.4 Pues si yo mismo me he atado con promesas,
que luego faltando a mis palabras no llevo a cabo,
entonces habrán sido traicionados todos los seres
y a mí, ¿qué destino me estará aguardando?

Shantideva se juega demasiado como para darle la espalda a los seres sensibles. Por lo tanto, en esta estrofa y en las siguientes, considera las consecuencias de la inatención o el descuido tras haber contraído un compromiso tan inmenso como el voto de bodhisattva.

4.5 Si las enseñanzas afirman
que quien mentalmente tiene intención
de dar algo sin importancia pero se arrepiente
renacerá como espíritu hambriento,

4.6 ¿cómo me va a aguardar un destino dichoso
si con el corazón en la mano convoco

a los seres errantes al gozo más sublime
pero luego, engañándoles, les traiciono?

Estos versos tratan acerca de la indecisión. Si alguna vez has tenido el impulso de ser generoso y luego te has arrepentido, es muy probable que te haya influido la tacañería o el apego. Tuviste una oportunidad para extenderte, pero en lugar de aprovecharla fortaleciste las causas que provocan la mentalidad de pobreza de los «espíritus hambrientos», la mentalidad presa de una necesidad insaciable. Si este fuera el caso, se pregunta Shantideva, ¿cuál sería el resultado de hacer un voto para beneficiar a todos los seres y luego no ser capaz de cumplirlo?

Renegar del voto de bodhisattva no significa que a veces no podamos sentirnos a la altura de la tarea, sino optar permanentemente por nuestra propia comodidad y seguridad. Una vez que hemos contraído el compromiso, por supuesto que en ocasiones nos sentiremos incapaces y dudaremos de nuestra capacidad de serles útiles a los demás. Estos lapsus pasajeros son moneda corriente, pero si decidimos dejar que la llama del bodhichita se apague, si reprimimos nuestra apetencia de retos y de crecimiento, las consecuencias serán de hecho muy tristes. Nos convertiremos en ejemplos vivos del viejo adagio «loro viejo no aprende a hablar». La peor de las amarguras aparece cuando cerramos nuestras mentes al sufrimiento de los demás, al tiempo que nos sentimos justificados para hacerlo.

4.7 Y en cuanto a quienes, aun perdiendo el bodhichita,
guían a otros seres a la liberación,
la ley del karma es inconcebible
y asequible solo para El Omnisciente.

Esta estrofa se refiere al arhat Shariputra, uno de los discípulos más cercanos a Buda. Él ejemplifica el caso infrecuente de alguien que alcanzó la realización a pesar de haberse desanimado y de haber abandonado el voto de renunciar a su propia iluminación hasta que todos los seres estuvieran libres de sufrimiento.

Según cuenta la leyenda, en una vida previa Shariputra se encontró con un ogro que le suplicó que se cortara su propio brazo porque, según el ogro, eso sería lo único que le quitaría el hambre. Sin vacilar un instante, Shariputra se cercenó el brazo derecho y se lo dio. El ogro, lejos de estar contento, se quejó diciendo: «No es el brazo derecho el que quiero, sino el izquierdo». Y esta fue, aparentemente, la gota que colmó el vaso. Shariputra se desanimó tanto con la poca sensatez de los seres sensibles que renunció a su voto de bodhisattva.

Cuando los bodhisattvas se comprometen a trabajar con situaciones cada vez más difíciles solo están, de hecho, complicándose la vida. Tenemos que encarar el hecho de que esto incluye trabajar con la poca sensatez que tienen los seres sensibles como tú y como yo.

4.8 Para el bodhisattva, esta equivocación
es el más serio de todos los desvíos,
puesto que si así alguna vez fallara
sería en detrimento del bien de todos los seres.

Shantideva reitera este punto: el error más grave que puede cometer un bodhisattva es no querer saber nunca nada más de los retos que presenta el mundo. Es inevitable sentir cierto desánimo, pero si renunciamos totalmente a nuestro anhelo y deseo de abrirnos, ¡lo más probable es que no nos suceda lo mismo que a Shariputra!

Afortunadamente, se dice que el voto de bodhisattva es como un jarrón de oro, que aunque sea muy valioso es fácil de arreglar cuando se rompe: podemos renovar nuestro compromiso con el bodhichita en cualquier ocasión. Algo inherente al voto es ser comprensivos con nuestra fragilidad humana. Esto nos da ánimos, pues reconocemos que nunca es demasiado tarde para empezar de nuevo.

> **4.9** Y quienquiera que, aunque fuera un momento,
> haya detenido el mérito de un bodhisattva
> vagará por siempre en los mundos malvados
> ya que fue menoscabado el bien de los seres.

El segundo error más grave consiste en hacer cualquier cosa *que detenga el mérito de un bodhisattva*. Esto no cuesta mucho hacerlo. Cuando dañamos o insultamos a alguien que nos cae mal, ¿quién sabe?, quizás estemos obstruyendo el mérito de un bodhisattva. Lo mejor, entonces, es tratar a todos con cariño.

> **4.10** Destruye la dicha de un solo ser
> y habrás labrado tu propia ruina.
> ¡Y no digamos si echas a perder
> la de todos los seres, infinitos como el espacio!

Cuando destruimos deliberadamente *la dicha de un solo ser*, también nos dañamos a nosotros mismos. Es posible que enfadarnos nos produzca cierta satisfacción a corto plazo, pero al final acabaremos sintiéndonos peor. Si esto es así, *no digamos* qué nos ocurrirá si renunciamos al anhelo de aliviar el sufrimiento de todos.

Shantideva nos recomienda estar atentos a la causa y efecto del karma y ser más inteligentes acerca de las consecuencias de nuestras acciones. Este tema lo seguirá tratando en las estrofas 11 a 25.

> **4.11** Y aquellos que, rodando en el samsara,
> alternan mayúsculos yerros,
> en constante vaivén, con el brío del bodhichita,
> se verán largo tiempo excluidos de las tierras de los bodhisattvas.

Si nos dedicamos a renovar y romper nuestros compromisos, nos veremos *largo tiempo excluidos* del camino donde el bodhisattva avanza. Sin embargo, no estaremos desterrados por siempre jamás, a pesar de las palabras de la estrofa 9, uno no *vagará por siempre en los mundos malvados*. La idea de la condenación eterna no es propia del pensamiento budista. Algunos estados mentales pueden llegar a *parecer* inacabables, pero incluso el dolor más exacerbado es impermanente y siempre hay una salida.

No obstante, si reforzamos nuestros hábitos de siempre y obstruimos el anhelo de crecer, ralentizamos nuestro progreso considerablemente. El hábito de la indecisión tiene sus consecuencias. Con él nos sentimos cada vez más inquietos e insatisfechos, y comenzamos a creernos unos tardones, unos perdedores y unos inútiles.

Por otro lado, si prestamos atención al modo en que se desenvuelve el karma, podemos actuar con inteligencia y usar esta preciosa vida humana como un camino que nos lleva a la iluminación, en vez de al infierno.

> **4.12** Y es así como yo, según lo prometido,
> habré de actuar prestando atención,
> porque a partir de hoy, si no me esfuerzo y desisto,
> caeré de los mundos más bajos a los abismos.

Momento a momento, dependiendo del modo en que trabajemos con nuestras mentes, podemos despertar o caer en un sueño cada vez más profundo. De ese modo, o nos volvemos más flexibles y aventureros o afianzamos nuestros viejos hábitos. Ojalá podamos entonces actuar conforme a nuestra promesa.

4.13 Luchando por el bien de todo lo que está vivo,
son incontables los budas que han venido y se han ido.
Mas, debido a mis faltas, no he sabido realmente
ponerme al alcance de sus actos curativos.

La gracia del Buda brilla sobre nuestras cabezas sin distinción, pero si nos encerramos a vivir en una cueva orientada al norte, no recibiremos el bien que otorga. Hay tres actitudes que nos impiden recibir un flujo continuo de bendiciones. Se comparan a tres cuencos: uno lleno, otro con veneno y un tercero con un agujero en la base.

El cuenco que está lleno a rebosar es como una mente llena de opiniones e ideas preconcebidas: ya lo sabemos todo y nos valemos de tantos estereotipos que nada nuevo nos afecta, o bien ponemos en tela de juicio todo lo que suponemos que pudiera ser cierto.

El cuenco que contiene veneno es como una mente que es tan cínica, crítica y sentenciosa que todo queda emponzoñado con su intransigencia. No deja espacio para la apertura ni para la buena disposición a explorar las enseñanzas o cualquier otra cosa que desafíe nuestra postura de superioridad.

El cuenco con un agujero es como una mente que se distrae: nuestro cuerpo está presente, pero estamos perdidos en nuestros pensamientos. Estamos tan ocupados pensando en nuestras vacaciones ideales o en lo que hay de cena que no oímos nada de lo que nos están diciendo.

Shantideva sabe que es muy triste haber recibido bendiciones pero no ser capaces de hacer nada beneficioso, y por ello quiere ahorrarse amarguras permaneciendo abierto y atento. Nada mejorará, dice, a menos que nos volvamos más inteligentes acerca de la causa y el efecto. Esto es algo que merece la pena sopesar seriamente.

4.14 Y me temo que esa será siempre mi suerte
si me sigo comportando de esta manera;
y padeceré sufrimientos y ataduras,
laceración y heridas en los mundos inferiores.

Nuestro comportamiento tiene cierta tendencia a repetirse, pero de algún modo parece que no lo vemos. Cuando afrontamos un reto, nuestras reacciones habituales son especialmente predecibles: lanzamos un golpe o nos batimos en retirada, gritamos o lloramos, nos ponemos arrogantes o nos sentimos unos ineptos. Estas estrategias para buscar seguridad y evitar la incomodidad no hacen sino aumentar nuestra desazón. Sin embargo, y muy a pesar nuestro, parecen ser adictivas y, aunque los resultados sean insatisfactorios, las usamos una y otra vez.

La atención funciona como un guardián que nos impide repetir los mismos errores y fortalecer las mismas tendencias. Podemos darnos cuenta de que nos estamos quedando enganchados y evitar ser barridos por el shenpa.

4.15 Que aparezcan los budas en este universo,
la fe verdadera, lograr la forma humana

y optar por la bondad son cosas más bien raras.
¿Cuándo volveré a tenerlas de nuevo?

Hay algunos temas recurrentes en las enseñanzas de Shantideva. Uno de ellos es la ventaja del valioso nacimiento humano. Tenemos demasiadas cosas en juego como para desperdiciar esta vida, sobre todo porque no podemos saber cuándo se acabará nuestra buena suerte. Este tema tan importante lo seguirá tratando en las estrofas 16 a 26.

4.16 De hecho, hoy estoy bien, tengo una salud de hierro,
no estoy en peligro ni me falta el sustento,
pero no puedo fiarme de esta vida fugaz,
y este cuerpo prestado poco me durará.

Esta vida valiosa es como un sueño. Y aunque sea un sueño muy agradable, es pasajero e incierto. Dilapidaremos nuestra buena fortuna si no la valoramos. Ocurre muy a menudo, especialmente en Occidente, que nos volvemos ufanos acerca de nuestras circunstancias favorables. Pero ¿qué le ocurre a nuestro estado mental cuando nuestras comodidades dejan de funcionar, cuando nos cortan la corriente y se nos pudre la comida? De lo que se trata realmente es de que nuestro confort apoye el modo de vida del bodhisattva, en vez de obstaculizarlo.

4.17 ¡Y, sin embargo, actúo de tal manera
que esta vida humana no recobraré!
Y una vez perdida esta amada forma humana,
no tendré ninguna virtud, mas muchas serán mis faltas.

Seguimos aquí con el tema de prestar atención a las consecuencias de nuestros actos. Podemos usar nuestra inteligencia para actuar según la sabiduría en vez de según lo que dictan nuestros hábitos. En la estrofa 18, Shantideva recalca estar muy atento a lo que sembramos. Nos dice otra vez que nuestro bienestar futuro depende de sembrar ahora buenas semillas, en vez de semillas de sufrimiento.

4.18 Tengo ahora la ocasión de hacer buenas acciones,
pero si en el presente no logro practicar la virtud,
¿de qué seré capaz y qué me espera
cuando me trastornen las penas de los mundos inferiores?

4.19 Allí no hay virtud que llevar a cabo,
y eternamente no haré sino acumular faltas;
y durante cien millones de siglos
ni siquiera oiré mencionar los felices destinos.

Cuando nos sentimos cómodos, es relativamente sencillo abrir nuestros corazones al sufrimiento ajeno, pero en estados de infelicidad intensa resulta bien difícil. Si estamos muertos de hambre y alguien nos da un cuenco de arroz, ¿lo compartimos con alguien que se encuentre en el mismo barco? A causa de nuestro miedo a morir de inanición, es posible que hacerlo nos resulte dificilísimo. Cuando estamos *trastornados* por *las penas*, lo único que queremos es aliviar nuestro dolor. Para tener un momento sin pasar hambre, es muy posible que le demos la espalda a alguien. De eso se trata: cuando el sufrimiento es intenso, es más difícil pensar en los demás y acceder al bodhichita.

En este mismo momento, a causa de nuestro buen nacimiento, tenemos la ocasión de crear las causas y condiciones para la felicidad en vez de la desdicha, para la fortaleza interior y la generosidad en vez del temor y la avaricia. Es posible que más adelante no sea tan fácil hacerlo.

> **4.20** Y así dijo el Señor Buda que igual que es casualidad
> que una tortuga pueda ensartar su cabeza
> por un yugo que va a la deriva en el ancho mar,
> ¡es difícil de encontrar este nacimiento humano!

Tenemos aquí el símil tradicional acerca de la dificultad de obtener un valioso nacimiento humano: es tan infrecuente, se dice, como el hecho de que una tortuga de mar que salga a la superficie cada cien años inserte su cabeza por un agujero de un yugo a flote. Es relativamente fácil que podamos nacer como insectos, peces o seres humanos sin posibilidad alguna de escuchar el dharma; nuestras circunstancias presentes son más bien raras.

> **4.21** Si pago una maldad, hecha en un solo instante,
> con un eón en el infierno del Dolor Implacable,
> las que guardo en el samsara desde hace infinitos siglos
> me impedirán obviamente llegar a los mundos de gozo.

Si un acto dañino intencionado, incluso si dura un momento, refuerza estados mentales horrorosos, infernales, no hay necesidad de mencionar qué resultará del daño que hemos hecho intencionadamente, no ya en esta vida, sino desde el principio de los tiempos.

Cuando repasamos nuestras vidas, inevitablemente encontramos cosas de las que nos arrepentimos. Todos nosotros hemos dicho o hecho algo que nos gustaría no haber dicho o hecho. Pero eso no quiere decir que estemos condenados al fracaso. El mero hecho de reconocer lo que hemos hecho hace que se interrumpa la ignorancia que perpetúa nuestras tendencias habituales. Es así como, en vez de sabotear nuestra felicidad futura, cultivamos una mente relajada y flexible. Lo principal es que, en cualquier momento, podemos elegir entre el camino del sufrimiento o el de la felicidad.

4.22 Y solo por sentir tal sufrimiento,
quien lo experimenta no queda de él libre,
pues en el dolor mismo de aquellos estados
ocurre más maldad, y en un grado sumo.

Shantideva nos recuerda, una vez más, que el dolor intenso normalmente nos endurece y nos pone más temerosos y egocéntricos. En el *Dharmapada*, un compendio de las enseñanzas de Buda, se dice que un gran sufrimiento puede despertar una gran compasión. Este es el ideal del bodhisattva. Las enseñanzas acerca del bodhichita explican que el dolor puede hacernos más cariñosos en vez de más neuróticos, y que puede unirnos a los demás y despertar el bodhichita en vez de provocar más daño. Sin estas enseñanzas, sin embargo, el sufrimiento no nos libera, sino que aumenta nuestra tendencia a seguir en el atolladero.

4.23 Y así, si tras hallar este breve respiro,
no me dedico ahora a ejercitar la virtud,
¿podría cometer nunca mayor temeridad?
¿De qué otra manera me podría traicionar?

Tras haber encontrado esta situación tan valiosa, *¿de qué otra manera me podría traicionar?* Shantideva nos está diciendo que si defraudamos a los seres sensibles, nos estamos traicionando a la vez a nosotros mismos. Como dijo Booker T. Washington: «No dejes que nadie te rebaje hasta el punto de llegar a odiarle». ¿Quién sufre más cuando estamos llenos de odio? Lo más importante aquí es que nos engañamos a nosotros mismos más que a ninguna otra persona.

4.24 Si a pesar de comprender todo esto,
sigo estúpidamente de capa caída,
cuando llame a mi puerta la muerte
mis pesadumbres sí serán realmente negras.

Si somos conscientes de que estamos ahora en una situación en la que podemos mejoramos, pero no dejamos que este conocimiento moldee nuestras vidas, ¿cómo será nuestro estado mental cuando nos llegue la hora?

4.25 Y cuando mi cuerpo arda eternamente
en las insoportables llamaradas del infierno,
mi mente, sin duda, también arderá atormentada
en el temible fuego del arrepentimiento.

Esta estrofa reitera lo dicho: si seguimos fortaleciendo los hábitos equivocados, nuestras mentes estarán atormentadas *en el temible fuego del arrepentimiento.* Ahora bien, ¿qué sentido tiene esto? Si pensar que el karma es un castigo es una perspectiva errónea, y si no hay un gran vengador en el cielo, ¿qué estamos queriendo decir? Shantideva se está refiriendo al poder destructivo de las emociones negativas y al modo en que nos esclavizan cuando las fortalecemos. Desde aquí hasta el final del capítulo, tras haber hablado acerca de prestar atención a la causa y el efecto, Shantideva trata la necesidad de estar atento a los kleshas: agresión, avidez, ignorancia, celos, arrogancia, orgullo y toda su progenie.

> 4.26 Porque he logrado este estado como por suerte,
> cuesta mucho hallarlo y de él puedo valerme.
> Si ahora que puedo contar con tan recto criterio
> soy una vez más enviado a los infiernos,

> 4.27 es que estoy atontado por un gran maleficio
> que me imposibilita saber nada de nada.
> No tengo idea de qué embota mi juicio.
> ¡Oh! ¿Qué me ha cogido? ¿Quién me ha echado la garra?

Entre un momento y el siguiente podemos elegir la manera en que nos relacionamos con nuestras emociones. Este poder de elección nos da libertad, y sería estúpido no aprovecharlo.

Por otro lado, cuando las reacciones habituales son poderosas y vienen de largo, cuesta hacer una elección inteligente. No escogemos el dolor a sabiendas, sino que simplemente hacemos lo malo conocido, que no siempre es lo mejor. Creo que todos entendemos bien la sensación de *estar atontados por un gran maleficio, no saber nada de nada* ni *qué embota nuestro juicio*. Pero ¿qué o quién nos ha echado la garra? La respuesta está en nuestros kleshas, que *de facultades, piernas y brazos están desprovistos*, es decir, ¡esencialmente sin sustancia o consistencia alguna en absoluto!

4.28 La ira y la lujuria, estos enemigos míos,
de facultades, piernas y brazos están desprovistos.
No tienen valor, ni tampoco ingenio,
¿cómo entonces me han hecho prisionero?

Esta es la pregunta del millón. ¿Cómo puede esta poderosa (aunque totalmente inasible e indescriptible) energía hacemos tantísimo daño? En las estrofas que siguen, Shantideva empieza a responder a esta pregunta introduciendo las cinco faltas de los kleshas, o aspectos problemáticos de nuestras emociones confusas.

La primera falta, que se presenta en la estrofa 28, es que dejamos que los kleshas nos esclavicen. Con solo saber esto podríamos socavar su poder, si estamos atentos. Sin embargo, como dice Shantideva, es como si fuéramos víctimas de un *maleficio*.

Las reacciones emocionales empiezan como una ligera tensión. Se produce el conocido tirón del shenpa y, antes de darnos cuenta, ya nos hemos dejado arrastrar. En tan solo unos segundos, pasamos de una ligera molestia al descontrol más absoluto.

Sin embargo, tenemos una sabiduría inherente que nos capacita para detener esta reacción en cadena en sus primeras etapas. En la medida en que estemos atentos, podemos eludir el impulso adictivo mientras aún es manejable. En el instante mismo en que vamos a caer en la trampa podemos, como mínimo, respirar profundamente varias veces antes de proceder.

4.29 Estos enemigos que habitan en mi mente,
como les place me lastiman.
Y yo sufro mansamente, con total tranquilidad,
¡menuda paciencia fuera de lugar!

La segunda falta de los kleshas es que les damos la bienvenida. Lo hacemos porque son conocidos, nos dan algo a lo que agarrarnos y ponen en marcha una predecible reacción en cadena que nos resulta irresistible. Darse cuenta de ello puede resultar utilísimo.

Cuando nos percatamos de que *nos gustan* nuestros kleshas, comenzamos a entender por qué tienen tanto poder sobre nosotros. El odio, por ejemplo, puede hacemos sentir que estamos al mando, que somos fuertes. La ira puede hacernos sentir más poderosos, invulnerables incluso. La avidez y el deseo pueden hacemos sentir relajados, románticos y nostálgicos: podemos llorar por los amores perdidos o por los sueños frustrados. Es una sensación agridulce, dolorosa pero deliciosa a la vez, de modo que ni siquiera se nos pasa por la cabeza interrumpirla. La ignorancia es, curiosamente, consoladora: no tenemos que hacer nada, excepto relajarnos y no tener nada que ver con lo que pasa a nuestro alrededor.

Cada uno de nosotros tiene su propia manera de acoger y fomentar los kleshas. Estar atento a ello es el primer paso, un paso crucial. No podemos ser ingenuos. Si nos gustan nuestros kleshas, no estaremos nunca motivados a interrumpir su seducción, y siempre seremos excesivamente ufanos y acogedores.

Un buen símil para los kleshas es el traficante de drogas: el «camello». Cuando queremos droga, el camello es nuestro amigo y le acogemos porque nuestra adicción es muy fuerte. Sin embargo, cuando queremos desengancharnos, el camello representa la infelicidad y no queremos ni verle. Shantideva nos recomienda tratar a nuestras nefastas emociones como a los camellos. Si no queremos ser adictos toda la vida, tenemos que ver que nuestras emociones negativas nos debilitan y nos hacen daño.

Es igual de difícil desengancharse de las emociones que de las drogas duras y el alcohol. Sin embargo, cuando vemos que la adicción está claramente arruinando nuestra vida, nos sentimos muy motivados a hacerlo. Incluso si nos sorprendemos diciendo: «No me da la gana de abandonar mis kleshas», por lo menos estamos siendo honestos, y puede que esta afirmación terca comience a perseguirnos como nuestra sombra.

Pero te voy a advertir algo acerca de la adicción a los kleshas: sin la inteligencia necesaria para ver que nos hace daño y la intención clara de cambiar su rumbo, será muy difícil interrumpir ese conocido impulso antes de que se haga demasiado fuerte. Y a pesar de ello, sin embargo, no debemos menospreciar el poder curativo de la introspección. Por ejemplo, cuando estemos a punto de decir algo desagradable o de caer en el fariseísmo o en la crítica, reflexionemos en el acto: «Fortalecer ahora este hábito, ¿generará sufrimiento o será provechoso?».

Tenemos que ser totalmente honestos con nosotros mismos, y no tragarnos ciegamente lo que Buda y Shantideva tienen que decir, por supuesto. Quizás tus hábitos te den placer a la vez que dolor, quizás llegues a la conclusión de que realmente no te hacen sufrir, aunque las enseñanzas digan que debería ser así. Tienes que responder a estas incógnitas tú mismo, con base en tu propia experiencia y sabiduría.

Las estrofas 30 y 31 nos dicen algo más acerca de la inutilidad de las respuestas habituales a los kleshas, así como del peligro que supone acoger aquello que causa sufrimiento.

4.30 Si todos los dioses, además de los asuras,
alzándose en armas vinieran contra mí,
no tendrían el poder de arrojarme
al fuego del infierno del Dolor Implacable.

Shantideva nos está diciendo que no hay nada externo que nos pueda dañar tanto como los kleshas que habitan dentro de nosotros. Tenemos que meditar sobre esto para ver si es verdad.

4.31 Mas el poderoso demonio de mis propias pasiones
me lanza de cabeza en un soplo
al fuego que a la misma reina de las montañas
consumiría hasta reducirla a cenizas.

Aquí hace la siguiente reflexión: enardecerse a causa de las emociones tiene unas consecuencias tan dolorosas e intensas que podrían reducir a polvo la montaña más imponente. Aunque, de nuevo, las enseñanzas budistas nos animan a reflexionar acerca de nuestra propia experiencia para ver si la enseñanza tiene sentido para nosotros.

En la estrofa 32, tenemos la tercera falta de los kleshas: si no estamos atentos, los kleshas continuarán dañándonos durante muchísimo tiempo.

4.32 ¡Ay, enemigas mías, las pasiones que me aquejan,
desde siempre y por siempre mis fieles compañeras!
¡Ningún otro enemigo podrá nunca, en efecto,
perseverar de ese modo durante tanto tiempo!

Mucho tiempo después de que aquellas personas que despreciamos se hayan mudado o muerto, el hábito del odio sigue perpetuándose en nosotros. Cuantas más veces demos rienda suelta a nuestras tendencias habituales, más fuertes se harán y, obviamente, cuanto más fuertes sean, más les daremos rienda suelta. Según se va haciendo más difícil romper esta reacción en cadena, nuestra sensación de aprisionamiento se intensifica hasta llegar a sentir que estamos encerrados con una compañía monstruosa. Ningún otro enemigo externo nos acosará tanto como nuestros propios kleshas.

La estrofa 33 presenta la cuarta falta: a los kleshas les das el pie y se toman la mano.

4.33 Todos los demás enemigos, si les apaciguo y agrado,
llegarán a favorecerme y a darme mejor trato,
mas servir a mis emociones, envilecedoras y oscuras,
solo me arrastrará al dolor y a una profunda amargura.

Shantideva nos avisa de que no seamos tan ingenuos con el camello, tenemos que conocer sus estrategias y sus artimañas seductoras. Del mismo modo, no podemos simplemente darnos el lujo de ignorar el poder de las emociones. No podemos acogerlas ni dejarnos llevar por ellas esperando que nos traigan felicidad o seguridad.

Cuando las enseñanzas hablan de «entablar amistad con las emociones», se refieren a estar más atento y a conocerlas mejor. Ignorar que tenemos emociones solo empeora las cosas, lo mismo que sentirse culpable o avergonzado por ellas. Del mismo modo, pelear contra ellas es igualmente estéril. El único modo de disolver su poder es con nuestra atención inteligente que no deja resquicios.

Solamente con ella podemos mantener la calma, conectar con la energía subyacente y descubrir su naturaleza insustancial. En este proceso no podemos ser estúpidos. Es imposible quedarse sintiendo las emociones, dinámicas e inasibles, mientras seguimos alimentándolas con nuestros pensamientos. Es como intentar apagar un fuego con queroseno.

4.34 Y es que tengo a mis acérrimos enemigos de siempre,
la fuente de la que mana mi pesadumbre creciente,
cómodamente alojados en mi corazón y a salvo.
¡Ay! En esta rueda de la vida, ¿cómo oso ser tan descuidado?

En la estrofa 34, Shantideva introduce el quinto y último aspecto problemático de los kleshas: mientras sigamos siendo sus esclavos, no habrá nunca paz mundial. No tendremos paz mental individualmente y el sufrimiento de los seres seguirá intacto en todas partes. La guerra continuará indefinidamente, así como la violencia, la negligencia, la adicción y la codicia. Calmándonos *antes* de que nuestras emociones se apoderen de nosotros, creamos las causas de la paz y de la alegría para todos.

4.35 Y si además los carceleros de las prisiones del samsara,
matarifes y verdugos de los mundos infernales,
están siempre dentro de mí al acecho en mi maraña de avidez,
¿qué alegría puede depararme el destino?

Lo típico es que culpemos a los demás de nuestra infelicidad, pero Shantideva dice que nosotros somos los creadores de nuestros propios *mundos infernales*: nuestros infiernos individuales y nuestras mentes a caballo de los kleshas son interdependientes. Bajo este punto de vista, tenemos que hacemos responsables de lo que nos ocurra. Si mantenemos la neurosis *a salvo cómodamente alojada*, ¿podemos esperar que eso dé como resultado *alegría* alguna?

Justo antes de que el Buda alcanzara la iluminación, sus kleshas surgieron con toda su fuerza. Le tentó la ira, el deseo y todo lo demás pero, a diferencia de la mayoría de nosotros, no mordió el anzuelo. Siempre se le muestra totalmente despierto: completamente presente, imperturbable, relajado y sin dejarse distraer por la energía poderosa de los kleshas.

En uno de los libros de Harry Potter, un bodhisattva en ciernes, hay un hechizo que afecta a Harry produciéndole un impulso muy fuerte a ceder a los kleshas y hacer daño. El poder de su inteligencia y su bondad, sin embargo, es incluso más fuerte. Él no cree en las voces de los kleshas ni se deja seducir por sus promesas de confort, y por ello el hechizo no funciona.

4.36 Seguiré la lucha hasta que ante mis propios ojos
sean derrotados todos estos enemigos míos.
Porque si, enfurecidos por una pequeña ofensa
los rivales no pegan ojo hasta ajustar las cuentas,

4.37 y orgullosos —aunque desdichados pues van a padecer
muriendo—
se ponen en pie de guerra y se preparan para vencer,
indiferentes a cortes, golpes y dolores,
y defienden su terreno sin ceder ni un palmo,

4.38 huelga decir que yo no me desanimaré
por muchas penalidades que sufra en la refriega.
Desde hoy me esforzaré por vencer a mis enemigos,
pues dañarme es su mismísima naturaleza.

Shantideva era un príncipe de una tradición guerrera, por ello es natural que use imágenes de la guerra. Sus palabras, sin embargo, no pretenden transmitir agresión. El coraje de un guerrero samsárico se usa como símil del coraje compasivo del bodhisattva. Necesitamos valor para, de un modo no agresivo, no ceder terreno a los kleshas. Con las armas de la determinación clara, el darse cuenta inteligente y la compasión, podemos evitar su seducción y poder.

Es posible, por supuesto, que experimentemos incomodidad en el proceso, la misma incomodidad e inquietud a que hacemos frente cuando nos abstenemos de hacer cualquier cosa. Según la tradición, al principio cedemos fácilmente ante el atractivo de los kleshas, pero eso complica cada vez más nuestras vidas al final. Como contrapartida, al principio cuesta abstenerse de las respuestas habituales, pero nuestras vidas se vuelven cada vez más relajadas y libres al final.

Cuando estamos haciendo frente a la abstinencia de los kleshas, es útil saber que vamos por buen camino. Shantideva comenta que, exactamente igual que *los rivales desdichados* sufren dolor físico, insomnio e incluso la muerte, él hará frente a la angustia de la desintoxicación para dejar de ser un esclavo de los kleshas, y no se desanimará ni se rendirá a causa del dolor o del miedo.

4.39 Si las heridas que sufre en guerras inútiles
son como trofeos que el soldado ostenta,
¿voy yo en una gran causa, la más alta empresa,
a sentirme abatido por lesiones y penas?

En las guerras que se pelean por codicia u odio, los soldados muestran orgullosamente sus heridas como trofeos para demostrar su valor. Nosotros podemos esperar también *«lesiones y penas»* cuando interrumpamos la inercia de los kleshas. En una empresa tan digna como liberarse del samsara, podríamos enorgullecernos del sufrimiento al que nos enfrentamos. De modo que, en vez de quejarnos, consideremos estas heridas como trofeos.

4.40 Los pescadores, carniceros, granjeros y demás,
en busca solo de ganarse el sustento,
sufren los suplicios del calor y del frío.
Y por el bien de los seres, ¿no voy a aguantar yo lo mismo?

La gente sufre el mismísimo infierno para ganarse el sustento. Los pescadores salen a las aguas heladas cuando hace un frío glacial, los granjeros lo pierden todo con una helada tardía, y los atletas padecen sufrimientos increíbles para ganar una medalla. Estamos dispuestos a hacer frente a casi cualquier cosa si pensamos que sacaremos algo de ella. ¿Y si estuviéramos igualmente dispuestos a hacer lo que haga falta para sustentar el corazón de la bodhi? Con esta clase de intención, podríamos lograr la mayor satisfacción posible para nosotros y para los demás, un beneficio muchísimo más grande que el derivado de cualquier otra actividad.

4.41 El día que prometí liberar de sus pasiones
a los seres que habitan en todas las regiones
que se extienden hasta los confines del cielo,
yo mismo no estaba libre de esos envilecimientos.

4.42 Y eso dije, sin conocer mis propias limitaciones,
¿no fue un loco, acaso, quien pronunció esas palabras?
Más motivos tengo entonces para no abandonar jamás,
esta contienda contra las pasiones envilecidas.

Esto es lo que distingue a un bodhisattva maduro, como Shantideva, de los bodhisattvas aprendices. Cuando dice que el que pronunció el voto de bodhisattva fue *un loco*, no está expresando sentimientos de desánimo o ineptitud, lo dice como incentivo para ocuparse y hacer cualquier cosa que haga falta para vivir su vida con tanta atención y estando tan despierto como sea posible. En vez de permitirse sentimientos de culpa y otras variaciones del tema del fracaso, él se espolea a sí mismo. La próxima vez que pierdas la esperanza porque no puedes hacer mella en tu confusión, te puedes animar a ti mismo con las palabras de Shantideva: *Más motivos tengo entonces para no abandonar jamás.*

Cada uno de nuestros gestos valientes deja sin duda una huella positiva en la mente, tanto si creemos que el gesto ha sido efectivo o no. Por pequeña que sea, la voluntad de interrumpir nuestros viejos hábitos nos predispone a ser más fuertes y a tener más empatía hacia los demás. Da igual lo atrapados que nos sintamos, siempre podemos hacer algo beneficioso. ¿Cómo? Interrumpiendo nuestros razonamientos derrotistas y trabajando de manera inteligente y sabia con nuestros kleshas.

> 4.43 Esta será la pasión que arda en mí consumiéndome.
> ¡Llenísimo de rencor lanzaré mi ofensiva!
> Esta clase de vileza frena la vileza misma,
> y ese es un buen motivo para no rechazarla.

En la estrofa 43, *esta clase de vileza* se refiere a la ira. Aunque generalmente se ve como un problema, Shantideva sigue un método homeopático y jura usar la ira para curar la ira. Evocando su apasionado entusiasmo para la tarea, sigue adelante como el guerrero ardiente y alegre que es.

> 4.44 Sería preferible que pereciera en el fuego,
> sería mejor que me decapitaran,
> a ser nunca su siervo y rendir pleitesía
> a mis mortíferas enemigas: las emociones envilecidas.

Según van pasando los años, entiendo cada vez más esta clase de determinación y confianza apasionadas. Es mi elección: puedo pasarme la vida fortaleciendo mis kleshas o puedo ir debilitándolos. Podemos continuar siendo sus esclavos o, percatándonos de que no tienen consistencia alguna, aceptarlos simplemente como parte de nuestra propia y poderosa, aunque indescriptible, energía. Cada vez tengo más claro qué alternativa conduce a un mayor sufrimiento y cuál lleva a la relajación y la dicha.

> **4.45** Aunque el enemigo usual, cuando está en el destierro,
> se retira y se establece en terreno extranjero
> para poder reagruparse y volver con más pujanza,
> mis pasiones enemigas carecen de tales tácticas.

> **4.46** Míseros envilecimientos, ¡ahuyentados por el ojo del saber!
> ¿Hacia dónde saldréis corriendo cuando de mi mente salgáis?
> ¿Y desde dónde retomaréis para lastimarme?
> Pero, ¡ay!, mi mente es débil, ¡qué indolente soy!

En este momento, Shantideva nos presenta el lado bueno. Está contento de poder liberarse de los kleshas y expresa su alegría desde la estrofa 45 a la última. La felicidad viene con el conocimiento de que, una vez arrancados de raíz por *el ojo del saber*, los kleshas no pueden regresar nunca. Su poder se evapora una vez que vemos su naturaleza vacía y efímera. Dzigar Kongtrul recuerda lo aterrorizados que estaban los monjes más jóvenes de su monasterio por la danza anual del león de las nieves. Cuando crecieron y vieron que el león de las nieves no era real, que era solo un disfraz, dejaron de tener miedo ipso facto. Este es un símil muy adecuado del vacío esencial de los kleshas.

4.47 Estos kleshas no están en el objeto,
ni dentro de las facultades, ni en algún punto intermedio.
Y si tampoco en otro sitio, ¿entonces dónde residen?
¿Desde dónde infligen el caos al mundo?
No son más que espejismos, ¡así que anímate!
Despeja todo miedo y aplícate en penetrar su naturaleza.
¿Por qué sufrir sin necesidad las penas del infierno?

A pesar de todas estas imágenes bélicas, Shantideva no nos está realmente alentando a hacerle la guerra a los kleshas, sino que nos pide que los examinemos cuidadosamente para descubrir *su naturaleza* ilusoria.

La próxima vez que empieces a enfadarte hazte estas preguntas: «¿Dónde reside este klesha? ¿Se encuentra en la persona con quien estoy enfadada? ¿Se encuentra en mis percepciones sensoriales? ¿Está en algún sitio intermedio? ¿Cuál es la naturaleza de esta ira? ¿Y quién es realmente ese que está enfadado?».

Examina también de cerca la manera en que sustentas los kleshas con tus pensamientos. Simplemente examina cualquier pensamiento preguntándote: «¿Dónde se originó este pensamiento? ¿Dónde está ahora mismo?». Y, a continuación: «¿dónde se fue?». Si puedes encontrar algo consistente a que agarrarte cuando examinas el surgimiento, la estancia y la desaparición de un pensamiento, me gustaría ser la primera en saberlo.

Construimos mundos de fantasía en nuestras mentes, haciendo que los kleshas se intensifiquen. Más tarde es como cuando nos despertamos de un sueño: descubrimos que la fantasía es insustancial y que los kleshas no tienen fundamento.

El padre de una amiga tiene la enfermedad de Alzheimer. En otros tiempos tenía muy mal humor, pero desde que perdió la memoria ya no es el mismo. Como no puede recordar la razón de su enfado, es incapaz de mantener su resentimiento. Cuando se irrita, simplemente no puede seguir estando de mal humor porque, sin sus razonamientos, lo que provoca su ira se disuelve. Es cierto, claro está, que no siempre nos apetece trabajar con ese grado de atención con nuestros kleshas. Como dice Shantideva, a veces uno parece mentalmente *débil e indolente*. Pero *anímate*, no tenemos que preparamos para una gran ofensiva: ¡los enemigos *no son más que espejismos*!

4.48 Es así como debo reflexionar y obrar
para poder aplicar los preceptos aquí expuestos.
¿Hubo algún enfermo necesitado de medicamentos
que llegara a sanar ignorando las palabras del médico?

Exactamente igual que un enfermo no sanará sin seguir el consejo de su médico, estas enseñanzas no nos serán de utilidad a menos que las pongamos en práctica. No se trata de hacer un estudio académico, ya que podríamos estudiar el *Bodhicharyava-tara* diariamente y seguir, no obstante, fortaleciendo nuestros kleshas. Estas enseñanzas son un modo de vida. Para despertar el bodhichita, nutrirlo y dejar que florezca, hemos de interiorizar las palabras de Shantideva y usarlas en cualquier ocasión que veamos que nos estamos enganchando y dejándonos llevar.

Domar la mente
Introspección vigilante. Primera parte

E N EL QUINTO CAPÍTULO de *La práctica del bodhisattva*, Shanti-deva nos instruye acerca de la paramita de la disciplina. Nor-malmente, el tema de la disciplina insiste en la conducta: el modo en que hablamos y actuamos. Aquí, sin embargo, el tema principal es amansar la mente. Para que cualquier disciplina externa nos transforme, y para que el bodhichita no disminuya, domar el desenfreno de nuestras mentes es algo esencial.

5.1 Quienes quieran salvaguardar sus prácticas
deben vigilar sus mentes con total serenidad.
Pues sin este guardia atento a la mente
no hay práctica alguna que pueda mantenerse.

El método para amansar la mente es la meditación *shámatha*. *Shámatha* es un término sánscrito que significa «quietud apaci-ble» o «el cultivo de la paz». En esta práctica, normalmente se usa la respiración como objeto de meditación. Pero aunque el objeto pueda ser otro, la instrucción es siempre la misma: cuan-do percibimos que nuestra mente vaga, la traemos suavemente de vuelta. De este modo volvemos al momento presente, regresando a la inmediatez de la experiencia. Esto se efectúa sin severidad ni crítica, y se repite una y otra vez.

Cuando la mente está desenfrenada, no tenemos base alguna que nos permita mantener la disciplina, en particular, las tres disciplinas de no dañar, acumular virtud y beneficiar a los demás. ¿Cómo vamos a poder trabajar con los kleshas o a actuar y hablar con bondad, o a tenderles la mano a los demás, si nuestra mente está enloquecida? Y, sin la estabilidad y el estado de alerta de una mente domada, ¿cómo vamos a estar presentes? Por ello, con atención y suavidad, aprendemos a volver repetidamente al momento presente.

Domar la mente toma su tiempo. Vamos aprendiendo a estar presentes tanto cuando estamos bien como cuando estamos mal, cuando tenemos paz mental y en medio de un ataque de kleshas. Día a día, mes a mes, año a año, vamos mejorando nuestra capacidad de *salvaguardar nuestra práctica* y llevar la vida de un bodhisattva, alguien que puede escuchar los lamentos del mundo y tender una mano.

5.2 Si dejamos vagar a placer al elefante de la mente
nos lanzará al dolor del infierno del Dolor Implacable.
No hay bestia en el mundo, por muy loca y salvaje,
que nos pueda producir semejantes calamidades.

En la literatura budista hay muchos símiles para mostrar el desenfreno de la mente que se valen de los animales: la mente simia, por ejemplo, o la naturaleza descontrolada de un caballo salvaje. Shantideva, en este caso, exagera la imagen eligiendo la bestia más poderosa de entre las domesticables: el elefante. Si un mono o un caballo salvaje pueden causar estragos, ¡imaginemos los que podría producir un elefante enloquecido!

Si fuera yo la que estuviera dictando esta segunda estrofa, diría algo así: «Si nuestra mente sigue así de distraída y salvaje, tendremos trastornos constantes y nuestra ira y otras adicciones se fortalecerán». Sin embargo, Shantideva no se anda con rodeos y nos dice que una mente dispersa nos *lanza a sufrir en el infierno del Dolor Implacable.*

En este caso, «infierno» es sinónimo de las atroces consecuencias de una mente distraída. Shantideva usa un lenguaje provocador para asegurarse de que captamos el mensaje. Hasta que no comencemos a domar la mente, las emociones nos manejarán a placer. No hay nada en este mundo: bestias, atracadores o amenazas externas, que nos cause tanta infelicidad como nuestra propia mente elefantina.

5.3 Si, con la cuerda del prestar atención,
amarramos todo alrededor al elefante de la mente,
nuestros miedos se disolverán
y todas las virtudes caerán en nuestras manos.

El cultivo de la capacidad inherente que tiene la mente de permanecer en el mismo sitio se llama práctica del prestar atención. La atención es como la cuerda que evita que el elefante salvaje destruya todo lo que se le ponga por delante. La cuerda de la atención nos hace regresar a la experiencia inmediata: la respiración, el caminar, el libro que tenemos en las manos.

Esto es sumamente importante: prestar atención ata la mente al momento presente. Al principio esto requiere un esfuerzo, aunque este se aplica con mucha suavidad. Es como cepillarse los dientes: uno se distrae mientras lo está haciendo y, de un modo natural, regresa; nada del otro mundo. Lo mismo pasa con el aprendizaje de la atención: la mente está presente, se va y regresa; nada del otro mundo. Gracias a que volvemos al momento presente, paulatinamente todos *nuestros miedos se disolverán y todas las virtudes caerán en nuestras manos.* Cuando la mente se aquieta, nos parece que podemos trabajar con cualquier cosa.

Puede que, al escuchar las palabras de Shantideva, tengamos la impresión de que esto ocurrirá pronto, puede que nos digamos: «Voy a trabajar con mi mente y de aquí a un mes todos mis problemas habrán acabado». Sin embargo, la realidad es que nuestros hábitos mentales son antiquísimos y deshacerlos no se consigue de la noche a la mañana. Por ello necesitamos paciencia, inteligencia y suavidad en nuestro aprendizaje, cualidades favorables que irán en aumento hasta que haya veces que incluso nos parezca que caen en nuestras manos como por arte de magia.

Cuando la mente está tranquila, las cualidades virtuosas nos llegan con más naturalidad. Somos más perspicaces, más amables y más perseverantes, al tiempo que estamos más relajados.

5.4 Tigres, leones, elefantes y osos,
serpientes y toda clase de enemigos hostiles,
cancerberos de los presos en el infierno,
fantasmas, demonios necrófagos y todos los espectros malvados:

5.5 si pudiéramos solo amarrar esta mente
todos ellos quedarían igualmente amarrados.
Si pudiéramos solo esta mente amansar
todos ellos quedarían igualmente amansados.

5.6 Porque toda ansiedad y todo miedo,
y todo sufrimiento que surge sin parar,
de la mente misma emana cual de un manantial;
como declaró El que dice la verdad.

Aquí Shantideva nos dice algo revolucionario: toda ansiedad, todo miedo y sufrimiento, desparece cuando amansamos la mente. Incluso si nos encontramos de repente con un tigre o un fantasma, estaremos tranquilos. Cuando estamos realmente presentes y despiertos, las emociones no duran mucho tiempo, pero cuando estamos inconscientes, pueden durar años.

5.7 Las máquinas infernales que torturan a los seres vivos,
¿quién las inventó con tal propósito?
¿Quién forjó el piso de hierro fundido?
¿Y de dónde han salido todas las diablesas?

5.8 No son más que el fruto de la mente maligna,
algo que el Sabio poderoso ha afirmado.
En todos los tres mundos no encontrarás por tanto
azote más temible que ella: la mente misma.

Aquí Shantideva nos dice explícitamente que las circunstancias infernales, tales como recibir latigazos y otros horrores, tienen su origen únicamente en un estado mental infernal. Esta perspectiva nos ayuda a comprender *las diablesas* de la séptima estrofa. En las enseñanzas tradicionales sobre los mundos infernales, representan objetos de lujuria insaciable, así que se podrían haber llamado igualmente «diablos». En la descripción de un estado especialmente atormentador, nos sentimos constantemente seducidos a subir por una colina hecha de espadas muy afiladas para llegar a la persona que amamos. Aunque nos estamos despedazando, seguimos escalando hacia la cima, pero lo único que pasa cuando llegamos a ella es que la aparición sexy se toma en un diablo devorador. Además, esto se repite una y otra vez. Ese sufrimiento resulta de la avidez descontrolada de una mente excesivamente concupiscente que, aunque comienza como una brasita, enseguida se convierte en un infierno descomunal de un deseo insaciable.

Por mucho que a los monjes que se encontraban escuchando a Shantideva les hubiera gustado culpar de su excitación sexual a las mujeres, y por mucho que a cada uno de nosotros le gustaría buscar la causa de nuestra infelicidad fuera de nosotros mismos, no hay *azote más temible que ella: la mente misma*. Una mente desenfrenada de la que no somos conscientes puede mantenernos atrapados en lugares muy incómodos.

5.9 Si la generosidad trascendente consistiera
en aliviar a todos los seres de su pobreza,
¿cómo es que habiéndola practicado los budas del pasado
los pobres siguen estando hoy entre nosotros?

5.10 Esa generosidad trascendente es más bien,
la intención mental de obsequiar a cada ser
con todo lo que uno tiene y con los frutos de esa dádiva;
es de hecho algo mental, eso dice la enseñanza.

Desde la estrofa 9 hasta la 17, Shantideva introduce un método útil para comprender las seis paramitas: generosidad, disciplina, paciencia, diligencia, meditación y sabiduría. Nos explica el modo en que se transforman en actividad iluminada tras amansar la mente. Hasta que no trabajemos con la mente, las paramitas no podrán liberarnos realmente. Ello se debe a que las paramitas y el desprenderse del aferramiento al yo son la misma cosa.

Y así es con todos nuestros actos: o debilitan nuestras ataduras o las fortalecen, o nos traen al momento presente o nos distraen. Cualquier acción que nos saque del ensimismamiento en el yo se convierte en una paramita, pero esto solo ocurre si estamos dispuestos a amansar la mente.

Por ejemplo, los bodhisattvas practican la primera de las paramitas, la generosidad, con el deseo de acabar con la pobreza de los seres. Ahora bien, el escéptico dice: «Por muy noble que sea tal aspiración, yo veo que no ha cambiado nada, ¿o acaso la pobreza material no sigue todavía proliferando?». A lo que Shantideva replica: «Hasta que no superemos la pobreza mental, la redistribución de toda la riqueza del mundo no cambiará las cosas».

Una mendiga le pidió comida a Buda en una ocasión. Cuando él vio su inmensa avidez, deseó aliviar su sufrimiento de verdad, así que mientras ella sostenía su cuenco, le prometió darle comida para ella y su familia todos los días durante el resto de sus vidas, pero con una condición, tenía que decir: «No, yo no necesito esto», y esperar unos minutos antes de coger la comida. Tristemente, la pobre mujer no pudo pronunciar estas palabras por más que lo intentó. Buda no obstante le dio comida para ese día, pero la mujer no volvió a aparecer.

Si tenemos una avidez insaciable, lo que puede ocurrir tanto si somos ricos como pobres, siempre nos encontraremos viviendo en un mundo en el que nunca tenemos suficiente. Esto es lo que Shantideva quiere dejar claro.

5.11 ¿Dónde llevar a los peces y a los demás seres
para que estén a salvo y no les den muerte?
Mas el que no comete ningún acto perjudicial
posee la disciplina llamada trascendente.

La misma lógica se aplica a la paramita de la disciplina en esta última estrofa. Hasta que no decidamos todos no volver nunca a dañar a los demás, ¿cómo van a poder encontrar los seres un lugar en el que puedan estar permanentemente a salvo? En la misma medida en que nos abstengamos de herirnos mutuamente, el mundo será un lugar mejor. Sin esta intención clara, no habrá conducta o disciplina convencionales, por muy éticas que sean, que nos liberen de los actos inconscientes de una mente egocéntrica.

5.12 No es posible exterminar todos los seres malignos,
pues están por todas partes, como el espacio mismo.
Mas si en mi propia mente al enfado he vencido,
habré de hecho derrotado a todos mis enemigos.

Esta estrofa se refiere al antídoto principal contra la agresión: la paramita de la paciencia. De nuevo, Shantideva señala la interdependencia entre nuestros estados mentales y la percepción del mundo que nos rodea. Sin ira, por tanto, no hay enemigos. Si calmamos nuestra mente enfurecida, *habremos derrotado a todos nuestros enemigos*. Seguimos reconociendo el peligro cuando lo tenemos enfrente, por supuesto, pero eso no significa que odiamos a la persona que sostiene la pistola. Cuando el odio nos consume, vemos enemigos por todas partes.

5.13 Para cubrir la Tierra con láminas de cuero,
mucha piel necesitaría, ¿de dónde la saco?
Mas gracias a las suelas de mis dos zapatos,
¡es como si cubriera la Tierra por completo!

Esta estrofa es probablemente la más famosa del *Bodhichar-yavatara*. El símil sugiere que hemos andado descalzos sobre arenas ardientes, espinas y piedras, y tenemos los pies sangrando y llenos de moratones. De repente se nos ocurre una manera de acabar con nuestro sufrimiento: ¡cubramos toda la superficie terrestre con cuero! Eso es imposible, por supuesto, pero ¿y si nos envolvemos los pies en cuero? ¡Entonces podríamos ir a cualquier sitio sin problemas!

No podemos resolver nuestros problemas eliminando todas y cada una de sus causas externas. Aunque así sea, sin embargo, vemos que mucha gente lo intenta: «La culpa es del mundo, es demasiado áspero, cortante, extraño. Si pudiera librarme de estos males externos, sería feliz». Shantideva dice: «Si quieres proteger tus pies, ponte sandalias; y si quieres protegerte de las provocaciones del mundo, amansa la mente». El antídoto contra la infelicidad es permanecer en el momento presente.

5.14 Y así al curso externo de las cosas
yo solo no puedo ponerle freno.
Mas si solo mi propia mente contengo,
¿qué más queda por refrenar?

Hay ocasiones en que es *posible* cambiar o *poner freno* al curso de los acontecimientos externos, basta con mirar el trabajo de Gandhi y de Martín Luther King. Pero podemos ver en la historia de nuestro planeta que las injusticias no parecen tener fin. El único modo de efectuar un cambio real en el mundo, dice Shantideva, es disciplinar la mente. Imaginemos cómo podría cambiar el mundo si todos estuviésemos amansando la mente.

5.15 Una intención clara puede fructificar
en un nacimiento en el mundo de Brahma.
Las acciones de cuerpo y habla no tienen la fuerza
para generar un resultado semejante.

Desde el punto de vista budista, una mente clara y concentrada puede darnos el gozo del *mundo de Brahma*. Las meras acciones o palabras no pueden generar *un resultado semejante*. Una mente estable y clara, de hecho, produce el beneficio aún mayor de eliminar nuestro propio sufrimiento y el de los demás. Para alcanzar esta clase de mente estable, necesitamos la paramita de la diligencia, que nos mantiene motivados.

5.16 Las recitaciones y austeridades son inútiles,
aunque se alarguen por mucho tiempo,
si se practican con distracción mental;
dijo el Conocedor de la realidad.

Incluso años y años de meditación, *si se practican con distracción mental,* no nos liberarán de nuestras tendencias habituales. La paramita de la meditación tiene que ver más con domar la mente que con simplemente sentarse tiesos a pensar acerca de las alegrías y las amarguras de la vida.

5.17 Todo aquel que no llegue a comprender
el secreto de la mente, lo mejor de todo,

por mucho que desee la dicha y el cese del dolor,
vagará inútilmente sin sentido.

En última instancia, lo que da la felicidad y nos libera del sufrimiento es la experiencia directa del vacío, o talidad, de toda situación vivida. Esta es la *esencia del dharma*, el tema del capítulo noveno de Shantideva. Como este libro no incluye enseñanzas acerca de este capítulo, el capítulo de la «sabiduría», permítaseme decir aquí algo acerca de su importancia.

No hay nadie que quiera sentirse mal, todos queremos ser felices. Sin embargo, no podemos lograr este propósito mientras estemos en el atolladero del pensamiento parcial y de la estrechez de miras. Da igual cuánto anhelemos la dicha, nos eludirá mientras sigamos creyéndonos nuestros conceptos acerca de lo que es correcto o incorrecto, bueno o malo, aceptable o inaceptable. Lo que en última instancia nos libera de las tendencias limitantes es dejar de cosificar nuestra experiencia, al tiempo que conectamos con la naturaleza indescriptible e insustancial de todos los fenómenos. No se puede afirmar que esta naturaleza exista, ni que no exista, ni nada entre ambas posibilidades. Como dice Shantideva en el capítulo de la sabiduría:

9.34 Cuando tanto la existencia como la inexistencia de algo
      desaparecen ante el ojo de la mente,
      se agotan las opciones y a la mente no le queda
      sino calmarse totalmente, libre de conceptos.

No hay cosa más útil en la vida humana que comprender la espontaneidad natural y no conceptual de nuestra mente. De ahí mana toda sabiduría y toda compasión.

5.18 Y siendo este el caso, la tendré bajo control
y protegeré bien esta mente mía.
¿De qué me valen a mí todas esas disciplinas
si no puedo guardar ni disciplinar mi mente?

La severidad no funciona cuando domamos un animal salvaje, y tampoco funciona para amansar el desenfreno de nuestras mentes. En lugar de las austeridades de algunas tradiciones, Shantideva nos alienta a usar la suavidad para entrenar la mente.

5.19 En medio del bullicio de un inquieto gentío
estoy muy cuidadoso y atento si voy herido.
Igualmente, si me hallo en malas compañías,
protegeré siempre esta mente, mi herida.

5.20 Y puesto que protejo mis heridas con cuidado
porque temo el dolor de las rozaduras,
¿no debo también guardar mi herida mental
por miedo a ser aplastado entre los montes del infierno?

Si nos hemos roto un brazo o una pierna, enseguida lo protegemos. Por ejemplo, prestaríamos mucha atención al atravesar *el bullicio de un inquieto gentío*. Podemos utilizar este mismo instinto para proteger nuestra mente distraída e impulsiva. En situaciones que podrían hacer estallar esta mente que reacciona de forma impulsiva, lo más sabio sería estar especialmente atentos y vigilantes de lo que pasa.

En ciertos lugares o en ciertas compañías, es posible caer fácilmente en la agresividad o en una adicción. Y no se trata de que esas personas o esos lugares son inherentemente «malos», sino de que nuestra mente es todavía demasiado vulnerable a la hora de evadir los problemas. Cuando nos estamos rehabilitando, por ejemplo, no nos arriesgamos a salir con los colegas con quienes solíamos beber o drogarnos.

Las consecuencias de ser arrastrados por las adicciones (o los celos, el odio o la ignorancia) son tan dolorosas como predecibles, es como *ser aplastado entre los montes del infierno**.

5.21 Si de ese modo vivo y me comporto,
todo irá bien, aun cuando me encuentre
entre la chusma o rodeado de lindas mujeres;
seré firme para mantener mis votos.

Shantideva se estaba dirigiendo a una asamblea de monjes célibes, quienes generalmente consideran a las mujeres como una tentación y un problema. En este momento les está hablando de sus propios prejuicios y miedos. Lo que les dice, en realidad, viene a ser: «Creéis que el problema son las *lindas mujeres*, pero el problema está en vuestras mentes. Si vosotros, monjes, amansáis vuestras mentes, podréis ir a cualquier sitio y estar con cualquiera, podríais salir con chicas del *Playboy* sin ningún problema; y no habría *chusma*. Pero sin una mente firme, ¿cómo podéis hablar acerca de querer ayudar a todos los seres? Estaréis siempre en las garras de la seducción y de la aversión».

5.22 Mi hacienda y mi honor, ¡que se vayan sin más!,
mi cuerpo y mi sustento, ¡que se vayan también!
E incluso otras virtudes se pueden deteriorar,
pero no dejaré nunca que mi mente se deteriore.

---

* Descripción de un infierno en el que hay acantilados y montes que se precipitan una y otra vez, chocando y aplastando a los seres que quedan atrapados entre ellos. *(N. del T.)*

5.23 Y aquellos que queráis proteger la mente
mantened la atención y la introspección.
Uniendo las manos en el corazón, os suplico:
aunque os cueste la vida, cuidad mucho las dos.

Una vez que ha dejado probada la necesidad de amansar la mente, Shantideva trata con más detenimiento la manera en que esto se hace. La instrucción principal es nutrir *la atención y la introspección; trenpa* y *sheshin* en tibetano. *Trenpa,* o «atención», es la capacidad natural de la mente para estar presente; *sheshin* es «estado de alerta», «introspección», la capacidad de la mente que le permite saber qué está pasando. Es posible que estas facultades estén aletargadas en el momento presente, pero pueden despertarse gracias a la meditación *shámatha.*

Shantideva *os suplica* que cultivéis la atención y la introspección vigilante, y que mantengáis estas dos facultades vivas. «Por favor, escuchadme —dice—, nunca os arrepentiréis».

5.24 Los discapacitados por una enfermedad
se quedan desvalidos y sin poder actuar.
También la ignorancia indispone a la mente
que, por quedar impotente, no hace su labor.

La ignorancia a la que nos referimos aquí tiene dos aspectos. La ignorancia más profunda es la percepción errónea que tenemos de la realidad, es decir, la percepción dualista. Se trata de la ilusión de que hay un sujeto y un objeto: el yo y lo otro. El traductor Herbert Guenther la denomina «perspectivas primitivas acerca de la realidad».

Este desconocimiento está tan inveterado que damos por supuesto que la realidad es dual. Pero esta percepción errónea de separación dispara una desafortunada reacción en cadena, porque crea una tensión entre «tú» y «yo» que lleva a los conceptos de «a favor» y «en contra», «me gusta» y «me disgusta», «quiero» y «no quiero», y a toda la demás infelicidad nuestra.

Esto genera el segundo tipo de ignorancia: la ignorancia de los kleshas. Una vez que han nacido, las emociones se intensifican rápidamente y el sufrimiento aumenta. Así que el desconocimiento de la percepción dualista lleva, irremisiblemente, al trastorno mental.

Y exactamente igual que nuestra mala salud incapacita el cuerpo, la ignorancia cubre la frescura de nuestra mente prístina y pura. La incapacidad de ver sin prejuicios y sin parcialidad nubla nuestra atención e introspección naturales. Sin una mente clara y estable, viviremos movidos por el miedo, y tanto se adueñarán de nosotros las emociones que no sabremos siquiera qué está pasando. Igual que la fisioterapia puede restablecer la salud fundamental del cuerpo, la meditación *shámatha* es la terapia mental que puede restablecer nuestra cordura fundamental.

5.25 Por mucho que quienes carecen de introspección
oigan las enseñanzas, reflexionen en ellas o mediten,
como agua que se filtra de una jarra rota,
la enseñanza no puede fijarse en su memoria.

Cuando estamos distraídos, no podemos recordar nada de lo que hemos estudiado o leído. Nuestra mente es como una jarra que vierte o una cazuela con un agujero en el fondo. Si continuamos cultivando la distracción en vez del estado introspectivo de alerta del *sheshin*, seremos todavía más expertos en el discurso mental.

5.26 Hay muchos agraciados con diligencia alegre,
tienen mucho saber y están llenos de fe,
mas el grave error de la falta de introspección
les impide evitar el tropiezo y la caída fatal.

Los kleshas y la distracción van de la mano. Incluso teniendo excelentes cualidades como devoción, entusiasmo, erudición y fe, los kleshas seguirán capturándonos. A menos que nuestra mente esté relajada en el momento presente, nos enardeceremos a menudo, lo que, como bien sabemos, tiene desagradables consecuencias.

5.27 La falta de introspección es un caco
que se cuela en un descuido de la atención
robándonos el mérito que hemos acumulado.
¡Y allá a los mundos inferiores nos vamos!

5.28 Las pasiones son una pandilla de bandidos
esperando la oportunidad para herirnos.
En cuanto puedan nos robarán la virtud,
eliminando todo feliz destino de nuestras vidas.

Estos versos reiteran la instrucción principal: los kleshas se infiltran cuando estamos distraídos. Como *una pandilla de bandidos*, esperan hasta que estamos inconscientes, porque cuando no estamos prestando atención es cuando nos roban, perdiendo así toda nuestra buena fortuna y felicidad.

Los trastornos emocionales nos pueden hacer más daño que los bandidos ordinarios. Prestando atención, sin embargo, podemos atrapar los arrebatos producto de los kleshas mientras son todavía pequeños y desarmarlos antes de que ellos nos desarmen a nosotros.

5.29 Vigilaré por tanto el umbral de la conciencia
para que mi atención no pueda atravesarlo.
Y si deambula la llamaré evocando
la agonía de los mundos inferiores.

El umbral de la conciencia se refiere a nuestra comprensión, cada vez mayor, de lo que nos resulta verdaderamente útil y de lo que nos daña. Este tipo de inteligencia se conoce tradicionalmente por «saber qué cultivar y qué evitar». No se basa en una lista hecha de antemano, sino en saber por nosotros mismos qué abre nuestra mente y qué aumenta nuestra infelicidad. Cuando vemos que la mente se queda atorada en conceptos que la llevan a tomar partido por «esto» o «aquello», o en alguna otra fantasía seductora, recordamos el gran dolor que ha surgido en el pasado cuando nos hemos dejado llevar, así que volvemos suavemente al momento presente. Tan pronto como estemos enganchados, soltamos los argumentos y regresamos a la inmediatez de la experiencia.

5.30 Gracias a su miedo y a la guía de su abad,
y a que a su maestro no lo dejan jamás,
los afortunados y agraciados con devoción
cultivan la atención sin mayores problemas.

En las estrofas 30, 31 y 32, Shantideva nos habla acerca de la devoción: la gratitud y el cariño que sentimos hacia nuestros maestros. En el budismo del mahayana, el maestro, o maestra, se llama *kalyanamitra*: «amigo espiritual». Sin embargo, no es la clase de amigo que nos extiende lo que Trungpa Rimpoché denomina «compasión idiota», esa que nutre nuestras neuras o que nos saca momentáneamente de un apuro para volver a tener los mismos problemas después: este amigo nos enseña a ayudarnos a nosotros mismos.

Anteriormente, Shantideva había dicho que la devoción no nos resultará útil si tenemos una mente que divaga. Y aquí continúa diciendo que con la calidez de la devoción, que nos abre el corazón, *se cultiva la atención sin mayores problemas*. ¿Por qué es así? Si tenemos la buena suerte, o el buen mérito, de conocer a una persona despierta, el mero hecho de estar en su presencia, o de escuchar sus enseñanzas, nos permite sentir la claridad de nuestra propia mente. A veces, cuando mis tendencias habituales parecen abrumadoras, con solo imaginar la cara de Trungpa Rimpoché me siento inspirada a regresar al momento presente. Cuando no funciona nada, pensar en nuestros maestros o en sus palabras nos puede motivar a seguir alerta y no dejarnos seducir por las tendencias de siempre.

La devoción, la gratitud y el cariño hacia nuestros maestros nos permiten regresar a la inmensidad y la calidez del bodhichita. Tanto si están o no físicamente presentes, nos acompañan siempre. Cuando combinamos su sabia *guía* con un *miedo* saludable a continuar cometiendo los mismos errores, vemos que tenemos todo el apoyo necesario para cultivar la atención y la introspección.

5.31 «Tanto los budas como los bodhisattvas
poseen una visión nítida que todo lo abarca:
todo queda siempre expuesto a su mirada,
y yo también estoy siempre en su presencia».

5.32 La persona que tiene tales pensamientos,
obtendrá devoción y sentirá cierto pudor y miedo.
Para alguien así, el recuerdo de Buda
aparece a menudo en su mente.

Los budas y los bodhisattvas encarnan la mente despierta. Decir que *todo queda siempre expuesto a su mirada* significa que la claridad y la calidez de esa mente están siempre disponibles. En ese sentido, siempre estamos en la presencia de la mente despierta y podemos sentirla en cualquier momento. Darnos cuenta de ello nos produce inspiración, así como el sostén de lo que aquí se llama *pudor y miedo*.

«Miedo» se refiere a comprender las consecuencias de ceder al tirón de los kleshas. No es un miedo a algo externo, sino a causar nuestro propio sufrimiento. Sabemos que no deseamos seguir yendo en esa dirección, que queremos parar. «Pudor» es un término con mucha carga para los occidentales. Como la mayoría de las cosas, se puede ver desde un prisma positivo o negativo. El pudor negativo va acompañado de la culpabilidad y la autodenigración. No lleva a nada ni nos ayuda en lo más mínimo. El pudor positivo, por otro lado, consiste en reconocer que nos hemos dañado a nosotros mismos o a los demás, y que lamentamos haberlo hecho. Nos permite aprender de nuestros errores. En algún momento, descubrimos que podemos arrepentirnos de haber hecho daño, pero sin abrumarnos con el pudor negativo. El hecho de ver simplemente el daño y la congoja es lo que nos motiva a seguir adelante. Reconocer lo que hemos hecho, limpia y compasivamente, nos impulsa a avanzar.

5.33 Cuando se emplaza a la atención como vigía,
como guarda del umbral de la conciencia,

también estará la introspección presente,
regresando cuando se olvida o dispersa.

Cuando hacemos práctica de meditación *shámatha*, estamos eligiendo estar despiertos. La atención es el *vigía* que se da cuenta de que nos empezamos a ir. No es un vigilante severo o crítico, sino más bien un protector. La *introspección*, o estado de alerta, está también presente como el impulso para regresar a la inmediatez del momento. Una y otra vez la mente deambula, *se olvida o dispersa*, y una y otra vez la hacemos regresar suavemente.

5.34   Cuando antes de actuar pase revista a mi mente,
y vea que está manchada por una falta
me quedaré sereno y sin moverme,
exactamente igual que un leño.

Aquí *falta* se refiere el embotamiento o el desenfreno de la mente. Cuando acabamos de empezar a meditar, podemos *pasar revista a la mente* para ver en qué estado se encuentra. Si vemos embotamiento o desenfreno, o cualquier otra cosa que nos esté pasando, en vez de sustentarlos con nuestros pensamientos nos quedamos simplemente despiertos, viéndolos sin condenarlos ni sucumbir a ellos. Esto hace que podamos trabajar con lo que surja en nuestra práctica, al tiempo que nos sentimos más serenos y dueños de nosotros mismos.

La instrucción tradicional para trabajar con el sopor consiste en reanimarnos respirando más profundamente y levantando ligeramente la mirada. Cuando la mente está desenfrenada, la instrucción sugiere soltar totalmente la técnica, exceptuando la postura, y también toda sensación de esfuerzo. Da igual lo que le esté ocurriendo a nuestra mente, siempre podremos verlo y hacer los ajustes necesarios. De ese modo nos convertimos en nuestros propios instructores de meditación.

5.35 Lo que nunca haré es, con expresión ausente,
dejar que la mirada vague por donde le plazca.
En vez de ello, con una mente enfocada,
llevaré siempre la mirada baja.

Estas son instrucciones para amansar la mente cuando esta divaga. Los que hayan visitado Tailandia o Birmania sabrán que los monjes de esos países practican esto. Cuando salen a mendigar, caminan con *la mirada baja* y nunca miran alrededor. Se trata de una práctica de prestar atención en acción: bajar la mirada y no mirar a los ojos. Es muy probable que fuera una instrucción habitual para los monjes de Nalanda. La idea es disminuir las distracciones e intensificar la capacidad de darse cuenta de las tendencias habituales.

Puede ser beneficioso dedicar algunos periodos a practicar la atención de este modo, excluyendo toda distracción y vigilando cualquier tendencia a ponerse demasiado tenso o demasiado relajado.

5.36 Pero para poder relajarla,
miraré alrededor con la vista alzada.
Y si me cruzo con gente que está de pie,
la miraré y saludaré con cordiales palabras.

Hay periodos de práctica intensa, pero también tenemos la necesidad de cariño y de darnos cuenta de nuestro entorno. Shantideva instruye a los monjes a no ser distantes. Cuando es apropiado mirar alrededor y ser amistoso, uno debe simplemente hacerlo.

Seguimos la siguiente directriz: ni demasiado distraído ni demasiado tenso. Si nos cruzamos con una persona herida, no nos limitamos a seguir andando con la mirada baja, y si un niño pequeño nos hace cosquillas, no estaremos tan serios que no podamos ni reírnos. Estar despierto significa actuar según las circunstancias.

> **5.37** E incluso para espiar los peligros del camino,
> escudriñaré las cuatro direcciones una a una.
> Y si paro a descansar me daré la vuelta
> para mirar por detrás el trecho recorrido.

> **5.38** Inspeccionaré el terreno, hacia adelante y hacia atrás,
> y proseguiré la marcha o bien desharé mis pasos.
> En cada ocasión y en cada lugar, por tanto,
> sabré mis necesidades y actuaré en consecuencia.

Lo principal en esta práctica es que no nos distraigan nuestras respuestas condicionadas. De este modo, podemos ver claramente cuáles son nuestras *necesidades y actuar en consecuencia*. Como se dice, cuidamos cualquier cosa que necesite nuestro cuidado y destruimos cualquier cosa que necesite ser destruida*. Como no estamos cegados por lo que nos gusta y lo que nos disgusta, los amigos y los enemigos, podemos ver claramente cómo proceder.

---

* La autora cita un texto de práctica compuesto por Chogyam Trungpa, llamado El sadhana de la mahamudra. *(N. del T.)*

5.39 Una vez dicho: «Mi cuerpo así se queda colocado»,
y de ese modo decida seguir un método,
de cuando en cuando habré de verificarlo
observando la postura que mi cuerpo adopta.

La estrofa 39 se refiere al aprendizaje de la atención al cuerpo. *De cuando en cuando* echamos una mirada fresca a lo que está pasando con nuestro cuerpo y con nuestras acciones. Sin ser críticos ni orgullosos con lo que estamos observando, nos limitamos a prestar atención a lo que estamos haciendo.

5.40 Este elefante salvaje, mi mente,
atado una vez a aquel gran poste —ponderar las enseñanzas—,
tendrá que ser vigilado ahora con todas mis fuerzas
para que nunca más pueda escabullirse.

El tema de esta estrofa y de las siguientes es el aprendizaje de la atención a la mente. El elefante caótico y salvaje de la mente se encuentra atado con la cuerda de la atención y agarrado firmemente con el gancho de la introspección vigilante.

El *gran poste* al que atamos nuestra mente es *ponderar las enseñanzas*. Podemos reflexionar acerca de la causa y el efecto, de la infelicidad resultante de los kleshas, o de los beneficios de amansar la mente. La razón es que es muy útil enseñarnos a nosotros mismos el dharma cuando nos percatamos de que estamos enganchados.

5.41 Aquellos que se esfuerzan en dominar la concentración
no deberían distraerse ni por un solo instante.
Siempre han de vigilar su conciencia y preguntarse:
«¿De qué se está ocupando ahora mi mente?».

Esta estrofa describe una práctica muy intensa. Se suele comparar este método a pasar por una tabla sobre un barranco profundo, intentamos estar así de presentes. Esto se compensa con la práctica descrita en la siguiente estrofa.

5.42 Cuando esto se haga imposible,
porque haya fiesta o corra peligro, haré lo que sea más oportuno.
Pues se enseña que las normas de disciplina
pueden relajarse en tiempos de caridad.

Este es un consejo práctico para los excesivamente diligentes, como puede ser un bodhisattva novato que, por ejemplo, va a una fiesta e intenta practicar la atención intensa en vez de simplemente relajarse y pasarlo bien. Esa observancia tan rígida de lo que uno tiene que hacer es demasiado severa y, en lo que concierne a elevar el buen corazón del bodhichita, contraproducente. El mejor consejo para un bodhisattva novel es amansar la mente sin perder el sentido del humor.

5.43 Si algo ha sido planeado y se empieza a realizar,
la atención no debería irse a otro menester.
Ha de estar solo en la mente el propósito escogido,
porque hemos de acometer eso y nada más.

Muchos de nosotros tendemos a comenzar algo y luego distraernos. Como niños de tres años, nuestras mentes saltan de una cosa a otra, seguidas de nuestro cuerpo. Para amansar la mente desenfrenada, Shantideva sugiere que cuando empecemos algo, lo prosigamos hasta completarlo. En esta era en que solemos hacer mil cosas a la vez, su instrucción es radical: ¡amansa la mente haciendo solamente una cosa!

5.44 Con ese comportamiento se hace bien cada tarea,
pues no se completa nada de ninguna otra manera.
Si actuamos de ese modo, el mal contrario
—la falta de introspección— no se desarrollará.

Las pasiones no se multiplicarán si estamos plenamente presentes. Puedes comprobarlo tú mismo: cuando estás más despierto, ¿disminuyen los kleshas y la confusión? Si la respuesta es positiva, tienes ahí de hecho una información muy relevante.

5.45 Y si te ves a ti mismo, y ocasiones no faltarán,
mirando alguna cosa que parece muy curiosa,
o hablando de varios temas en conversación banal,
¡deja de darte placer y deleitarte en esas cosas!

Hay una escena en la biografía de Trungpa Rimpoché que describe la primera vez que montó en un automóvil. Por aquel entonces era un adolescente que viajaba por el Tíbet con su maestro, Khenpo Gangshar. Los comunistas chinos ya habían comenzado la ocupación del país y la situación era muy peligrosa; algunas personas ya habían sido encarceladas. No obstante, el joven Rimpoché estaba muy emocionado ante la posibilidad de una nueva aventura.

Khenpo Gangshar, sin embargo, aprovechó esta oportunidad para recordarle el poder de las fuerzas del materialismo. Si Rimpoché se perdía y se dejaba arrastrar en ese momento, le advirtió, no sabría nunca a lo que se estaban enfrentando. Esta es la clase de estado despierto que Shantideva sugiere aquí, y no alguna especie de rigidez sombría.

Más aún, nos dice, podemos perder mucho tiempo distrayéndonos con cháchara sin sentido. Me recuerda a un hombre indio americano del asentamiento Taos llamado Little Joe Gómez. A principios de los años setenta, conoció a un grupo de gente que estaba practicando en silencio total. Llevaban colgadas unas pizarritas del cuello en caso de que necesitaran comunicarse. Esto le hizo reír a Little Joe. Cuando alguien le preguntó qué le hacía tanta gracia, dijo: «Muy fácil no hablar, muy difícil hablar con atención». Desde su punto de vista, la mejor práctica consistía en conversar conscientemente.

> **5.46** Si te das cuenta que estás escarbando en la tierra,
> garabateando en la arena o arrancando la hierba,
> recordando los preceptos que el Bendito nos dejó
> contente de inmediato sintiendo cierto temor.

Garabateando en la arena: hacer garabatos. Una vez, durante una reunión, estaba haciendo dibujitos y garabatos en el margen de mi cuaderno. Trungpa Rimpoché me vio y me dijo: «¿Sabías que los monjes y las monjas no deben hacer garabatos?». Esta era, de hecho, ¡la primera vez que lo oía!, pero tuve meridianamente claro por qué lo hacemos: no tenemos interés alguno en estar presentes.

Tenemos aquí un ejemplo del aprendizaje básico de la atención. Puede parecer un poquito exagerado tener *cierto temor a garabatear o a arrancar la hierba*. Mas la vida es breve, así que, en vez de fortalecer los hábitos de una mente errante, aprendamos a estar en el presente. El término tibetano para la distracción sin sentido es *dunzi*. Podemos desperdiciar toda una vida por culpa del dunzi. Esto es lo que Shantideva quiere dejar claro.

> **5.47** Cuando sientas el deseo de cambiar de sitio
> o incluso de decir algo porque te apetece hablar,

indaga antes que nada lo que tienes en la mente,
ya que las personas consecuentes actúan con corrección.

Pongamos que has decidido meditar durante cuarenta y cinco minutos y que ya llevas quince. De repente recuerdas algo importante que debes hacer. El dunzi acaba de entrar en escena y, a menos que reconozcas que ese tirón es solo un tirón, o que un pensamiento es solo un pensamiento, te sorprenderás regando las plantas o mirando el correo electrónico.

En vez de ello, podemos simplemente reconocer ese impulso inicial que nos hace querer *cambiar de sitio* o telefonear a alguien. Sin elogios ni críticas, podemos tocar los pensamientos, dejarlos ir y volver a amansar la mente.

Las tres disciplinas
Introspección vigilante. Segunda parte

EL CAPÍTULO 5 DE *La práctica del bodhisattva* prosigue con una sección acerca de las «tres disciplinas»: no dañar, acumular virtud y beneficiar a los demás. La primera disciplina, no dañar, se presenta en las estrofas 48 a 54. Se trata de la instrucción más básica para no liar las cosas, que consiste en reducir los kleshas «quedándose como un leño».

5.48   Cuando en tu mente surja el impulso
de sentir deseo, mucho odio o rabia,
¡no hagas nada!, ¡silencio!, ¡no pronuncies ni palabra!,
y asegúrate que te quedas como un leño inerte.

5.49   Cuando se llene tu mente de mofa o arrogancia,
o de un orgullo altivo, o esté desenfrenada,
o cuando desvelarías la culpabilidad ajena
sacando los trapos sucios de manera traicionera,

5.50   o si vas a ver si pescas algún que otro elogio
o a hablar con asperezas para provocar a otro,

o a criticar con calumnias el buen nombre ajeno,
debes, en tales momentos, quedarte como un leño.

Aquí Shantideva nos describe ese momento en que estamos a punto de dejarnos llevar. Hay cuatro ocasiones en las que podemos interrumpir este impulso tan poderoso: en el estadio preverbal, cuando los pensamientos son todavía pequeños, cuando ya nos han atrapado y justo antes de dar rienda suelta al impulso.

La agitación emocional comienza con una percepción inicial, algo que vemos, oímos o pensamos, que hace surgir una sensación de confort o de incomodidad. Se trata del plano más sutil del shenpa, la etapa más sutil del proceso de engancharse. En el plano energético se produce un tirón perceptible; es como querer rascarse un picor. No tenemos que ser meditadores avanzados para percibir esto. Este tirón inicial hacia algo, o en contra de algo, es la primera ocasión en que podemos quedarnos tan quietos como un leño, limitándonos a sentir el tirón y relajándonos en la agitación de la energía, sin soplar a esta ascua con el fuelle de los pensamientos. Si permanecemos en el momento presente, en la desnudez de la experiencia directa, la energía emocional puede atravesarnos sin quedarse estancada. Esto no es nada fácil y requiere práctica, por supuesto.

La siguiente oportunidad para quedarse quieto y alerta surge cuando nuestros pensamientos ya han empezado a ocurrir, pero todavía no han cobrado ímpetu. Si interrumpimos nuestros pensamientos antes de enardecernos, podemos difuminar la intensidad de las emociones. Nuestra intensidad emocional no puede sobrevivir sin los pensamientos, así que esta instrucción tiene una importancia capital, ya que si no atrapamos estos pensamientos sutiles, nuestras emociones crecerán.

No obstante, tenemos una tercera oportunidad para quedarnos como un leño: podemos desprendernos del enredo mental incluso *después* de que la emoción ha empezado a caldearse. Nunca es demasiado tarde para interrumpir la escalada de los kleshas.

La cuarta ocasión en la que podemos no perder los estribos es justo antes de dar el fatal paso de decir algo o dar rienda suelta a algo. Shantideva se refiere a esta fase cuando nos aconseja en la estrofa 48: *¡No hagas nada! ¡Silencio! ¡No pronuncies ni palabra!*

Cuanto antes interrumpamos esta predecible reacción en cadena, mejor. En la fase preverbal del proceso de engancharse, las emociones son menos atractivas y bastante manejables, pues se trata de la fase temprana del pensamiento. Si se disuelve el pensamiento en este momento, el impulso del klesha no tiene combustible, por lo que no puede expandirse ni explotar.

Cuando sientas la punzada de un insulto, por ejemplo, no tienes que aumentarla con tus pensamientos o creerte todo un argumento que te hace montar en cólera. Limítate a reconocer los pensamientos y deja que se desvanezcan, para quedarte luego sintiendo el aspecto incisivo y punzante de tu experiencia. Si, en efecto, te sientes realmente revuelto y el drama está casi asegurado, todavía puedes interrumpir el proceso. Es, con toda seguridad, mucho más difícil, pero posible.

La última instrucción, abstenerse de decir o hacer algo, nos señala la ocasión en la que menos cuesta percatarse del impulso, pero en la que más cuesta abstenerse. En ese momento, el tirón del shenpa es tan fuerte que parece irresistible. Con todo, la instrucción es la misma: suelta los pensamientos y relájate sintiendo la energía subyacente.

La práctica de «quedarse como un leño» se basa en abstenerse, no en reprimirse. Cuando te des cuenta de que estás pensando, reconócelo, simplemente. Acto seguido, lleva tu atención al aire que entra y sale de tus pulmones, a tu cuerpo y a la inmediatez de tu experiencia. Hacerlo te permite estar presente y alerta, dando a los pensamientos la oportunidad de calmarse.

Con esta práctica, puede resultar beneficioso inspirar y espirar suavemente con la agitación de la energía, lo que supone una ayuda muy importante cuando aprendemos a quedarnos en el momento presente. Si podemos simplemente relajarnos, el estado despierto fundamental está *aquí mismo*. La situación en que nos encontramos es fundamentalmente fluida, ecuánime y libre, y podemos contactar con todo ello en cualquier momento. Cuando practicamos «quedándonos como un leño», damos la oportunidad de que esto se produzca. Lo fundamental es que en vez de caldear las emociones hasta la ebullición, podemos echar un poco de agua fría para que la carga del shenpa amaine.

5.51 Si la riqueza ansías, y la atención y el crédito,
y si buscas el honor y el reconocimiento,
y criados serviciales formando tu séquito,
debes, en tales momentos, quedarte como un leño.

5.52 Si vas a pasar por alto lo que a otro le hace falta
porque quieres llevarte la mejor de las tajadas,
cuando sientas muchas ganas de decir esto o aquello
debes, en tales momentos, quedarte como un leño.

5.53 La impaciencia, la indolencia, la pusilanimidad,
y también la arrogancia y el descuido al hablar,
y el barrer para casa, cuando surja todo ello
debes, en tales momentos, quedarte como un leño.

Tenemos aquí todas las estrategias que utilizamos para evadir la incomodidad subyacente del shenpa. Esta energía agitada es tan dolorosa que sentimos la necesidad de hacer algo con ella: alardear, cotillear, acobardarnos... lo que haga falta para no sentirla. Con una mente estable, podemos ver estas estrategias con mayor claridad y dejar de mantenerlas con nuestros pensamientos, emociones y actos.

«Quedarse como un leño» es una práctica poderosa y útil para todos nosotros. Cuanto más amansemos nuestras mentes, antes podremos reconocer los pensamientos a favor o en contra y el apego a que las cosas sean como nosotros queremos. Incluso cuando las cosas están fuera de control, podemos pararnos y abstenernos de verter más queroseno en la hoguera.

> 5.54 Por consiguiente, examínate muy bien y desde cada ángulo,
> notando todas tus pasiones y tus esfuerzos vanos.
> Pues es así como los héroes en la senda del bodhisattva
> inutilizan y remedian eficazmente esas faltas.

Shantideva resume los versos anteriores diciéndonos que nos percatemos de nuestros impulsos, pensamientos y estrategias inútiles, y que nos quedemos quietos, tan quietos como un leño. Con esto se acaba el primer apartado, acerca de la primera disciplina: no dañar. A partir de la estrofa 55, Shantideva nos da enseñanzas acerca de la segunda disciplina: acumular virtud. Más adelante, en las estrofas 83 a 107, describirá la tercera disciplina: beneficiar a los demás. Si practicamos la disciplina siguiendo estas pautas, nos liberaremos del sufrimiento.

> 5.55 Con fe inquebrantable y perfecta,
> y con perseverancia, admiración y asombro,

meticulosidad, cortesía y respeto,
trabaja quietamente por el bien ajeno.

Estas son las instrucciones generales para acumular la virtud. Me he dado cuenta de que, a veces, a los estudiantes occidentales se les crispa el rostro cuando oyen la palabra «virtud». En este contexto, «virtud» significa cultivar las cualidades que ensalzan la mente iluminada, en vez de bloquearla. Pensamos, convencionalmente incluso, que la calidez fundamental y la apertura mental son virtudes, pues son cualidades que nos conectan con los demás en vez de separarnos de ellos. Están siempre a nuestra disposición y podemos avanzar con más ligereza si las cultivamos. Es triste, pero ya somos muy duchos a la hora de cultivar las cualidades que bloquean nuestra bondad fundamental. Sin embargo, podemos serlo también, y no cuesta mucho, a la hora de acumular la virtud.

El término tibetano para virtud es *gewa*. Algunos ejemplos corrientes de gewa son la falta de agresividad, el amor y la compasión. Shantideva incluye también las cualidades de la fe, la perseverancia, el respeto, la cortesía, la modestia, la meticulosidad y la tranquilidad. Algunas de estas cualidades necesitan una explicación.

En el budismo hay muchos tipos de «fe». Uno de ellos, por ejemplo, es la «fe entusiasta». Todos queremos conseguir que nuestro sufrimiento disminuya. Cuando vemos que podemos crear las causas del contentamiento en vez de la infelicidad, acometemos esta labor con entusiasmo.

Otro ejemplo es la «fe confiada», que se basa en la confianza en el bodhichita. Tenemos fe en que la bondad fundamental está dentro de nosotros. Es posible que esta joya esté enterrada, pero siempre está ahí, a nuestra disposición. Nos sentimos confiados de poder encontrarla, nutrirla y sacarla a la luz. La confianza y el entusiasmo van de la mano. Esta es la fe, o gewa, a la que Shantideva se refiere: la fe de que podemos hacerlo.

La perseverancia es otra virtud que menciona Shantideva. Esta la cultivamos en la práctica de la meditación. Sin importar lo que nos suceda, tanto si estamos enfermos como sanos, cansados o espabilados, si hace buen o mal tiempo, nos adiestramos para estar presentes y despiertos. Con fe y perseverancia, sabremos sobrellevar toda clase de estados de ánimo, de estados mentales, que nos ocurran. También cultivamos respeto y cortesía, hacia nosotros mismos y hacia los demás. Estas cualidades virtuosas reflejan afecto e imparcialidad, pues no excluyen nada ni a nadie.

La cualidad de la modestia, o humildad, surge de un modo natural cuando estamos atentos. Cuando vemos que podemos ser realmente desagradables y reaccionar mal, esto nos hace mucho más humildes. En lugar de provocar desesperación, sin embargo, el dolor que sentimos puede hacernos entrar en contacto con la ternura del bodhichita. La modestia, o humildad, es lo opuesto a ponernos la armadura: nos permite ser receptivos y escuchar lo que los demás tienen que decir.

La meticulosidad supone diligencia y honestidad. Con esta cualidad virtuosa podemos *trabajar quietamente por el bien ajeno*. En lugar de trabajar frenéticamente, llevamos nuestro ritmo y sabemos relajarnos.

5.56 Si la gente se pelea por sus intereses opuestos,
no nos desanimemos, pues como niños se portan.
El conflicto y la emoción generan sus pensamientos.
Lo mejor es comprenderles y tratarlos con cariño.

Esta estrofa 56 deja claro por qué necesitamos acumular virtud. La virtud hace posible que nos tratemos mutuamente con compasión. Cuando se dice aquí que *se portan como niños*, no hay desprecio, sino preocupación por aquellos que, a causa de la ignorancia, continúan fortaleciendo los hábitos del sufrimiento.

Tendemos a sentirnos provocados cuando vemos que *la gente se pelea*, pues la energía de la negatividad es muy seductora y nos atrae. La instrucción de Shantideva consiste en difuminar la carga reflexionando sobre *por qué* la gente hace lo que hace. La gente que se pelea es esclava de sus emociones. Esas personas no eligen enfadarse y gritar pero, como todos nosotros, se ven superadas por sus kleshas y arrastradas por ellos. Como nosotros también nos quedamos atrapados en la contracorriente de la negatividad, ¿no hace eso que todos vayamos en el mismo barco? En vez de sentirnos provocados por los conflictos y los desprecios, ¿no sería mejor romper la rueda de la agresión y tratar a los demás mostrándoles nuestra comprensión?

Conforme vamos estabilizando la mente, vemos con más honestidad cómo nos sentimos provocados y lo difícil que es quedarse como un leño. Entonces, cuando los demás caen en el cepo, los *tratamos con cariño*, igual que nos gustaría que nos trataran a nosotros si nos encontráramos en la misma dificultad. Sin sentirnos ni mostrarnos superiores a los demás, nos percatamos de que somos iguales y nos comunicamos desde el corazón.

5.57 Cuando actuemos de manera irreprochable,
en beneficio propio o en el de los demás,
tengamos siempre presente el pensamiento
de que, como una aparición, carecemos de un yo.

También podemos darle mucha importancia al hecho de hacer las cosas bien, pero creerse una «persona virtuosa» puede resultarle problemático al bodhisattva. Podemos poner en tela de juicio la consistencia de esta identidad nuestra y reflexionar acerca de la enseñanza de Buda de que *carecemos de un yo*, de que somos *como una aparición*. Entonces, cuando nos ponemos a *actuar de manera irreprochable*, podemos usar la instrucción llamada «pureza tripartita»: no darle importancia ni al que lleva a cabo la acción, ni a la acción misma, ni a su resultado.

> 5.58 «¡Esta vida humana, libertad suprema,
> que tras largo tiempo por fin pude hallar!».
> Pensando siempre así, mantén la mente
> firme como Sumem, reina de las montañas.

Una vez más, Shantideva se refiere a la buena fortuna de tener un nacimiento humano. Tenemos la ventaja de poder escuchar y comprender estas enseñanzas que pueden transformar nuestras vidas. Una vez que hemos alcanzado esta *suprema libertad*, se nos alienta a no echarla a perder. Usemos esta preciosa oportunidad, dice Shantideva, para mantener la atención y el estado de alerta. Adiestrémonos para ser *firmes como Sumeru, reina de las montañas*.

En las estrofas 59 a 70, Shantideva dice muchas cosas acerca del cuerpo, algunas de las cuales pueden resultar más útiles que otras.

> 5.59 Si tú, ¡ay, mente mía!, no te sentirás herida
> cuando los buitres, ansiosos de carne,
> hagan trizas todo este cuerpo,
> ¿por qué estás tan embelesada con él ahora?

El apego excesivo al cuerpo es un obstáculo que nos impide acumular virtud. También obstaculiza las disciplinas de no dañar y de beneficiar a los demás. Si nos obsesionamos con nuestro cuerpo, nos ensimismamos tanto que no podemos ver más allá de nuestras propias necesidades. Además, no importa cuánto tiempo y energía dediquemos a cuidar el cuerpo: no podemos detener el proceso de la muerte. Podemos intentar ralentizarlo comiendo bien y haciendo ejercicio, pero la muerte puede venir sin previo aviso. La verdadera cuestión es: puesto que nuestro tiempo es limitado, ¿cómo queremos usarlo?

5.60   ¿Por qué, ay, mente mía, proteges este cuerpo
       como si fuese tuyo?
       Tú y él sois dos entes separados,
       ¿cómo va a poder él servirte para algo?

Cuando mueras, dejarás atrás tu cuerpo. Quizá preguntes: «Pero si yo soy mi cuerpo, ¿cómo puede ser que lo deje?». La respuesta es que *tú y él sois dos entes separados*. Por consiguiente, piensa que has alquilado tu cuerpo durante un breve periodo, cuídalo y mantenlo limpio, pero sin llegar a lo absurdo. Trata tu cuerpo con respeto, pero no *como si fuese tuyo*.

5.61   ¿Por qué, ay, mente loca, no vas y te apropias
       de una forma purísima tallada en madera?
       ¿O acaso es correcto que seas la protectora
       de una máquina sucia que fabrica impurezas?

Aquí Shantideva pone de relieve la impureza del cuerpo humano: es una *máquina* muy eficiente para crear caca, pis y sangre. Cuando no se limpia, apesta y su aliento es desagradable.

¿Por qué tenerle tanto apego?, ¿por qué no apegarse a algo natural y limpio, como *una forma purísima tallada en madera*? En la época de Shantideva, había una meditación habitual que consistía en percibir así el cuerpo. Todavía se usa en algunos países budistas, pero a muchos occidentales les resulta difícil. Es frecuente que ya percibamos nuestros cuerpos con desagrado. Por esta razón, Trungpa Rimpoché dijo en una ocasión que pensaba que esta meditación tradicional acerca de la impureza del cuerpo, con sus heces, orina, mucosidades y sangre, no funcionaba muy bien en Occidente. Pero Shantideva no pretende que nos odiemos, sino que nos liberemos de la obsesión.

5.62 Con tu imaginación, quita primero,
toda la cubierta del pellejo.
Después, con el filo del intelecto,
separa la carne del esqueleto.

5.63 Y cuando hayas separado todos los huesos
y rebuscado a fondo hasta en la misma médula,
deberías hacerte la siguiente pregunta:
¿dónde se encuentra la esencia?

Cuando examinamos el cuerpo minuciosamente, ¿podemos encontrar eso que estamos protegiendo? Si nos visualizamos buscando y *rebuscando a fondo hasta en la misma médula la esencia* de nuestro cuerpo, ¿podemos encontrarla? El apego a nuestra forma física se basa en la sensación de que el cuerpo es una entidad continua y estable. ¿Podemos sin embargo ubicar con exactitud eso a lo que nos aferramos cuando investigamos a fondo?

5.64 Si por mucho que investigas
no ves esa esencia subyacente,
¿por qué proteges con tanto apego
este cuerpo que ahora posees?

Que no se encuentre ninguna *esencia subyacente* no significa que no se encuentre una uña o el lóbulo de una oreja. Lo que no se puede localizar es algo tangible a lo que asirse, y eso suscita la siguiente pregunta: ¿a qué estamos entonces tan apegados? Esta es una contemplación que he encontrado útil. Sentado, meditando, visualízate como un bebé, a continuación, como un niño pequeño que está aprendiendo a andar, y después visualiza que esta apariencia va envejeciendo hasta tener tu edad actual. Reflexiona entonces acerca de si este cuerpo es el mismo de antes. Después dirígete al futuro. Tu piel se está poniendo flácida y arrugándose, tu pelo se aclara y se pone gris, se te caen los dientes y empiezas a perder oído. Visualiza este cambio continuo de tu cuerpo hasta llegar a la muerte.

A menos que muramos jóvenes, esto es exactamente lo que ocurrirá, sin importar cuánta comida sana o vitaminas hayamos tomado. La vejez y la muerte son inevitables. Si contemplamos el cuerpo de este modo, podemos quitarnos de encima unos cuantos apegos.

5.65 No puedes comer la porquería que fabrica,
ni puedes beber la sangre de sus venas,
ni siquiera puedes succionar sus tripas.
A este cuerpo, ¡ay, mente!, ¿qué uso le darás?

5.66 Aunque, claro está, lo puedes mantener
para que tengan qué comer los buitres y las hienas.

El valor que posee esta forma humana
radica nada más en lo que con ella hagas.

En estas dos estrofas, podemos disfrutar un poco del humor de Shantideva, que nos gasta una broma budista del siglo VIII. ¿Por qué no vemos que, de hecho, es realmente estúpido estar excesivamente apegados al cuerpo? *El valor que posee esta forma humana* depende de la manera en que la usemos. Sin nuestro cuerpo no podemos alcanzar la iluminación, pero si vivimos en los altibajos de la esperanza y el temor acerca de cómo se encuentra, no será un vehículo útil para llegar a la otra orilla.

5.67   Todo lo que hagas para protegerlo y cuidarlo,
        ¿llegará a servirte de algo
        cuando el Letal Señor, despiadado,
        lo atrape y lo arroje a los perros y pájaros?

Shantideva vuelve a otro tema recurrente: la certeza de nuestra muerte y, en este caso, la inutilidad de mimar lo que está destinado a abandonarnos.

5.68   Si no se recompensa con ropa y alimento
        a aquellos criados que no hacen su labor,
        ¿por qué te esfuerzas tanto en cuidar este cuerpo
        que por muy nutrido que esté te dirá adiós?

Cuando los criados no hacen su trabajo, no se les recompensa con ropa y alimentos. ¿Y por qué entonces seguimos mimando nuestros cuerpos cuando sabemos que con toda seguridad dejarán de funcionar? El problema real aquí es el engreimiento: obsesionarnos acerca de nuestro aspecto y de cómo nos sentimos nos hace perder el tiempo, así como el contacto con las dificultades de los demás.

> 5.69 Remunera al cuerpo como es propio y debido
> y luego asegúrate de que para ti trabaja.
> Mas, en lo que no te dará el sumo beneficio,
> no derroches todo aquello que ganas.

Si eres capaz de hacerlo, deberías *remunerar al cuerpo como es propio y debido*: comida nutritiva, medicinas y todo lo que necesite, pero pon un límite al tiempo que pasas en el gimnasio. También sería sabio reconocer el «apego negativo»: menospreciar el cuerpo es tan inútil y nos distrae tanto como mimarlo.

> 5.70 Piensa que tu cuerpo es un barco nada más,
> un sencillo bote para ir de aquí a allá.
> Conviértelo en algo que cumpla todos los deseos
> para que a todos los seres sea de provecho.

Este es, sin duda, el punto clave. Trungpa Rimpoché habló a menudo acerca de la importancia de respetar el cuerpo y de prestar atención a todos los detalles de nuestra vida. Según sus enseñanzas de Shambhala, comer y vestirse bien son maneras de animarnos y cultivar la confianza en nuestra bondad fundamental. Hay una línea divisoria muy tenue, sin embargo, entre enorgullecerse de nuestra apariencia y estar obsesionado con ella. Animarse es una manera de expresar nuestra dignidad humana, mientras que la obsesión es una manera de echar nuestra vida a perder. Poco a poco, la diferencia se va haciendo más clara.

La siguiente sección, todavía dentro del tema de la acumulación de la virtud, trata acerca de la atención en la vida diaria.

5.71 Sé tu propio maestro.
Mantén siempre un semblante risueño,
no frunzas el ceño ni muestres ira en tus gestos,
y sé amigo de todos, claro y honesto.

Nuestras expresiones faciales causan un gran impacto en los demás. Cuando alguien tiene una expresión airada, eso nos afecta. Incluso aunque no tenga nada que ver con nosotros, nos sentimos amenazados y muy ofendidos por ese gesto de ira o ese ceño fruncido. Aunque no medie palabra y ni siquiera conozcamos a la persona que pone mala cara, es posible que nos sintamos muy amenazados, heridos o despreciados. Parece ridículo, pero eso ocurre.

Aunque *mantener siempre un semblante risueño* pueda parecer un poco exagerado, una expresión amigable hace que la gente se sienta más cómoda que cuando *fruncimos el ceño o mostramos gestos de ira.*

5.72 No arrastres, ruidosamente y sin respeto,
las sillas y el mobiliario por el suelo.
Tampoco abras las puertas con violencia.
Disfruta la práctica de la humildad.

Si no vivimos solos, estas son directrices importantes. Acumulamos virtud cuando somos considerados y vemos cómo nuestras acciones afectan al entorno. Por ejemplo, aunque en los retiros con el maestro zen Toni Packer haya muy pocas reglas, se pide a los participantes que mantengan silencio y abran y cierren las puertas con atención.

5.73 Los ladrones, las garzas y los felinos,
los gran aquello que pretenden
moviéndose en silencio y pasando inadvertidos.
Y eso mismo practica el sabio siempre.

Los ladrones, los gatos y las garzas no son habitualmente nuestros modelos, pero son ejemplos perfectos de cómo moverse con atención y paciencia para ver cumplir un objetivo. Cuando las garzas se mueven demasiado rápido no pueden atrapar ningún pez. Del mismo modo, cuando no estamos atentos no podemos hacer realidad nuestros propósitos mundanos, y no digamos llevar la vida de un bodhisattva.

5.74 Cuando te hagan un reproche quienes saben hacerlo:
los que dan sabios consejos a todos sus compañeros,
aunque no te lo esperaras, humildemente agradécelo,
pues para aprender del prójimo has de hacer siempre un esfuerzo.

Que nos digan las cosas a la cara es a veces la única manera de descubrir nuestras flaquezas, especialmente cuando lo que nos dicen no nos agrada. Tanto si está mal o bien intencionado, las reacciones de los demás nos ayudan a ver las cosas que nos gustaría pasar por alto. Si nos molestamos o no queremos oírlo, nuestras flaquezas nunca verán la luz. Así que *para aprender del prójimo, has de hacer siempre un esfuerzo*, aunque debes saber que, al final, tú eres el único que sabe realmente dónde te quedas atascado.

5.75 Elogia a quienes pronuncien un discurso honorable,
diciendo: «¡Qué palabras tan excelentes!».
Y cuando hayas observado que alguien obra bien,
anímale exhibiendo tu cálida aprobación.

Esta es una buena recomendación a la hora de educar a los niños, y también un buen consejo para los adultos. A menudo lo único que la gente escucha de nosotros son críticas. Shantideva nos anima a dar nuestra aprobación cuando debemos y a expresar nuestra ternura y nuestro agradecimiento.

5.76 Ensalza con discreción todas sus cualidades.
Si los demás los alaban, tú también lo has de hacer,
pero si lo que elogian son tus propias bondades,
piensa en lo listos que son, pues las distinguen muy bien.

Alegrarse de las buenas cualidades de los demás nos saca del egocentrismo y expande la perspectiva que tenemos del mundo. Esta es una manera de cosechar la virtud, y nos ayuda tanto a nosotros como a los demás.

Aquí Shantideva se refiere a la dificultad que solemos tener para aceptar elogios. Cosechamos la virtud cuando aceptamos las alabanzas honestamente, sin inflarnos de orgullo y sin negarnos a creer lo que nos dicen. Cosechamos la virtud cuando nos dejamos conmover por la apreciación que otra persona tiene de nuestras buenas cualidades.

5.77 Todos los actos persiguen la misma felicidad,
aunque rara vez se encuentra, ni siquiera con riquezas.
Por ello deléitate en las excelencias ajenas:
permite que ellas te alegren de verdad.

5.78 No pierdes nada obrando así en esta vida,
y en las futuras obtendrás la gran dicha.
Las malas obras no traen alegría, sino dolor,
y, en tiempos futuros, un suplicio atroz.

Aunque todos queramos ser felices, nuestro deseo de felicidad está muchas veces reñido con nuestras acciones, y así por ejemplo abusamos de diversas sustancias o regañamos a los demás porque al hacerlo nos sentimos mejor. Pero ese tipo de acciones, en vez de aumentar realmente nuestro bienestar, no hacen sino fortalecer las mismísimas causas del sufrimiento. De modo que, aunque todos la queramos, la felicidad *rara vez se encuentra*.

Una manera de garantizar la felicidad, dice Shantideva, es alegrarse de las buenas cualidades de los demás. Esto no solo es un antídoto contra la envidia, sino que también genera calidez y nos *alegra de verdad*. Cuando comenzamos a apreciar la bondad y el valor de los demás, encontramos motivos de placer en todas partes. Dzigar Kongtrul llama a esto «la terapia del regocijo».

5.79 Habla con corrección y de un modo coherente,
aclarando el sentido con un tono amable.
Despójate de toda ansia y animadversión;
habla con moderación y palabras suaves.

Esto es más fácil decirlo que hacerlo. Hablar prestando atención puede ser una de las prácticas más difíciles. Hablar con honestidad y coherencia ya es difícil, pero hablar con moderación lo es todavía más. Trungpa Rimpoché hizo un gran esfuerzo para que sus estudiantes hablaran despacio, con atención y claridad. Hacerlo fue una práctica muy gratificante y esclarecedora. Ralentizar el habla puede tener un efecto increíblemente tranquilizador. También nos puede poner nerviosos, pero eso se debe a que estamos tan acostumbrados a la falta de atención y a las prisas que percibimos aminorar la marcha como una amenaza.

Shantideva nos alienta a hablar suavemente y sin prejuicios. Puede llegar a avergonzarnos ver cuántos prejuicios transmitimos con nuestras palabras. Reconocer la mente parcial antes de que se traduzca en palabras puede ahorrarnos mucho dolor. Sin justificaciones ni culpabilidad, alabanzas o culpas, podemos reconocer que nos estamos quedando atrapados y mantener el silencio.

5.80 Mira con buenos ojos a todos los demás,
puesto que gracias a ellos logras la budeidad.
Mientras meditas en esto obsérvalos
con amor y bondad, y con un corazón tierno.

Esto se convertirá en un tema recurrente: los seres sensibles son la causa de nuestra realización. Cuando nos molestan, aprendemos a ser pacientes; cuando están sufriendo, aprendemos a amar con bondad y a ser compasivos.

Sea cual sea la reacción que provoquen en nosotros, podemos responderles de un modo que nos acerque a la budeidad. En vez de sucumbir a la aversión, nos hacemos tolerantes. En vez de quedarnos en el atolladero del egoísmo, tendemos una mano a alguien afligido. En lugar de permitir que los celos nos saboteen, intentamos la terapia del regocijo.

5.81 Si te esfuerzas en aplicar los remedios y antídotos,
y te sirves de la aspiración más elevada como acicate,
obtendrás grandes virtudes haciendo buenas obras
por las tres joyas, aquellos que padecen y tus padres*.

---

* Tradicionalmente, se llaman a estos tres grupos «los tres campos». *(N. del T.)*

Cuando tenemos pasión por nuestras aspiraciones bodhisátt-vicas, hacemos un esfuerzo para aplicar los antídotos contra los kleshas. La tradición dice que el antídoto contra el klesha de la ira es la paciencia, contra la envidia el regocijo y contra la lujuria reconocer que el cuerpo es impuro. Usar estos antídotos puede interrumpir la inercia de los kleshas, lo que nos permitirá cose-char la virtud.

Shantideva dice que podemos cosechar virtud de tres mane-ras: *haciendo buenas obras por las tres joyas, aquellos que padecen y tus padres*. «Las tres joyas» hace referencia a las personas sabias, tales como los maestros que hemos conocido, bien personalmen-te o por haber leído sobre ellos. Esos hombres y mujeres de sabi-duría son un campo de excelsitud que despierta nuestra devo-ción y veneración. «Tus padres» se refiere al campo de los beneficios, es decir, a todos aquellos que han sido buenos con nosotros. Y «aquellos que padecen», el campo de la amargura, incluye a todos los seres que están sufriendo.

Esto se puede poner en práctica de un modo concreto con la «práctica de los tres bocados», que podemos hacer cada vez que comamos. Antes de dar el primer bocado, nos detenemos un mo-mento para pensar en aquellos hombres y mujeres llenos de sa-biduría y, mentalmente, les ofrecemos nuestra comida. De este modo entramos en contacto con la virtud de la devoción. Antes de dar el segundo bocado, de nuevo nos detenemos y ofrecemos la comida a todos aquellos que han sido amables con nosotros. Esto nutre las virtudes del aprecio y de la gratitud. El tercer bo-cado se ofrece a aquellos que sufren: toda la gente y todos los animales que están pasando hambre, sufriendo torturas o que no tienen comodidades ni amigos. Pensamos también en nosotros mismos, pues somos víctimas de la agresividad, la avidez y la indiferencia. Este gesto tan simple despierta la virtud de la compasión. De este modo, valiéndonos de nuestros maestros, nuestros benefactores y los necesitados, cosechamos las virtudes de la devoción, la gratitud y la bondad.

5.82 Actuando pues con comprensión y fe,
solo debes hacer buenas obras.
Y no deberías depender de nadie
en las acciones que vayas a emprender.

En esta última estrofa acerca de cosechar la virtud, Shantideva dice que cuando comprendemos la reacción en cadena del karma, actuamos sabiamente sin caer en la trampa de compararnos con los demás. La competitividad puede suponerle un escollo a los bodhisattvas: la esperanza de hacerlo mejor que los demás, junto al temor de acabar haciéndolo peor. Para conseguir felicidad, intentamos despertar el bodhichita por el hecho mismo, y no para ser mas virtuosos que los demás.

5.83 Las llamadas perfecciones: generosidad, etcétera,
progresan en un orden y su importancia va en aumento.
No has de abandonar lo mayor por lo menor,
y el beneficio ajeno verás como supremo.

Las seis *perfecciones* son las seis paramitas: generosidad, disciplina y demás. En la estrofa 83, Shantideva dice que se enseñan *en un orden*, pues cada una se basa en la anterior: la disciplina en la generosidad, y así sucesivamente. El objetivo más elevado de todas las paramitas es el bien ajeno. Estamos ya en la tercera disciplina, beneficiar a los demás, que nos presenta Shantideva en las estrofas 83 a 107.

5.84 Es importante, por tanto, comprender esto cabalmente
y trabajar siempre para el bien de todos los seres.
El Compasivo permite, por ser él muy previsor,
hasta lo que está proscrito si cumple esa función.

En las enseñanzas del mahayana, promover el bienestar de los demás implica algo más que simplemente seguir un código de conducta ética o abstenerse de las conductas proscritas. Hay ocasiones en que lo que está proscrito (mentir e incluso matar) puede ser necesario para evitar un daño mayor. No hay una única manera preestablecida. La única directriz es beneficiar a los seres haciendo lo que sea apropiado en cada situación. Al ser nosotros solos quienes tenemos que dilucidarlo, empezamos a comprender por qué Shantideva recalca tanto la necesidad de amansar la mente.

5.85 Come solamente lo que sea necesario,
comparte con quienes abrazan la disciplina,
con los indefensos y con los que han caído en los estados
malvados.
Entrégalo todo excepto los tres hábitos monásticos.

Tenemos aquí algunas directrices para los bodhisattvas: no te excedas y da generosamente incluso a aquellos en los *estados malvados*. A la mayoría de nosotros nos resulta fácil sentir bondad hacia los indefensos, pero no hacia quienes intencionadamente hacen daño. Sin embargo, estas personas necesitan de nuestra compasión. El Buda enseñó que, como cada uno de nosotros experimenta las consecuencias de sus propios actos, en aquellos que se comportan con crueldad y malicia madurará la infelicidad y el dolor más grandes.

Shantideva nos dice que demos con libertad, incluso a aquellos que dañan a los demás; que demos todo exceptuando *los hábitos monásticos*, ¡pero supongo que incluso eso puede permitirse!

Otra manera de ver esta estrofa es la siguiente: piensa en lo que haría falta para ir a los infiernos de este mundo a *entregarlo todo* a quienes aparentemente se encuentran padeciendo un dolor inevitable. Hasta que no hayamos trabajado con nuestros kleshas y nuestra mente llena de juicios, nuestras aspiraciones bodhisáttvicas se toparán con un gran reto.

5.86 Con el cuerpo practicamos la enseñanza sagrada,
así que no lo dañemos persiguiendo cosas vanas.
Habremos de conseguir, perfectamente y pronto,
los deseos de los seres si actuamos de ese modo.

Tenemos aquí un cambio de actitud hacia el cuerpo: *no lo dañemos persiguiendo cosas vanas.* Deberíamos cuidarlo mucho, para poder seguir beneficiando a los seres durante mucho tiempo.

5.87 Quienes no tengan pensamientos de compasión puros
no deberían renunciar a sus cuerpos todavía.
Mas si de ello se derivara un gran beneficio,
sí habrían de cederlos, en esta y en las futuras vidas.

¡Los bodhisattvas no deben ponerse delante de tigres hambrientos antes de tiempo! Pueden, no obstante, ofrecerse constantemente al gran beneficio: el objetivo del despertar completo.

5.88 No has de enseñar el dharma a los irrespetuosos,
ni a quienes, sin estar enfermos, se pongan paños en la frente,
a quienes porten armas, sombrillas o cayados,
ni a quienes no se descubran la cabeza.

Según las costumbres indias de la época de Shantideva, los diversos comportamientos que se describen en esta estrofa y las siguientes son irrespetuosos. Al bodhisattva se le anima a actuar según las costumbres del lugar en que se encuentre, y a no hacer cosas que se consideren inapropiadas. En otras palabras, los bodhisattvas se mezclan y trabajan con la cultura en que se encuentran, en vez de sobresalir llamando visiblemente la atención. En el mejor de los sentidos, el bodhisattva se hace invisible. Nadie sabe que eres bodhisattva, simplemente te despiertas y beneficias a los demás lo mejor que puedas.

5.89 No les debes explicar la senda profunda y vasta
a aquellos que recorren los caminos inferiores.
No des clases a mujeres si no hay delante un hombre
y expón con igual veneración los altos y bajos dharmas.

5.90 Los caminos inferiores no se han de presentar
a aquellos que estén listos para las enseñanzas más amplias.
No debes descuidar las normas de conducta,
ni confundir dando charlas sobre sutras y mantras.

Hoy en día, un monje probablemente no tendría problemas enseñando *a mujeres sin un hombre delante*. Pero en la India de Shantideva, eso llamaría la atención. Así que, allí donde fueres, haz lo que vieres. Esta es otra pauta que sigue el bodhisattva.

Lo más importante es enseñar de modo que los que te escuchan comprendan lo que estás diciendo. No enseñes de un modo demasiado intelectual a quienes solo quieren saber cómo acabar bien el día, pero si alguien es capaz de escuchar la verdad profunda del vacío, no te la guardes.

No aburras a la gente con las enseñanzas. Al mismo tiempo, nunca renuncies a las enseñanzas básicas, tales como no dañar y beneficiar a los demás, prefiriendo en vez de eso impresionar a los demás con tu conocimiento acerca de los sutras y de los mantras antes de que estén listos.

> **5.91** Si escupes y tiras tu mondadientes,
> echa tierra y cúbrelo.
> No sería prudente manchar con orina o algo sucio
> los campos y el agua de uso público.

Comentando esta estrofa, Dzongsar Khyentse dijo: «En la India de hoy en día, ¡todavía no escuchan a Shantideva!». En esta estrofa y en las cinco siguientes, Shantideva nos da consejos para beneficiar a los demás prestando atención a todos los detalles de nuestra vida.

> **5.92** Cuando comas no tragues haciendo ruidos,
> tampoco abras la boca ni uses los dos carrillos.
> No te debes sentar con las piernas abiertas,
> ni frotarte las manos en actitud grosera.

> **5.93** No viajes, ni te sientes, ni te quedes a solas,
> con mujeres de otra casa.
> Evita todo aquello que sepas que causa escándalo,
> porque lo hayas visto o te lo hayan contado.

5.94 Para mostrar el camino hay un modo correcto.
Como es gesto descortés extender un solo dedo,
es mejor un ademán bastante más reverente:
extender toda la diestra mostrándola entera.

5.95 No agites los brazos con gestos toscos.
Exprésate en cambio haciendo señas discretas
con sonidos suaves y chasquidos de dedos.
No serías educado si actuaras de otro modo.

5.96 Acuéstate a dormir en la dirección que prefieras
y en la postura del Buda cuando pasó al nirvana.
Y nada más acostarte toma la resolución
de levantarte pronto por la mañana.

En la estrofa 96, Shantideva sugiere que prestemos atención al modo en que nos vamos a dormir y en que nos despertamos. Puedes elegir echarte sobre el lado derecho, como hizo el Buda cuando murió. Lo importante es no tirarse en la cama de cualquier manera, ni levantarse con el mismo descuido.

5.97 Las actividades de los bodhisattvas
son ilimitadas, dicen las enseñanzas.
De estas, hasta ganar a la meta,
abraza las prácticas que purifican la mente.

5.98 Tres veces al día, y otras tres de noche,
recita *El sutra de los tres skandhas*.
Confiando en los budas y en los bodhisattvas
purifica el resto de tus transgresiones.

Las actividades de los bodhisattvas no se limitan a unas rígidas directrices morales. Hacemos cualquier cosa que inspire a los demás a ayudarse a sí mismos, y cualquier cosa que haga falta para aliviar el sufrimiento. Como esto queda tan abierto, es útil tener libros que nos sirvan de guía. Aquí y en los versos que siguen, Shantideva nos da algunas sugerencias. Stephen Batchelor tradujo al inglés *El sutra de los tres skandhas* al poco tiempo de hacerse monje. En algunos monasterios, los monjes y las monjas recitan este sutra tres veces al día. Es una manera de reconocer que están en un atolladero y que han hecho daño, después pueden comenzar de nuevo.

5.99　Por bien de los demás o por el tuyo propio,
　　　en todo momento y lugar, y en todo lo que hagas,
　　　has de poner en práctica con diligencia
　　　la enseñanza que resulte más adecuada.

Si memorizamos cualquiera de los versos de Shantideva, veremos que nos vienen a la mente cuando los necesitamos. Eso es lo se quiere decir con la *enseñanza adecuada* a la situación. El dharma comienza a estar vivo en nuestra experiencia diaria cuando apartamos los libros y lo aplicamos en el acto.

5.100　No hay de hecho ningún ámbito del saber
　　　que no deban aprender los hijos del Buda.
　　　Para el ducho en hacer las cosas como hemos dicho,
　　　no hay ninguna acción desprovista de mérito.

Es mejor que nos unamos a la humanidad en vez de aislarnos de ella. Los que aspiran a ser bodhisattvas se adiestran involucrándose más, en vez de distanciarse. En las pinturas de los seis mundos, hay un buda en cada uno de ellos; y no está en una burbujita o mirando desde lo alto, sino en medio del infierno y de los otros mundos.

Trungpa Rimpoché fue un ejemplo de que *no hay ninguna acción desprovista de mérito*. Estaba interesado en usarlo todo como vehículo hacia la iluminación: la caligrafía, el cine, la poesía, el arreglo floral, la ceremonia del té, el tiro con arco, la equitación, el teatro, la fotografía y la danza. Aunque se educó en un monasterio y tenía un título de nobleza, sabía cómo hacer un tambor, poner pan de oro, pintar tankas y esculpir. Y no tenía miedo a afrontar las situaciones más difíciles y descabelladas, de hecho, le encantaban.

5.101   Directa o indirectamente, pues,
no hagas nada que no sea por los demás.
Y solo por su bienestar dedica
cada una de tus acciones al logro del despertar.

Trabajar *indirectamente* significa que beneficiamos a los demás cuando amansamos nuestra propia mente y los kleshas. Trabajar *directamente* significa que echamos una mano en lo que haga falta: donamos algo, nos sentamos al lado de la cama de alguien, enseñamos el dharma. Después dedicamos el mérito de cualquier cosa que hagamos por beneficiar a los demás, justo como se describe en el tercer capítulo.

5.102   Nunca, aun poniendo tu vida en peligro,
abandones a tu maestro, el virtuoso amigo
doctor en la doctrina del mahayana
y superior en la disciplina del bodhisattva.

Aunque me haya referido antes al *mahayana*, esta es la primera vez que Shantideva usa el término. «Maha» significa «grande» y «yana» significa «vehículo». El budismo mahayana, que floreció en China, Corea, Japón, Mongolia y el Tíbet, es el camino del bodhisattva. Recalca la compasión y la sabiduría del vacío, la naturaleza última de todo, libre de toda fijación. El mahayana nos inspira a expandir nuestra perspectiva. En lugar de quedarnos atrapados en una referencia centrada en nosotros mismos, podemos abrir nuestras mentes para incluir un número cada vez más grande de seres.

En este camino, el papel del maestro es muy importante. Necesitamos el ejemplo de alguien que está totalmente despierto o más avanzado en el camino. Se trata de una persona que no se queda enganchada en la obsesión, alguien que vive con cierto sentido de la ecuanimidad y de la bondad, incluso bajo amenazas.

Simplemente estar cerca de nuestro amigo espiritual nos puede enseñar más que cualquier libro. Muy pocas veces estuve a solas con Trungpa Rimpoché, pero recuerdo esas ocasiones con mucha claridad, así como los ratos que pasé con grandes maestros como Karmapa XVI o Dilgo Khyentse Rimpoché. Cada cosa que hicieron me enseñó algo: su modo de hablar, de comer o de relacionarse con los demás. Por eso dice Shantideva: *Nunca, aunque arriesgues la vida, abandones al amigo virtuoso.*

5.103 Aprende cómo servir al gurú,
según la biografía del glorioso Sambhava.
Esta y otras enseñanzas del Buda
debes comprender leyendo los sutras.

La biografía que se menciona aquí nos dice que consideremos a nuestros maestros como médicos excelentes y personas de fiar. Cuando la mente samsárica nos deja inválidos, las enseñanzas son la mejor medicina. Digiriendo las instrucciones de nuestros amigos espirituales, y llevándolas a la práctica, volveremos a conectar con nuestra salud fundamental y recuperaremos nuestra fuerza y cordura.

5.104   De hecho todas las prácticas se hallan en estos sutras,
        así que léelos y estúdialos.
        El sutra titulado *La esencia del cielo*
        es el que deberías estudiar primero.

5.105   Lo que debe practicarse ahora y siempre
        está muy bien explicado, de manera extensa y clara,
        en *El compendio de todas las prácticas*,
        algo que te aconsejo leer repetidamente.

5.106   De cuando en cuando, para lecturas más breves,
        puedes consultar *El compendio de sutras*.
        Los dos tratados del noble Nagarjuna
        con detenimiento y diligencia lee.

Desgraciadamente, estos textos son difíciles de encontrar o no han sido traducidos todavía. Hay otros libros, sin embargo, que nos inspirarán y harán que no nos desviemos. Cuando tenemos una mala racha, leer un libro de dharma o escuchar un CD puede ayudarnos a no perder la cordura.

5.107   Asegúrate de que haces y pones en práctica
        todo lo que esas obras no hayan proscrito,
        perfeccionando aquello que advierten.
        Protege así las mentes de los seres de este mundo.

Como puede que no tengamos estos textos, digamos tranquilamente que podríamos *asegurarnos de hacer y poner* en práctica cualquier cosa que Shantideva no prohíba en *La práctica del bodhisattva,* para así *proteger las mentes de los seres de este mundo,* incluyendo la propia.

5.108 Examinar de nuevo, una y otra y aun otra vez
la mente y el cuerpo, su estado y actividades,
es lo que determina, en resumen,
que se mantenga la introspección vigilante.

Para concluir este capítulo, Shantideva vuelve al amansamiento de la mente. En nuestras actividades cotidianas, podemos *una y otra y aún otra vez* practicar la atención y tener una actitud de alerta, reconociendo las ocasiones en que nos distraemos y suavemente, e incluso alegremente, volver al momento presente. Y cuando los kleshas empiezan a echarnos el gancho, siempre podemos hacer la noble práctica de quedarnos como un leño.

5.109 Mas hay que hacer todas estas cosas de verdad
pues, ¿qué se va a ganar articulando sílabas?
¿Hubo algún enfermo que llegara a sanar
solo por haber leído libros de medicina?

Si nos limitamos a *articular las sílabas* de un libro, nada va a cambiar. A menos que estemos dispuestos a aplicar las instrucciones de Shantideva en el momento y lugar en que hagan falta, nuestras mentes seguirán estando desenfrenadas y nuestros kleshas nos seguirán gobernando.

Trabajar con la ira
La paciencia, primera parte

EL CAPÍTULO 6 DE *La práctica del bodhisattva* nos presenta nuevas enseñanzas que nos ayudan a mantener la calma cuando hacemos frente a los kleshas. Aquí Shantideva nos presenta la paramita de la paciencia como la manera más efectiva de trabajar con la ira. En las estrofas 1 a 12 expone sus argumentos en contra de este klesha tan poderoso.

6.1 Todas las buenas obras cosechadas en mil siglos,
tales como actos de generosidad
y ofrendas a los Dichosos,
un solo arrebato de ira las hace añicos.

Todos sabemos que la ira es muy destructiva, pero para resaltar la inmensa destrucción que puede causar, Shantideva afirma algo que ha inquietado a generaciones de lectores de su obra: un solo arrebato de ira puede destruir años de conducta ética y acciones virtuosas.

Conocemos el escenario habitual que se da cuando en una relación armoniosa se produce de repente un incidente desagradable. Hace un minuto todo era amor y amistad y de repente uno de los dos estalla. El maltrato físico o verbal puede acabar con meses de bienestar. Y aun en el caso de que se pida perdón, se requiere mucho tiempo para restablecer la confianza. De modo que *un solo arrebato de ira* tiene consecuencias duraderas.

Según algunos comentarios, esta estrofa va incluso más lejos y se refiere a la ira de la que *no* nos arrepentimos, la que justificamos. Podemos ser tan testarudos que nos aferramos a nuestra ira durante vidas, como ocurre en algunas contiendas familiares y rivalidades étnicas que perduran siglos. Conozco a dos hermanos que son vecinos y que no se han hablado durante 25 años. Shantideva se está refiriendo a esta ira que aprobamos y mantenemos sin estar dispuestos a examinar.

Reconocer el dolor innecesario que causa nuestra ira es dar un paso hacia el menoscabo de su poder y de su habilidad de hacer añicos años de buena voluntad. Eso es precisamente, por supuesto, lo que Shantideva quiere que comprendamos. Todos tenemos cosas que nos resultan intratables y dolorosas. Si habitualmente nos enfadamos por ellas, explorar por qué lo hacemos puede convertirse en un aspecto muy importante a la hora de despertar el bodhichita. Shantideva da por sentado que cada uno de nosotros tiene la capacidad de liberarse de la tiranía de los kleshas. Da igual lo que hayamos hecho, nadie está condenado.

Pero ¿cuáles son estas *buenas obras* que pueden *hacerse añicos* en un momento? Las buenas obras que pueden ser destruidas tan rápidamente son en realidad actos superficiales de generosidad, tales como ofrendas hechas a la ligera a los budas. No se trata de las buenas obras que nos transforman de verdad porque, afortunadamente, un cambio fundamental de corazón no puede echarse a perder nunca.

El mérito que se adquiere con las acciones virtuosas que son meros ritos se destruye fácilmente con las explosiones de ira. En Asia, por ejemplo, es práctica común entre los budistas ofrecer dinero para la construcción de templos. Pero si esta clase de generosidad es solo un gesto externo para cosechar mérito, podría de hecho aumentar el engreimiento en vez de disolverlo. Podría uno ser un poderosísimo hombre de negocios que hace toda clase de tratos deshonestos, y pensar que está acumulando mérito llevando a cabo actos convencionales de virtud. Pero a estos actos superficiales, aunque tengan alguna consecuencia virtuosa, los destruye el poder de la ira.

Si eres agresivo en tus negocios y en tu trato, así te conocerán en el mundo. Quizá sonrías y des generosamente, pero si explotas frecuentemente y te enfadas, la gente no se va sentir a gusto en tu presencia y no tendrás nunca paz mental.

6.2 No hay maldad alguna que de la ira esté cerca,
ni austeridad comparable a la paciencia.
Empápate entonces muy bien de esta,
de distintas maneras y con insistencia.

Esta segunda estrofa condensa el tema de este capítulo: los beneficios de la paciencia y el daño que causa la ira. El significado que está detrás de la palabra «maldad» es dañar intencionadamente, alegrándose del dolor que uno provoca. Como dice Shantideva, *no hay maldad alguna que de la ira esté cerca.* Como responder airadamente puede convertirse en una respuesta habitual al estrés y a la incomodidad, Shantideva nos anima apasionadamente a deshacer este viejo hábito en vez de continuar fortaleciéndolo.

En su libro, *El poder de la paciencia**, el dalái lama recomienda usar la palabra «odio» en vez de «ira». Hay veces, dice, que la ira es adecuada, pero el odio es siempre injustificado. La ira puede estar motivada por la compasión, pero el odio está siempre acompañado de la mala voluntad. A mí esta distinción me resulta útil.

No obstante, hay ocasiones en que nos consume el odio y, para trabajar con ellas, Shantideva nos presenta la austeridad de la paciencia. Creo que es significativo que llame a la paciencia una «austeridad», pues indica que el trabajo necesario para abstenerse de aumentar los kleshas requiere valor.

6.3 A quienes les atormenta el dolor de la ira
      nunca conocen la tranquilidad mental:
      echando en falta todos y cada uno de los placeres,
      no pueden conciliar el sueño ni sentirse seguros.

Cuando estamos realmente enfadados por algo, la mayoría de nosotros piensa sobre ello febrilmente, sin poder dormir por la noche ni tener paz mental. Hay varios modos de lidiar con esta situación. Lo primero que podemos hacer es ponernos a sentir el efecto de la ira en el cuerpo. Normalmente no prestamos atención a la angustia física que produce la ira. Ser más sensibles a ese dolor puede servir de acicate para trabajar más decididamente con nuestra agresividad.

Hay otra práctica que recomiendo, que se hace durante la meditación. Si te has enfadado, puedes repasar mentalmente todo lo que te llevó a irritarte. Presta atención a tus sentimientos y pensamientos. ¿Son obsesivos y repetitivos? ¿Alimentan tus

---

* Martínez Roca Ediciones, 1999. *(N. del T.)*

rencores y tus juicios? Seguidamente, mientras inspiras y espiras suavemente, centra el foco de la meditación en la sensación que produce la ira. Dale toda tu atención, sin desviarte reprimiéndola o dándole rienda suelta. Intenta experimentar la ira de forma no verbal conociendo sus cualidades. ¿De qué color es? ¿Cuál es su temperatura? ¿Qué sabor y olor tiene? Esta práctica nos pone en contacto muy directo con las emociones y disminuye la sensación de lucha.

Otra enseñanza que me ha resultado útil es quedarme sintiendo mi punto tierno. Por debajo de la ira hay una ternura inmensa, que la mayoría de nosotros entierra rápidamente bajo la dureza de la cólera. No es sencillo aprender a palpar esa vulnerabilidad, pero puede refrenar el impulso de explotar y de destruir todo lo que se ponga por delante.

6.4 Incluso quienes dependen de un señor
que les da gentiles dádivas de honor y riquezas,
armarán una revuelta y lo matarán,
si su amo está lleno de odio y rabia.

6.5 A su familia y amistades amarga,
y no le sirven ni quienes persiguen sus dádivas.
No hay nadie, en general,
que, estando enfadado, viva tranquilo.

Esto ejemplifica el tipo de cólera que hace añicos nuestras buenas obras. Las frases *el amo que está lleno de odio y rabia, a su familia y amistades amarga,* se refieren a los padres y cónyuges que maltratan, a los jefes groseros. Aterrorizan a todos, incluyendo a sus propios hijos y a aquellos cuya comida, promoción y bienestar dependen de ellos. Si has tenido alguna relación con este tipo de personas, sabrás que cualquier gesto de desagradecimiento hacia lo que dan les encoleriza aún más. Como son tan explosivos e impredecibles, desconfiamos incluso de sus gestos de amistad o generosidad, pero ellos no son capaces de ver cómo su ira destruye la confianza y el respeto.

Shantideva nos apremia a ver que la gente que maltrata a los demás no tiene alegría ni paz mental. Destrozan su propia felicidad al tiempo que justifican su ira, y las mismas personas de las que ellos esperan amor y respeto son las que más aversión les tienen. No se trata, con todo, de esa clase de señores, sino de admitir nuestra propia ira y el daño que nos hace, que es tanto como el que hace a los demás.

> **6.6** Son todos estos males producto de la ira,
> esa enemiga nuestra que nos trae la desdicha.
> Mas aquellos que atrapan su enfado y lo aniquilan
> en sus vidas futuras encontrarán la alegría.

La próxima vez que queramos justificar nuestra ira, pensar que es *esa enemiga nuestra que nos trae la desdicha* quizá nos motive a abstenernos de echar más leña al fuego. Por supuesto que no *atrapamos el enfado y lo aniquilamos* de manera literal, este lenguaje simplemente deja bien claro que tenemos que trabajar con el enfado con asiduidad.

El consejo que nos da aquí Shantideva está orientado a sanar un dilema universal: quedarse enganchado en la ira y ser arrastrado por ella. Podríamos llevar a cabo esta tarea no solo por nuestro bien, sino también por el de toda la humanidad. En lugar de pensar que siempre nos estamos enfadando y metiendo la pata, podríamos identificarnos con todos aquellos que trabajan para curar una enfermedad universal. Arrimarnos a nuestro coraje en vez de a nuestra neurosis es un cambio significativo.

6.7 Cuando me encuentro algo que no quiero
y aquello que obstaculiza mis deseos,
descontenta, mi ira halla su alimento;
y así crece causándome un gran daño.

6.8 Destruiré por tanto hasta hacer añicos
todo lo que sustenta a este rival mío.
El único propósito que tiene mi enemigo
es causarme daño, dejarme malherido.

¿Qué provoca la ira? Según Shantideva, recibir lo que no deseamos y no tener lo que queremos. Cuando todo se basa en lo que nos gusta y en lo que no nos gusta, se producen pequeñas reacciones que pueden provocar la escalada de la violencia y hasta la guerra. Cuando tememos no poder librarnos de algo que no queremos, o no llegar a tener algo que necesitamos, nuestros pensamientos entran en escena haciendo posible que la ira y el dolor se disparen.

La ira consumada, destructiva, comienza con el shenpa sutil, esa sensación incómoda de que las cosas no son como queremos. Es útil reconocer esta desazón *antes* de que se dispare. Sin embargo, si ya nos hemos enfadado, todavía podríamos intentar hallar la paciencia necesaria para no actuar o hablar. Nunca es demasiado tarde para ponerle trabas a lo que sustenta la infelicidad: podemos detenernos y practicar la paciencia en cualquiera de las fases del proceso.

Trungpa Rimpoché solía decir que cuando te surja una emoción como la ira, deberías verla como algo que no forma parte de ti. Piensa que es un bichito intentando posarse sobre ti: si tu mente está abierta y libre de parcialidad, el bicho no tiene donde posarse. Shantideva, usando sus propias palabras, está diciendo lo mismo. La ira no forma parte de nosotros, es solo una energía dinámica. Si no nos identificamos con ella, esa energía queda desbloqueada y libre. Si se congela a causa de lo que queremos o no queremos, sin embargo, podemos predecir el resultado sin temor a equivocarnos: nos hará sufrir, por mucho que, fundamentalmente, sigamos estando bien.

> **6.9** Ocurra lo que ocurra, no he de perturbar
> mi alegre felicidad mental.
> El desánimo nunca me da lo que quiero,
> y torcerá y dañará mi virtud.

En su estilo típicamente entusiasta, Shantideva se enardece: *Ocurra lo que ocurra, no he de perturbar mi alegre felicidad mental.* Esta alegría es una sensación llena de posibilidades: podemos trabajar con nuestra vida y con nuestra mente. La intención de Shantideva es ayudarnos a que nos demos cuenta de ello.

Su ánimo viene en parte porque sabe que caer en la depresión y el descontento nunca sirve para nada. La instrucción consiste en interrumpir la inercia del desánimo: interrumpir el argumento mental y volver a la inmediatez de la experiencia, sin importar lo desagradable que sea. Una buena descripción de paciencia es aprender a relajarse con la agitación de nuestra energía nerviosa.

> **6.10** Si un problema aparece, y tiene remedio,
> ¿hay algún motivo para desanimarse?

Y si nada puede hacerse para resolverlo,
¿de qué sirve apesadumbrarse?

Shantideva nos pide que demos un paso atrás desde el calor de nuestra ira y que no nos enredemos. Si estamos atrapados en un atasco en la carretera, por ejemplo, ¿de qué nos vale echar pestes? Si hay una solución, como un desvío para cambiar de sentido, no hay necesidad de enfadarse, pero si se ven automóviles hasta donde alcanza la vista y no hay salida, obsesionarnos solo nos hará más infelices. Si puedes hacer algo acerca de la situación en que te encuentras, hazlo. Pero si no puedes hacer nada, entonces es ridículo ponerse todo irritado. Este es el consejo que nos da Shantideva para reducir el estrés.

6.11 Nos disgustamos cuando nos riñen o insultan.
No nos gusta el dolor ni sentimos humillados,
ni tampoco que las personas que amamos lo sufran.
Pero si alguien nos cae mal... ¡pasa justo lo contrario!

Shantideva está enseñando en un monasterio del siglo VIII, ¡pero hay cosas que no cambian! Nos presenta aquí otra situación que sustenta nuestra ira: no queremos que nos insulten ni humillen, ni tampoco a nuestros seres queridos, pero nos alegramos cuando les ocurre algo malo a quienes nos caen mal. Ambos extremos son leña para el fuego del mal genio que nos queda.

6.12 La causa de la felicidad es difícil de encontrar,
¡y las semillas del sufrimiento son infinitas!
Pero sin pasar desdichas nunca anhelaré la libertad.
Así que, ¡sé tenaz, ay, mente mía!

Las estrofas 11 y 12 van juntas. Tenemos la inteligencia necesaria para comprender que causamos sufrimiento cuando rechazamos el dolor que nos viene a nosotros, a la vez que se lo seguimos deseando a los demás. Si permanecemos en este estado actual de ensimismamiento, entonces *la causa de la felicidad será difícil de encontrar y las semillas del sufrimiento serán infinitas.*

A las personas enfadadizas, las causas del sufrimiento les rodean siempre. Cuando se relacionan con los demás, se sienten fácilmente provocadas. Cuanto más mayores se hacen, más suspicaces se vuelven y cada vez tienen más situaciones que les resultan incómodas. Pero, afortunadamente, esto se puede cambiar. Cuando la mente deja de reaccionar ante lo más mínimo, las causas de la felicidad aumentan, y llega el momento en que las mismas situaciones dejan de provocarnos. Por supuesto, esa es la dirección en la que queremos ir. Si pensamos en nosotros dentro de diez años, ¿acaso no queremos menos causas de sufrimiento y más de felicidad?

Shantideva usa a continuación otra táctica: el dolor puede también ser útil. Sin él, *nunca anhelaremos la libertad.* Esta perspectiva optimista nos puede alegrar. Sin sufrimiento, no buscaríamos nunca una salida, ni estaríamos motivados a amansar la mente o a practicar la paciencia.

Con la estrofa 12, Shantideva acaba su disertación acerca de los inconvenientes de la ira y de las razones para usar el antídoto de la paciencia. A continuación, explica los tres tipos de paciencia. El primero es la paciencia que surge cuando adoptamos una actitud diferente hacia la incomodidad. El segundo es la paciencia que aparece cuando comprendemos la complejidad de cualquier situación. El tercer tipo es la paciencia fruto de la tolerancia.

6.13 Si la gente de Karna y los devotos de la diosa*
soportan las austeridades sin sentido
de los cortes y las quemaduras,
¿por qué soy tan tímido en la senda de la liberación?

La estrofa 13 comienza la disertación acerca de adoptar una actitud diferente ante la incomodidad. Todos nosotros necesitamos que nos animen a hacer esto. Una vez que nos hemos abstenido de aumentar los kleshas, ¿entonces qué? Como practicantes, necesitamos cierta guía que nos enseñe a mantener la calma en medio de esa energía que nos pone los nervios a flor de piel. Es posible que sepamos dejar de dar rienda suelta a nuestros pensamientos, que los podamos interrumpir, pero luego nos queda relacionarnos de manera sensata con el síndrome de abstinencia que aparece al hacerlo.

Es interesante explorar este método de cultivar la paciencia en una cultura que tiene tan poquísima tolerancia con la aflicción mental o física. Nos inundan con anuncios que nos dicen que merecemos estar cómodos y ser felices, pero, ciertamente, con la austeridad de la paciencia vamos a sentir algo de dolor. Como mínimo, los kleshas, con su agitación subyacente, se harán más aparentes y vívidos. Como ya he mencionado, no hay modo alguno de liberarse de las viejas adicciones sin pasar por la «fase de desintoxicación».

La *gente de Karna soportó las austeridades* de sufrir *cortes y quemaduras* para alcanzar realizaciones espirituales. Si ellos pudieron soportar esas *austeridades sin sentido* —y no lo tienen, según Shantideva, porque no conducen a la liberación irreversible— *¿por qué soy tan tímido en la senda que me conduce a la liberación?*

---

* La diosa hinduista Durga, cuyo culto requería prácticas ascéticas. *(N. del T.)*

Quizá dudemos porque no estamos seguros del desenlace. Los frutos del camino espiritual son indescriptibles y, normalmente, no inmediatos. Trabajar pacientemente con los kleshas puede ser muy incómodo. Cuando nuestro engreimiento recibe una punzada, quizá sepamos intelectualmente que eso es un motivo de alegría, pero, visceralmente, duele y no nos gusta. Por ejemplo, la única razón por la que soportamos las molestias cotidianas, como los trabajos estresantes, es la certeza tranquilizadora de un salario o de alguna otra recompensa.

Shantideva nos advierte, sin embargo, que no nos desanimemos con la incomodidad que surge cuando nos desprendemos de los viejos hábitos. Tiene una confianza inquebrantable en que podemos dejar de ser esclavos de los kleshas y experimentar la naturaleza abierta e imparcial de la mente. También sabe que tenemos que descubrir esto por nosotros mismos, y que no seremos nunca capaces de hacerlo si tiramos la toalla cada vez que surge un reto.

6.14 No hay cosa alguna que no empequeñezca
gracias al hábito y a la familiaridad.
Mientras aguanto pequeñas molestias
aprendo a aguantar la mayor adversidad.

Una vez que nos ha animado a no desalentarnos por el dolor que encontramos en el camino, Shantideva nos da ahora más consejos para trabajar hábilmente con esta incomodidad. La primera enseñanza nos dijo que nos replanteáramos la manera en que considerábamos este dolor para poder verlo como algo positivo. Ahora nos enseña a no evadirnos ni de la mayor infelicidad. Como es prácticamente imposible empezar el aprendizaje en épocas de *gran adversidad*, nos aconseja empezar con las *pe-*

queñas molestias. Ser pacientes con las irritaciones y molestias menores nos prepara para mantener la calma cuando los desafíos sean mayores. Del mismo modo, familiarizarnos con la agitación inicial de la impaciencia y otras formas más leves de ira nos prepara para actuar sabiamente cuando se intensifican los kleshas.

Dzongsar Khyentse llama a nuestras inconveniencias menores «sufrimiento burgués». Podríamos practicar la paciencia cuando llegamos a nuestro restaurante favorito y está cerrado, o cuando habiendo reservado un asiento al lado del pasillo en el avión acabamos en el asiento central. En las dos estrofas que siguen, se nos aconseja no irritarnos ante el sufrimiento burgués de las picaduras de insectos, los retortijones de tripas o las inclemencias del tiempo. La irritación solo agravará nuestros problemas, y llegará a hacer que hasta las cosas pequeñas parezcan catastróficas. Practicando la paciencia, podemos aprender a disminuir la negatividad mientras no cuesta demasiado hacerlo.

6.15   ¿Acaso no lo veo con las molestias comunes
       como las picaduras de moscas y culebras,
       pasar algo de hambre y de sed
       y las erupciones molestas de la piel?

6.16   El frío y el calor, la lluvia o el viento,
       las palizas, la cárcel o la enfermedad,
       todas estas cosas no me inquietarán,
       pues hacerlo no haría sino agravar su daño.

Los *homo sapiens* somos excelentes cuando se trata de empeorar las cosas, prácticamente hemos perfeccionado ese arte.

Shantideva nos muestra cómo cambiarlo, practicando la paciencia en vez de la irritabilidad.

6.17 Algunas personas se ponen más bravas
cuando ven que se derrama su propia sangre,
¡pero otras se aflojan y hasta se desmayan
cuando ven que mana la sangre de otro!

6.18 La causa de ello es la actitud mental;
bien de tenacidad o de cobardía.
Me mofaré entonces de todas mis heridas
y las dificultades me darán igual.

Las primeras reacciones que tenemos ante lo que pasa en el mundo se basan en muchas cosas: nuestra historia, personalidad y toda clase de condicionamientos. A la vista de la sangre, por usar el ejemplo de Shantideva, mientras que una persona se desmaya otra se siente más fuerte. Lo importante aquí es no confundir nuestras reacciones relativas con la verdad absoluta. Si ver sangre nos altera, no podemos realmente echarle la culpa a la sangre. No es lo que nos pasa lo que nos hace felices o infelices, sino la *actitud mental* que tengamos ante ello. Lo que nos hace sufrir es lo que pensamos acerca de lo que está ocurriendo. Tenemos aquí otro mensaje crucial: los enredos mentales agravan nuestros problemas.

6.19 Cuando hostigan a los sabios las penas,
sus mentes han de estar impasibles y tranquilas,
porque en su batalla contra la emoción envilecida
hay muchas penalidades, como en cualquier otra guerra.

Dzigar Kongtrul tiene un símil para cambiar nuestra actitud ante las penalidades que encontramos en el camino. Las compara al dolor de una inyección, que gustosamente aceptamos para curarnos. Del mismo modo, la incomodidad a corto plazo que supone abstenerse de los kleshas no nos hace desistir de nuestro propósito, porque sabemos que esto curará el sufrimiento que producen a largo plazo. Si nos damos ánimos pensando estas cosas, poco a poco aprendemos a relajarnos y a mantener la lucidez, incluso en las ocasiones más amargas.

6.20 Desdeñar todo dolor
y vencer a enemigos como el odio:
esas son las hazañas de los guerreros victoriosos.
¡Lo demás es quitarle la vida a un muerto!

En las batallas ordinarias, los soldados matan a quienes, como cada uno de nosotros, morirán tarde o temprano. Esto es lo que quiere decir Shantideva con *quitarle la vida a un muerto*. Matando, sin embargo, se fortalecen los hábitos agresivos que durarán muchísimo más que cualquier adversario.

Los héroes y heroínas más grandes no son aquellos que pelean por odio, atrapados en la parcialidad de lo correcto y lo incorrecto, sino aquellos que encaran las dificultades pacientemente para conseguir vencer a la ira, los prejuicios y la guerra. Lo más importante del símil de Shantideva es que no hay nadie que merezca mayor respeto que alguien lo suficientemente valiente como para abstenerse de aumentar los kleshas. Tras dejar claro que despertar requiere coraje, Shantideva nos presentará ahora una perspectiva positiva del sufrimiento.

6.21 También tiene su valor padecer una desgracia,
pues por medio del dolor extirpamos la altivez,
sentimos piedad por los que yerran en el samsara,
evitamos la maldad y disfrutamos haciendo el bien.

Shantideva cita tres beneficios del dolor. El primero es que es valioso porque *por medio del dolor extirpamos la altivez*. Da igual lo arrogantes y vanidosos que hayamos sido, sufrir nos hace humildes. El dolor de una enfermedad grave o la pérdida de un ser querido puede transformarnos, suavizándonos y haciéndonos menos egocéntricos.

El segundo beneficio del dolor es la empatía: la compasión que *sentimos por quienes yerran en el samsara*. Nuestro sufrimiento personal hace surgir la compasión por aquellos que se encuentran en la misma situación. Una mujer joven me dijo que cuando murió su bebé, sintió una conexión muy profunda con todos los demás padres que habían perdido sus niños. Fue, según dijo, una bendición inesperada fruto de su desgracia.

Con tristeza, nos damos cuenta de que todos nos hallamos en el mismo aprieto. Todos estamos atrapados por los kleshas y poniendo trabas continuamente a nuestra bondad fundamental. Aquí Shantideva expresa compasión por todos los que deambulan en el samsara, especialmente aquellos que no tienen interés alguno en encontrar la liberación.

El tercer beneficio del sufrimiento es que *evitamos la maldad y disfrutamos haciendo el bien*. Cuando practicamos siguiendo las instrucciones de Shantideva, comprendemos mejor la relación causa-efecto. Con base en esta comprensión, estaremos menos inclinados a hacer daño, y desearemos más cosechar la virtud y beneficiar a los demás. Se trata de la «fe entusiasta» que he mencionado anteriormente: estamos ansiosos de vivir nuestra vida siguiendo un camino que desmantele los hábitos que nos causan tantísimo dolor. Tenemos entusiasmo para aumentar nuestra compasión, sabiduría y felicidad.

Estos son los tres modos en que nos beneficia el sufrimiento: nos hace más humildes, nos hace sentir compasión por aquellos que están en la misma situación y, como comenzamos a comprender el funcionamiento del karma, nos motiva a no aumentar la carga de dolor cuando podemos aligerarla. Esto finaliza el apartado acerca del primer tipo de paciencia: la paciencia que surge cuando vemos de otra manera las vicisitudes del camino espiritual.

Las estrofas 22 a 33 nos presentan la paciencia que surge al ver la realidad compleja de cualquier situación. Estas instrucciones pueden usarse en el acto, siempre que nos demos cuenta de que estamos enganchados por los kleshas. Nos recuerdan que podemos mantener la calma incluso bajo presión.

6.22 Yo no me enfado con mi bilis y otros humores
que me causan sufrimientos y dolores varios.
¿Por qué han de enojarme los seres vivos entonces?,
¿acaso no les empujan igualmente sus situaciones?

¿Por qué será que no nos enfadamos cuando lo que causa el sufrimiento es algo inanimado, como una enfermedad, pero cuando la causa son nuestros compañeros los seres humanos rápidamente sentimos resentimiento? Si nos cae una rama en la cabeza, damos por sentado que se cayó de un árbol y nos rozó la cabeza, y no le damos más vueltas. Pero ¿qué pasaría si alguien tiró la rama intencionadamente? ¿Podríamos sosegarnos recordando que esa persona es una víctima de sus tendencias habituales, que *le empujan igualmente sus situaciones*?

Hasta que no empecemos a trabajar con la mente, nuestras emociones llevarán las riendas. Se apoderarán de nosotros hasta que perdamos totalmente el control. Cuando nos enfadamos con los demás, podríamos recordar que, exactamente como nosotros, hacen lo que hacen por motivos muy complejos, uno de los cuales, nada desdeñable, es que sus emociones los controlan. Hay ocasiones en que podemos considerar totalmente justificado sentir odio. Pero, cuando alguien nos daña, podríamos preguntarnos: «¿Por qué no nos enfurecen lo mismo las ramas que caen?». Si respondemos: «El daño que esa persona ha provocado fue intencionado», quizás merece la pena pensarlo dos veces.

Para todos nosotros, los sentimientos desagradables vienen sin que se les haya invitado y, rápidamente, nos atrapan. Si no vemos que es así, no nos abstendremos de darles rienda suelta e, inevitablemente, haremos daño. Es triste ver cómo, de una manera tan predecible, nos atrapan a todos. Reflexionando sobre ello, cultivamos comprensión hacia todos los seres, nosotros mismos incluidos, en vez de resentimiento.

6.23 Las enfermedades nos aquejan a todos por igual,
aunque no se buscan ni se desean.
Del mismo modo, por mucho que no los queramos,
los envilecimientos se repiten con insistencia.

6.24 Sin ponerse a pensar: «Ahora voy a enojarme»,
de un modo impulsivo la gente se altera.
También, del mismo modo, aparece la rabia,
¡aunque ella no se propone que alguien la sienta!

Un suceso neutro, tal como la caída de una rama, puede provocar diferentes reacciones: una explosión emocional, relajarse o, incluso, la risa. La respuesta depende de cómo se hayan trabajado las emociones hasta ese momento. No nos proponemos enfadarnos, ni tampoco la ira *se propone que alguien la sienta*, pero cuando se juntan las causas y condiciones, nos quedamos atrapados de un modo impulsivo y allá que nos vamos. La paciencia, concluye Shantideva, es el antídoto: especialmente la paciencia que viene de simpatizar con la complejidad de nuestra situación actual.

6.25 Todo envilecimiento, de cualquier índole,
toda la variedad de acciones viles,
no es más que el producto de condicionamientos,
ninguno es autónomo ni tampoco inconexo.

La estrofa 25 presenta la misma idea. Este momento forma parte de un continuo, no existe de un modo aislado de todo lo que le antecedió. Reaccionamos a él dependiendo de cómo hayamos trabajado nuestras emociones anteriormente, y nuestro futuro depende de cómo trabajemos ahora mismo con ellas. Esto es lo más importante.

6.26 Cuando las condiciones se han agrupado
no piensan en crear un resultado.
Ni tampoco lo que ha sido engendrado
piensa que es producto de algo.

Nuestras reacciones no son tan premeditadas como podríamos pensar. Ocurren, nos dice Shantideva de nuevo, a causa de los condicionamientos del pasado. Una vez estuve visitando a una amiga cuyo perro le tenía un miedo espantoso a las escobas. Con solo sacar la escoba del armario y hacer ademán de barrer, al pobre animal le entraba pánico. Aunque ya no corría peligro alguno, seguía reaccionando con terror. No puedes convencer a un perro de que no le tenga miedo a las escobas, pero puedes trabajar con tu propia mente y con tus fobias.

Todos tenemos nuestras «escobas». Es posible que nunca lleguemos a saber qué pasó en el pasado para que salte la respuesta del momento. Sin embargo, en este preciso instante, podemos trabajar con nuestra mente y cultivar la paciencia. No hace falta que nos pasemos la vida buscando razones que justifiquen la maldad de las escobas o lo equivocadas que están nuestras emociones.

6.27 Lo que algunos designan «sustancia primordial»
y aquello que se ha venido a llamar «el yo»,
no surgen deliberadamente
y no piensan «yo seré».

6.28 Pues si algo no ha nacido no existe, no es,
y entonces ¿qué cosa podría querer llegar a ser?
Y si permanentemente aprehende su objeto,
nunca podría dejar de ser.

6.29 ¡En efecto! Si el yo fuera permanente
de seguro sería, como el espacio, inerte.
¿Y cómo otros factores podrían afectarle
al interactuar con él si fuera inmutable?

6.30 Si cuando las condiciones actuaran sobre él
se quedara igual que antes, ¿alguna le influyó?
Dicen que las condiciones son los agentes del yo,
pero ¿qué conexión podría haber entre ellas y él?

Esta parte refuta las perspectivas de ciertas escuelas de pensamiento no budista de la época de Shantideva. Una de ellas creía en una «sustancia primordial», otra en el atman, o «el Yo», con mayúscula. En resumen, estas creencias sostenían que hay un principio inmutable verdaderamente existente, algo similar a las nociones de «alma» o «Dios».

Como anhelamos estar seguros de las cosas y tener algo a que agarrarnos, es muy tranquilizador creer en una esencia externa y permanente que lo subyace todo. De ese modo, aunque representáramos nuestros dramas relativos basados en la esperanza y el miedo, ese estrato profundo permanecería puro, inmutable e imperturbable. El Buda, no obstante, refutó esas teorías afirmando que nada es inmutable ni independiente. La noción de que hay una esencia permanente es lo que Shantideva desmiente aquí.

Sin embargo, él no está postulando una creencia en otra cosa. Si fuéramos a decir «todo es vacío», Shantideva refutaría eso también. Lo que pretende es hacernos ver que cualquier perspectiva rígida o cualquier modo de pensar dogmático es insostenible. En vez de ello, nos señala la apertura indescriptible de la mente: la mente totalmente libre de cualquier conceptualización.

¿Por qué son relevantes estos versos hoy en día? Nos ayudan a renunciar a crear más conceptos. No te quedes estancado en ideas fijas acerca de ti mismo, los demás, o ninguna otra cosa. No cedas ante el pensamiento obsesivo que desemboca en la ira.

Shantideva argumenta que cualquier creencia en una entidad fija o permanente no tiene sentido. Si no se hubiera manifestado todavía, entonces no podría nunca hacerlo, *llegar a ser*. Y si ya existiera y se dirigiera a *aprehender* algo en cierta dirección, *nunca podría dejar de ser*. En otras palabras, si las cosas estuvieran ya fijadas del modo en que pensamos que son, ¡entonces no podría cambiar nada!

6.31 Todas las cosas, por tanto, dependen de otras cosas
y estas dependen a su vez: no son independientes.
Con este conocimiento no nos darían rabia
cosas que son como apariciones mágicas.

En los dos primeros versos, Shantideva nos dice otra vez que todas las cosas son el resultado de causas y condiciones complejas: nada existe independientemente. En los dos últimos, enseña acerca del vacío: nada es como aparece, somos personas oníricas que se sienten molestas por objetos oníricos. Si experimentamos esto, aunque sea solo un momento, vemos que es realmente absurdo ponernos frenéticos. Es importante contemplar esta enseñanza acerca de la naturaleza insustancial de todo, especialmente cuando hacemos frente al dolor de la desintoxicación.

6.32 «Ser paciente y resistir es algo descabellado
—dirás entonces—, ¿pues quién resiste y a qué se resiste?».
Pero la paciencia pone fin al continuo del dolor;
¡y no hay nada descabellado en esta aserción!

Siguiendo la lógica de Shantideva acerca del vacío, podríamos decir: «Si todo es una aparición mágica, ¿para qué practicar la paciencia?». Pero a Shantideva no le convence este argumento porque, dice, trabajar con paciencia acabará con el sufrimiento *y no hay nada descabellado en esta aserción*, en querer tal cosa. Dejando toda filosofía de lado, va derecho al grano: no podemos volver a usar la lógica del vacío del mismo modo que usábamos la lógica de la solidez para justificar la continuidad del sufrimiento.

6.33 Y así, si ves que tus amigos o enemigos
no están actuando de un modo correcto,
permanece sereno y recuerda:
todo surge a partir de condicionamientos.

Aquí sentimos el buen corazón de Shantideva. Nos pide que nos serenemos. Sin importar quienes actúan *incorrectamente, amigos o enemigos*, no te acalores tanto y no tengas tantas opiniones. Cálmate y practica la paciencia, en este caso reflexionando en el hecho de que las razones que los llevan a hacer lo que hacen no son tan obvias. Todo surge de una variedad de causas y condiciones.

Esto finaliza el apartado acerca del segundo tipo de paciencia: la paciencia que surge al darnos cuenta de la realidad compleja de cualquier situación. Las estrofas 34 a 51 exploran el tercer tipo de paciencia: la paciencia que surge cuando cultivamos la tolerancia.

6.34 Si las cosas fueran como ellos quieren
el sufrimiento nunca podría tocar
a ninguno de los seres encarnados,
pues ni uno solo de ellos desea pasarlo mal.

El Buda enseñó que todos los seres desean ser felices y estar libres de sufrimiento. Si este es el caso, pregunta Shantideva, ¿por qué hacemos tantas locuras? Como ya señaló antes, nuestro deseo de estar bien está normalmente reñido con los métodos que usamos para conseguirlo. En los versos que siguen da algunos ejemplos patéticos de nuestra locura.

6.35   Pero aunque así sea, con total descuido e inatención,
se rasgan ellos solos sobre púas;
y con tanto ardor persiguen esposas y bienes
que se privan de alimentos hasta la penuria.

6.36   Algunos se cuelgan o saltan al vacío,
se envenenan o toman comida malsana,
o se destruyen a sí mismos
con su conducta malvada.

6.37   Si, cuando las pasiones les atrapan,
se matan a ellos mismos, con todo lo que se quieren,
¿cómo podríamos esperar que no vayan
a dañar los cuerpos de otros seres?

Cuando nos consume la pasión, dejamos de comer y de dormir. Es posible incluso que rompamos un matrimonio o engañemos a nuestros seres queridos, haciendo caso omiso del dolor que causamos. Podemos llegar incluso a mentir, a robar o a suicidarnos. Parece que no hay límites en cuanto a los extremos a que podemos llegar para alcanzar la felicidad, incluso sabiendo que esta clase de felicidad no fue nunca duradera en el pasado. Si estamos tan dispuestos a dañarnos a nosotros mismos, no cuesta comprender que podríamos dañar a los demás.

6.38   Si bien rara vez podemos sentir compasión
hacia quienes su propio envilecimiento
no les causa más que su perdición,
¿de qué vale enfadarse con ellos?

Tenemos que ser honestos con nosotros mismos. En este punto de nuestra carrera bodhisáttvica, quizá sería excesivo pedir que sintiéramos compasión por alguien que siembra cizaña, pero por lo menos podemos abstenernos de hablar o actuar movidos por la ira. Incluso si no podemos derramar ni una sola lágrima por la ridiculez de la condición humana, si nos abstenemos de tomar represalias y, con ello, evitamos toda la infelicidad subsiguiente, haremos lo que es mejor para todos.

6.39 Si aquellos que parecen unos niños mal criados
tienen por naturaleza propensión a hacer daño,
nuestro enfado no puede tener justificación,
sería como increpar al fuego por su calor.

6.40 Y si sus faltas son de hecho fortuitas y pasajeras,
si los seres vivos son dulces por naturaleza,
tampoco que nos ofendan tiene sentido alguno,
¿o te enfadas con el cielo cuando está lleno de humo?

Las estrofas 39 y 40 dan dos alternativas. Si creemos que la gente es fundamentalmente mala, por naturaleza, ¿por qué nos habríamos de enfadar con ellos? ¿Por qué no aceptamos simplemente que son propensos a hacer daño y ya está? Enojarse *sería como increpar al fuego por su calor.*

Y si vemos que la gente es fundamentalmente buena y que *sus faltas son de hecho fortuitas y pasajeras,* ¿por qué enfadarse entonces con sus errores temporales? Eso sería como enfadarse *con el cielo cuando está lleno de humo.* Si recordamos esto podemos calmarnos en el acto y evitar un dolor innecesario.

Mi experiencia en el trabajo con las enseñanzas de Shantideva es que, incluso si algunas de ellas no me valen, simplemente la buena disposición para pararme, quedarme en punto muerto y cambiar luego la marcha es siempre beneficiosa.

6.41 Aunque sean sus palos los que me golpean y hieren
yo solo me enfado con quienes los sostienen.
Mas a ellos a su vez los espolea el enojo,
me debo ofender por tanto con su odio.

Esta estrofa nos dice algo más acerca de cultivar la paciencia por medio de la tolerancia. ¿Cómo cultivamos la buena disposición a no devolver ojo por ojo? El método de Shantideva se basa en cultivar la ternura hacia las dificultades humanas. Si eso no es posible, podemos al menos darnos cuenta de que la ira aumenta nuestro sufrimiento: si comemos semillas venenosas, no nos preguntemos luego por qué estamos enfermos...

Para interrumpir la inercia de la ira, nos sugiere estas contemplaciones acerca de la inutilidad de nuestras respuestas habituales. Pregúntate de nuevo: «¿Por qué me enfado con la gente y no con las cosas inanimadas? ¿Hasta qué punto mi sufrimiento se debe a los puntos de vista rígidos acerca de lo que está bien y lo que está mal? ¿No podría ser un poco más tolerante con aquellos que, igual que yo, siguen creando su propia infelicidad?». Los culpables de verdad son los kleshas mismos, ¿no podríamos todos nosotros valernos de una guía compasiva para trabajar con ellos?

6.42 Exactamente igual, en el pasado,
fui yo quien hirió a los seres vivos.
Y así es justo que sufra yo daños
pues fui ejecutor de sus suplicios.

Tenemos aquí otra clase de reflexión para cuando nos hacen daño. Considera la ley de karma: quien siembra vientos, recoge tempestades. Si robas, puedes esperar que en el futuro te roben. Si dices chismes, tarde o temprano levantarán calumnias contra ti. Cuando sopesamos los múltiples factores que se juntan para producir un suceso desafortunado, deberíamos como mínimo considerar que uno de ellos lo forman nuestras acciones pasadas.

A causa del sentimiento de culpa, a los occidentales nos suele costar trabajo aceptar esta enseñanza. Cuando surgen dificultades, pensamos que se deben a que somos fundamentalmente malos o a que se nos está castigando. Mi clarificación favorita de esta confusión la encontré en el libro de Kelsang Gyatso *Guía de las obras del bodhisattva**. Si le decimos a un niño que no juegue con cerillas y no nos hace caso, es muy posible que se queme, así tiene el niño la oportunidad de aprender acerca de la causa y el efecto directamente. Como conclusión, podrá llegar él solo a la conclusión de que no tener cuidado con las cerillas tiene un resultado doloroso, y así se hace más sabio gracias al percance que ha tenido. Sin embargo, si el niño cree que la quemadura es el castigo por no haber obedecido a mamá y a papá, entonces lo único que aprende es a sentirse culpable. Su inteligencia se ha visto trabada y no se beneficia de su error.

Cuando comprendemos el karma correctamente obtenemos una libertad tremenda para crear nuestro propio futuro. La manera en que reaccionamos en el mismo momento en que una rama nos golpea la cabeza afecta la reacción que tendremos cuando nos hagan daño más adelante.

---

* Tharpa España, 2005. *(N. del T.)*

6.43 Las armas que esgrimen y el cuerpo que tengo:
¡ambos son las causas de mi sufrimiento!
Ellos enarbolaron sus armas, yo mi cuerpo;
entonces, ¿quién merece realmente mi despecho?

Las palabras o los actos de los demás nos pueden dañar tanto como cualquier arma. El significado de esta estrofa es que tanto sus palabras como mi reacción son igualmente responsables de mi sufrimiento.

Es posible que un comentario que a mí me resulta provocador a ti no te afecte en absoluto. Todos tenemos que trabajar en el lado de la ecuación en que nos encontremos. No podemos hacer que los demás dejen de decimos cosas desagradables, pero podemos trabajar cultivando la paciencia. Podemos ir aprendiendo a relajarnos con la agitación de nuestra energía, quedándonos como un leño y no devolviendo ojo por ojo.

6.44 Mi cuerpo, esa llaga purulenta en forma humana,
¡ni siquiera un solo roce puede aguantar sin tormento!
Fui yo quien lo ansió ciegamente con apego,
¿con quién debería enfadarme cuando esté sufriendo?

Aquí Shantideva usa uno de sus métodos pedagógicos más conocido: repetirse. Mi inflexibilidad e irritabilidad, dice, me causan tanto dolor como lo que hacen los demás.

6.45 Y es que somos como niños:
rehuimos el dolor, pero nos gustan sus causas.
¡Con nuestras propias fechorías nos herimos!
Así que, ¿por qué debemos enfadarnos con los demás?

Shantideva nos habla con ternura. Qué triste es que, como niños que no saben comportarse, continuemos haciendo las mismas cosas que nos causan sufrimiento. Más aún, nos encantan estas causas: las adicciones, el cotilleo, trabajar en exceso, alimentar nuestra mente crítica. Creemos que tienen que ver con el confort, la satisfacción y el bienestar. ¿Por qué no nos enfadamos con nosotros mismos por hacernos daño, en vez de echarles la culpa a los demás? Además, dado que en nuestra cultura occidental somos muy dados a la autocensura, sería mejor que nos preguntáramos: «¿Por qué no tenemos un poco más de compasión por nuestra situación?».

6.46 ¿Y con quién debería estar enojado de hecho?
Todo este dolor yo mismo lo he fraguado,
igual que todos esos custodios del abismo
y todos esos sotos llenos de árboles afilados*.

Como ya se ha dicho, los abismos infernales en que nos encontramos son una proyección de nuestra mente. El dolor que sentimos, en gran medida, nos lo hemos infligido nosotros mismos. Lo bueno de esto es que, una vez que lo vemos, podemos motivarnos para liberarnos de esas cosas que hacemos y que crean nuestra propia desdicha.

6.47 Quienes me causan daño se levantan contra mí
porque mi karma los ha llamado.
Y si por ese daño estos seres van al infierno,
¿no he sido yo quien los está destruyendo?

---

* Los «sotos de árboles afilados», con hojas que son puras cuchillas, se encuentran en uno de los infiernos que rodean los infiernos calientes. *(N. del T.)*

Desde la estrofa 47 hasta la 51 tenemos contemplaciones acerca del dolor que purifica a uno mismo pero hiere a la persona que lo inflige. Esta es otra idea que a los occidentales les cuesta aceptar: cuando alguien nos hace daño, está creando las causas de su propio sufrimiento, ya que está fortaleciendo los hábitos que lo aprisionarán en un ciclo de dolor y confusión. No es que seamos responsables por lo que hace otra persona, y ciertamente no se trata de que debamos sentimos culpables, pero cuando alguien nos hace daño, sin quererlo, nos convertimos en lo que le lleva a la perdición. Si nos hubieran mirado con amor y bondad, sin embargo, hubiéramos sido la causa de que cosecharan virtud.

Lo que saco en limpio de esta enseñanza es que lo que resulta cierto para ellos, también lo es para mí. El modo en que trato a quienes me dañan hoy afectará la manera en que experimentaré el mundo en el futuro. En cualquier encuentro tenemos dos alternativas: podemos fortalecer nuestro resentimiento o nuestra comprensión y empatía. Podemos ensanchar la brecha que nos separa de los demás o acortarla.

6.48 Que mis muchas faltas se aclaren y limpien,
se debe tanto a mi paciencia como a ellos.
Pero ellos serán quienes sufrirán por mi causa
las largas e incesantes agonías del infierno.

6.49 Y por lo tanto yo soy su torturador
y ellos me procuran a mí un beneficio.
Así que, mente perniciosa, ¿qué perversión
hace que te enfades con tus «enemigos»?

Aquí se repite la enseñanza. Los que nos causan problemas en la vida se dañan a sí mismos, pero nos benefician a nosotros porque nos incitan a practicar la paciencia. Podemos estarles agradecidos a quienes nos muestran, o a lo que nos muestra, que todavía somos vulnerables a las provocaciones. En cualquier situación, quienquiera que acabe enojándose pierde, y quienquiera que use esa misma situación para cultivar la tolerancia gana. Para mí, esta lógica tan simple es muy útil.

6.50 Si poseo el don de la paciencia
podré evitar las penas del infierno.
Pero aunque yo me salve de hecho,
¿qué será de mis rivales?, ¿qué destino les espera?

Llega el momento en que sabemos que podemos trabajar con nuestra mente. Hemos escuchado el dharma y reflexionado sobre él, y si alguien está constantemente enfadado —un miembro de la familia, por ejemplo—, nosotros podemos pensar que tenemos las herramientas para trabajar con ello con inteligencia y bondad. Pero ¿qué hay de nuestros padres o hermanos? Aunque *nosotros* tengamos todavía mucho camino por delante, ellos quizá no tienen ni idea de que se están causando un dolor innecesario. ¿Qué les deparará el futuro si siguen fortaleciendo el hábito de la ira? Recordar esto puede hacer que sintamos más compasión hacia ellos y motivarnos a practicar la paciencia.

6.51 Desde luego que no salvaré a los demás
devolviéndoles el ojo por ojo.
Mi conducta a su vez quedará viciada
y la austeridad de la paciencia reducida a polvo.

Estas palabras expresan con una claridad meridiana el mismo mensaje: dar ojo por ojo no ayuda a nadie, no es bueno para los demás y, desde luego, tampoco para uno. Con esto concluimos la sección acerca del tercer tipo de paciencia: la paciencia que surge cuando cultivamos la tolerancia y no nos vengamos.

En todas estas enseñanzas, Shantideva hace lo que puede para socavar nuestra actitud habitual hacia nuestros enemigos y otros fastidios, refutando que lo que más sentido tiene es nuestra reacción visceral de devolver el daño.

Situaciones específicas para practicar la paciencia
La paciencia, segunda parte

CONTINUAMOS EN EL CAPÍTULO seis de *La práctica del bodhisattva,* en el que Shantideva nos enumera ahora varias situaciones dolorosas en las que podemos aprender a relajarnos y a practicar la paciencia.

6.52   Como la mente no tiene corporeidad
nadie puede destruirla,
pero a causa del apego que le tiene al cuerpo,
a este le aflige el sufrimiento.

6.53   El desdén, los improperios hostiles
y esos comentarios que no quiero oír,
como nada de ello puede dañar mi cuerpo,
¿qué motivo tienes, oh, mente, para tu resentimiento?

6.54   La animadversión que me muestran los demás,
ni en esta misma vida, ni en las venideras,
puede realmente llegar a aniquilarme,
¿por qué me resulta entonces tan detestable?

El tema de estas tres estrofas es practicar la paciencia cuando nos menosprecian, nos critican o nos tratan con desdén. Cuando era niña solíamos decir: «Los palos y las piedras pueden romper mis huesos, pero lo que me llamas no puede hacerme daño». Esto es lo que nos dice Shantideva: las palabras hostiles son meros sonidos que salen de la boca de alguien. Si fueran pronunciadas en un idioma extranjero, ni siquiera reaccionaríamos, pero a causa de nuestra historia y nuestro estado mental actual, interpretamos estos sonidos de tal modo que montamos en cólera. ¿Podríamos siquiera considerar no actuar así?

> **6.55** Es posible que quiera evitarla
> porque con ella no puedo conseguir lo que deseo.
> Pero mis propiedades dejaré atrás,
> mientras mis faltas, fieles, me acompañarán.

Es posible, cavila Shantideva, que nos molesten las palabras hostiles porque tememos que si no agradamos a los demás, ellos nos impedirán conseguir las posesiones y la riqueza que deseamos. Pero esto, reconoce, no tiene mucho sentido, porque cuando muramos, dejaremos todas nuestras propiedades atrás y solo las consecuencias kármicas, *fieles, nos acompañarán*.

Sería inteligente no fortalecer las inclinaciones negativas, tengan la justificación que tengan. Incluso si alguien nos calumnia y amenaza nuestra reputación, sería preferible perderlo todo a fortalecer las causas del dolor. En las estrofas 56 a 61, sigue su reflexión acerca de «no te lo puedes llevar».

> **6.56** Sería preferible morir hoy mismo
> a vivir una larga y perversa vida.

Aunque a los de mi calaña nos queden largos días,
no hará distinciones la muerte en su agonía.

6.57 Un hombre sueña que vive cien años de felicidad,
pero luego despierta.
Y otro con un soplo de dicha nada más,
pero luego despierta igualmente.

6.58 Y cuando ambos despiertan,
su felicidad se acaba y nunca más regresa.
Y lo mismo pasa cuando la hora nos llega:
fueran breves o largas, nuestras vidas cesan.

6.59 Aunque seamos ricos en bienes mundanos,
gozando de riqueza durante muchos años,
como si los ladrones nos hubieran saqueado
con las manos vacías y desnudos nos vamos.

Tanto si nuestra vida, que es como un sueño, es larga o breve, al final moriremos. La mayoría de nosotros espera tener un sueño largo, feliz y sin complicaciones. Pero si nuestro largo y feliz sueño se construye a partir del sufrimiento de los demás, las consecuencias no van a ser agradables. Sería preferible tener un sueño corto en el que nos deshiciéramos de los hábitos destructivos.

6.60 «Gracias a mi riqueza —puede que digamos— vivo,
y vivo cosecho mérito mientras rehúyo el mal».
Mas si somos agresivos para obtener beneficios,
¿no será ruin la ganancia y todo el mérito ido?

6.61 Y el propósito por el que vivimos
se echa así a perder y queda roto,
¿de qué vale vivir de ese modo,
si solo lleva a un final pernicioso?

Estos versos nos dicen más cosas acerca de ser *agresivos para obtener beneficios*. Quizá aleguemos que necesitamos acumular cierta riqueza para poder realizar acciones virtuosas, como construir templos o alimentar a los pobres. Usando esta lógica mafiosa, intentamos justificar las represalias que tomamos en contra de aquellos que nos impiden enriquecernos. Pero Shantideva deja bien claro que nuestras acciones negativas anulan de hecho cualquier otra acción que llevemos a cabo con la esperanza de cosechar un poco de mérito.

6.62 Y si cuando la gente nos calumnia
alegamos que nuestra ira se debe a que lastiman a otros,
¿cómo es que nos da igual cuando calumnian
a los demás en lugar de a nosotros?

Siempre podemos usar una lógica dhármica para justificar nuestra ira: «Estoy enfadado porque María se está dañando a sí misma. Mira qué consecuencias tan dolorosas se está buscando al calumniarme». Es posible que tales argumentos nos hagan sentir virtuosos, pero Shantideva replica: «En ese caso, ¿por qué no te veo enfadado acerca del mal karma de María cuando calumnia a otra persona?».

6.63 Y si aguantamos esas antipatías ajenas
porque se deben a varios factores,

¿por qué nos impacientamos cuando van contra nosotros?
¿No ha sido una pasión la causa después de todo?

Podemos alegar que no nos enoja la antipatía de María hacia otra persona porque se debe *a varios factores*. Por ejemplo, podemos pensar que la otra persona se merecía que le cantaran las cuarenta: «Estaba él tan metido en sus emociones que María se lo tenía que decir». Pero Shantideva responde rápidamente: «Bien, si ese es el caso, y como parece que a ti también te consume la emoción, ¿no tiene María todo el derecho a rechazarte a *ti* también?». Me da la impresión de que Shantideva se está divirtiendo con su lógica y sus argumentos.

6.64 Incluso quienes profanan, menoscaban y denigran
la enseñanza sagrada, los stupas y las imágenes
no se merecen realmente ser el blanco de nuestra ira,
porque a los mismos budas no les afecta lo que hacen.

Podemos quizá creer que nuestra ira está justificada si alguien daña las enseñanzas o las imágenes sagradas, pero Shantideva no está de acuerdo. Los mismos budas no se enfadarían, de hecho, lo único que sentirían sería compasión, así que, ¿cómo podemos pretender tener tal superioridad moral como para representarlos?

6.65 E incluso si nuestros maestros, parientes y amigos
son ahora quienes sufren la agresión,
deberíamos ver que todo, como queda dicho,
tiene causas y factores, y refrenar nuestra ira.

La estrofa 65 habla acerca de cultivar la paciencia cuando se calumnia a aquellos que amamos y admiramos. Si nuestro maestro es objeto de agresión, es ridículo enfadarse, porque eso es exactamente lo que él no quiere que hagamos. Si desacreditan a alguien que amamos, podemos de nuevo hacer la reflexión de que, exactamente igual que nosotros, los agresores son víctimas de sus kleshas. Si nos enfurecemos, nos convertimos en el espejo de nuestros enemigos, reflejándoles. Sin embargo, ellos no tienen enseñanza alguna que les permita trabajar con sus emociones. Como somos conscientes de que incluso disponiendo de estas enseñanzas seguimos teniendo dificultades, podríamos ser más tolerantes con nuestros adversarios y *refrenar nuestra ira*.

6.66 Los seres vivos y las cosas inanimadas,
¿acaso no dañan a los seres por igual?
¿Por qué nos enfadamos solo con los primeros?
Mejor sería aguantar todo daño, sin más.

Este se ha convertido ya en un mensaje conocido: no les guardamos ningún rencor a las ramas caídas, y seríamos sabios si tuviéramos la misma ecuanimidad hacia las personas agresivas.

6.67 Hay uno que hace el mal por simple ignorancia
y otro, ignorante, reacciona con rabia.
En tales acciones, ¿quién está sin tacha?
¿A quién de ellos dos le achacamos la falta?

Quizá una persona encuentre justificado hacernos daño, sin darse cuenta de lo mucho que se está dañando a sí misma. Quizá también nos venguemos movidos por la misma ignorancia. Así que, ¿quién está en lo correcto y quién equivocado? ¿Acaso no estamos los dos en el mismo barco?

6.68 Pensemos, en vez de ello, en nuestros actos del pasado,
que nos llevan a que hoy nos hieran otras manos.
Como todo lo que ocurre depende del karma,
¿por qué ese tipo de cosas me han de dar rabia?

Para aclarar este punto, Shantideva repite su reflexión acerca de las consecuencias kármicas: «Esta persona y yo tenemos una deuda kármica. Puedo responder de una manera que borra la deuda y nos beneficia a ambos o seguir girando la rueda de la infelicidad. Lo que yo decida».

6.69 Como esto lo tengo claro, venga lo que venga,
seguiré sin titubeos el camino virtuoso;
y también promoveré en el corazón de todos
la actitud de amarse unos a otros.

Shantideva tiene muy claro que no hay ninguna justificación válida para el odio. En vez de engañarse a sí mismo diciendo que la agresividad es justificada, se dedicará a fomentar *la actitud de amarse unos a otros*.

En una ocasión le pregunté a Thrangu Rimpoché cómo podía trabajar con la ira que sentía hacia mi madre. Me dijo que probara durante un tiempo a permitirme sentir rencor hacia ella. Después me dijo que debía recordar cualquier gesto cariñoso que me había mostrado cuando yo era niña e intentara sentirme agradecida durante una o dos semanas. Finalmente, dijo, ¡podía decidir por mí misma la actitud que quería cultivar durante el resto de mi vida!

6.70 Cuando un edificio está ardiendo, pongamos por caso,
y saltan de una casa a otra las llamas,

¿no es lo más sensato sacar de allí la paja de inmediato
y cualquier otra cosa que sirva al fuego de pasto?

6.71 Pues así deberíamos sacar con gran premura,
por temor a que el mérito se consuma del todo,
todas las ataduras de nuestra mente:
yesca para el fuego abrasador del odio.

Aquí Shantideva es muy preciso acerca de cómo calmarnos
cuando ya ha surgido la ira: debemos quitar el combustible que
hace que la ira se dispare, la yesca que consiste en desear que las
cosas sean como nosotros queremos.

Cuando miramos de cerca *las ataduras de nuestra mente,*
podemos ver que no pueden mantenerse sin nuestros enredos
mentales. Cuando aparece el *fuego abrasador del odio,* podemos enfriarlo reconociendo los pensamientos obsesivos y dejando que se vayan. La herramienta para poder hacerlo es la
meditación shámatha, que Shantideva nos presentó en el capítulo cinco.

Durante la meditación, reconocemos que nuestra mente divaga
y, simplemente, volvemos a estar presentes. Para hacerlo más fácil,
podemos añadir el siguiente paso: etiquetar los pensamientos
como tales, diciendo: «pensamientos». Esta técnica disuelve suave
y objetivamente la corriente de cháchara habitual y sus creencias
subyacentes. Como quitar la yesca de un edificio en llamas, desinfla
esa poderosa energía que nos arrastra antes de inflamarnos*.

---

* Consúltese el capítulo cuatro de mi libro *Cuando todo se derrumba,* acerca
de cómo meditar.

6.72 ¿Acaso no es afortunado el reo que, condenado a pena de muerte,
es liberado a cambio de que le corten una mano?
¿Y no tengo yo suerte si ahora, para escapar del infierno,
sufro solo las penurias del estado humano?

Abstenerse de la ira duele; hace falta valor para hacerlo.
Cuando el gancho del shenpa es fuerte, lo que queremos es hablar indignados con nuestros amigos, gritar a nuestros enemigos y echar más leña al fuego de la ira con nuestros pensamientos. Shantideva admite que hay dolor cuando no devolvemos ojo por ojo, comparable al horror de que nos corten una mano. Pero el dolor producido al abstenerse merece mucho la pena, pues es como perder una mano en vez de la vida. Nos permite tranquilizarnos, *y escapar del infierno.*

6.73 Si para aguantar mi sufrimiento actual,
necesito una fuerza que hoy en día no tengo,
¿no debería apartar ya mi ira,
causa de futuros suplicios infernales y tormentos?

La idea se repite: aguantando el sufrimiento relativamente llevadero y breve del periodo de desintoxicación, evitamos una agonía mucho mayor. La clave está en responsabilizarnos de nuestras acciones. Nuestro bienestar futuro depende de lo que hagamos ahora mismo.

6.74 En miles de ocasiones soporté,
para conseguir todo lo que deseaba,
las torturas de los mundos infernales,
sin que para mí o los demás lograra nada.

6.75 No son las penas actuales nada al lado de aquellas,
pero aún así sacaremos de ellas un gran provecho.
No hay nada más correcto entonces que alegrarse
de estos problemas que alivian el dolor de los errantes.

Cuando leo esto, recuerdo una etapa anterior de mi vida en la que sufrí mucho a causa de las relaciones. Había dolor al empezarlas, más dolor incluso al acabarlas y, mientras duraban, una gran cantidad de energía derrochada.

Del mismo modo, nuestras carreras y otras cosas que perseguimos pueden llegar a sentirse como *las torturas de los mundos infernales*. Pensemos, ¿cómo nos vemos recompensados por todas ellas con el paso del tiempo? Quizá acabemos teniendo incluso unos hábitos más fuertes de lucha, avidez, odio y venganza. Si seguimos fortaleciendo estas viejas tendencias, nuestras penas actuales no serán nada comparadas con las venideras.

Esta es nuestra oportunidad para hacer algo diferente. Hemos pasado vidas intentando encontrar la felicidad en el modo samsárico habitual, así que, ahora, intentemos trabajar honestamente con la mente misma. Recordemos también el valor que tiene nuestro sufrimiento humano ordinario, nos puede hacer más humildes y enseñarnos a ser compasivos. El dolor al que hacemos frente mientras cambiamos viejos hábitos no solo merece la pena tolerarlo, ¡hay que festejarlo!

6.76 Cuando los demás disfrutan elogiando
a quienes tienen buenas cualidades,
¿por qué tú, ¡ay, mente mía!, no hayas
la misma satisfacción alabándolos?

Recordemos que todas las enseñanzas de este libro son instrucciones que Shantideva se está dando a sí mismo. En las estrofas 76 a 86, se levanta él mismo la moral acerca de cultivar la paciencia cuando sus enemigos reciben alabanzas y él no. No es fácil cuando otra persona recibe los elogios (o el trabajo, los extras o la pareja) que nosotros deseamos. No podemos pretender que eso no nos afecta. Cuando se elogian los talentos de los demás, se pregunta Shantideva, *¿por qué tú, ¡ay, mente mía!, no hayas la misma satisfacción alabándolos?*

Ahora no es el momento de poner el piloto automático. Podemos, en vez de ello, hacer algo revolucionario, podemos ir contra viento y marea alegrándonos por la buena suerte de los demás, podemos decirnos: «Me alegro por ellos, y si estuviera en su pellejo, quisiera que se alegraran por mí». Cuando la resaca de la rabia o del resentimiento hace que empiece a hundirme, enseñarme a mí misma el dharma de esta manera es a veces lo único que me salva de ahogarme.

> **6.77** El placer y la alegría que se obtiene haciéndolo
> originan por sí mismos la pura felicidad.
> Todos los santos nos instan a que lo desarrollemos,
> y es la manera idónea de ganarse a los demás.

Esta estrofa se refiere a «las cuatro alegrías» de practicar la paciencia. En primer lugar, la paciencia es intachable; en segundo, trae la felicidad; en tercero, *los santos* la alaban; y, por último, es el modo perfecto de ayudar a los demás.

Ocurre muy a menudo que, cuando conseguimos felicidad, nuestra ganancia ocurre, intencionadamente o no, a costa de lo que otra persona pierde. Si nosotros conseguimos el trabajo, otro no; y si ganamos la medalla de oro en las Olimpiadas, otros lloran por haber perdido. No es que seamos maliciosos o que estemos errando, de ningún modo, sino simplemente que las cosas son así. Incluso sin pisar a alguien a posta, nuestra felicidad tiene cierta «tacha» sutil. La práctica de la paciencia, sin embargo, es *intachable*. Con ella, en todos los casos, nadie pierde y todos salen ganando.

La práctica de la paciencia produce felicidad; esta es la segunda alegría. No es que siempre nos dé un placer instantáneo, por supuesto, a veces se trata simplemente del gran alivio de disminuir la carga de la rabia. El mero hecho de pararse y relajarse en vez de devolver ojo por ojo va produciendo gradualmente un bienestar inquebrantable. Vemos que muy poca gente nos provoca y que el mundo es un lugar más amistoso.

La tercera alegría es que los budas alaban la paciencia. En su significado más profundo, esto significa que la paciencia nos acerca a nuestra naturaleza de buda, o bondad fundamental.

La cuarta alegría es que la paciencia nos permite comunicarnos con sensatez, hace posible que nos escuchen y es, por tanto, *la manera idónea de ganarse a los demás*. En otras palabras, la gente escucha lo que queremos decir porque no se siente amenazada ni acusada.

> **6.78** Me dices; «Mas son ellos quienes tendrán dicha felicidad».
> ¿Sí? Pues si esta alegría te causa tanto malestar
> deja de devolver favores y de dar a otros su jornal,
> y en esta vida y en la próxima... ¡tú serás quien perderá!

A veces pensamos que ya está bien de escuchar acerca de las virtudes de la paciencia. Hasta cierto punto, vale, nos lo creemos, pero visceralmente preferimos la lógica convencional, la lógica del «¿y yo qué?». ¿Por qué no debo sentir envidia cuando solo alaban a los demás? ¿Por qué no debería sentirme excluido, solo y fatal cuando son los demás quienes están rodeados de amigos? El razonamiento samsárico dice que otra persona va a conseguir toda la felicidad en vez de uno mismo.

Si es así como nos sentimos, pregunta Shantideva, ¿por qué íbamos a querer que nadie fuera feliz? ¿Por qué molestarse *en devolver favores y en dar a otros su jornal*? Simplemente porque la gente trabaje para nosotros o nos ayude, ¿por qué hacer algo que les haga sentirse bien?

Puede que su refutación no sea fácil de comprender, pero merece la pena tenerla en cuenta: dejar de practicar la paciencia sería como dejar de pagar salarios o de devolver favores. Si lo hacemos, lo más normal es que la gente nos coja antipatía y, en cuanto a los kleshas, fortalecer el mal humor y los celos no nos va a traer felicidad alguna. Lo miremos por donde lo miremos, salimos perdiendo.

6.79   Cuando colman de alabanzas tus cualidades,
      te interesa que ello agrade a los demás.
      Mas cuando es a otro a quien halagan,
      no sientes gana alguna de alegrarte.

Esta estrofita es muy apropiada hoy en día. Se la podríamos leer a cualquier persona de cualquier cultura, raza o clase económica, en cualquier lugar del mundo, y la comprendería. Las dos últimas estrofas describen una respuesta humana predecible: nos sienta mal que halaguen a los demás en vez de a nosotros. Lo que dice Shantideva es que fomentar este tipo de respuesta no va a hacer feliz a nadie.

6.80 Pero tú deseas que los seres logren la felicidad,
y has querido iluminarte para su bienestar.
Así que, ¿por qué te irritas cuando ellos
han encontrado algo que les place?

6.81 Y si alegas que quieres que los seres se iluminen
y sean honrados por el mundo triple,
¿por qué te desasosiegas tanto
cuando gozan de pequeñas muestras de agrado?

Hacemos el voto de bodhisattva para trabajar por la felicidad de todos los seres sensibles, pero luego nos fastidian las interacciones más triviales, ¡qué ironía! A veces, lo único que podemos hacer es reírnos de esas reacciones nuestras tan predecibles. Preferiríamos viajar alrededor del mundo para ayudar a los huérfanos sin hogar que ocuparnos de nuestra madre o de nuestro cónyuge. Shantideva nos alienta a cumplir nuestro voto trabajando con entusiasmo con las provocaciones cotidianas.

6.82 Cuando las personas que están a tu cargo,
y que mantienes porque a ello estás obligado,
hallan por su cuenta su propio sustento,
¿te sientes contento o te enfadas de nuevo?

En esta ocasión, Shantideva se vale de la ironía para señalarnos nuestras disparatadas flaquezas. Por lo menos uno o dos seres sensibles nos están ahorrando alguna tribulación en el camino del bodhisattva porque han hallado ellos solos la felicidad, aunque esta sea la de recibir elogios que creemos no se merecen. Sentimos alivio cuando los hijos que dependen de nosotros consiguen un trabajo y se valen por sí mismos, y podríamos sentir el mismo alivio cuando un ser sensible nos ahorra trabajo como bodhisattvas.

> **6.83**   Y si ni siquiera eso les deseas a los demás,
> ¿cómo ibas a desearles la budeidad?
> ¿Y acaso el bodhichita lo puede poseer
> aquel que se irrita cuando a otro le va bien?

Continúa con el tema de practicar la paciencia cuando los demás, especialmente quienes nos desagradan, reciben alabanzas o recompensas. ¿Cómo podemos decir que queremos que la gente alcance la realización si ni siquiera queremos que los elogien? Y, de nuevo, Shantideva nos recuerda que justificar el rencor (o, por cierto, sentirse culpable por tenerlo) ahoga el corazón de la bodhi. No hay ninguna práctica más importante que relacionarnos honesta y sensatamente con las irritaciones que nos acosan en la vida cotidiana.

> **6.84**   Tanto si a otra persona le dan un regalo,
> como si este sigue en casa de quien se lo iba a dar,
> en ningún caso acaba cayendo en tus manos,
> y así, ¿qué te puede importar que se dé o no?

> **6.85**   ¿Por qué ibas a tirar todas tus valiosas virtudes,
> todo el mérito y la fe que en ti tienen los demás?
> Dime, ¿no tendrías que enfadarte contigo mismo
> por ponerte a dilapidar lo que puede hacerte rico?

Shantideva se dice a sí mismo y a sus compañeros monjes: si le dan un regalo a alguien, o no se lo dan, en ningún caso somos *nosotros* quienes lo vamos a recibir, así que no nos torturemos con pensamientos de envidia u odio. Si estamos tan dispuestos a echar por tierra nuestra paz mental, podríamos también tener celos de nosotros mismos.

No está sugiriendo, por supuesto, que nos vilipendiemos a nosotros mismos, sino que podríamos simplemente admitir que las vueltas que da nuestra mente siguiendo las mismas tendencias de siempre nos causan problemas. Tenemos aquí una elección: cuando alguien sea recompensado inmerecidamente, según nuestro punto de vista, podemos dejar que eso destruya nuestra paz mental o soltar.

> **6.86** No solo no te arrepientes nada
> por las maldades que has cometido,
> sino que además vas y te comparas
> con quienes se han ganado el mérito.

Cuando, ajenos a lo que hacemos, echamos pestes de aquellos que han tenido suerte —«¿Por qué le han dado a otro el trabajo? ¿Por qué le subieron el sueldo? ¿Por qué ganó la lotería?»—, nos olvidamos de que puede ser debido a sus acciones virtuosas previas. Ahora se encuentran experimentando los resultados y el mérito de aquellas acciones virtuosas del pasado. Nuestro rencor y pestes, por otro lado, no nos producirán ningún resultado positivo en el futuro.

Los versos que siguen se refieren a la práctica de la paciencia en esas ocasiones en las que nos alegramos de las dificultades que está pasando nuestro enemigo.

> **6.87** Cuando tus enemigos caen en la desgracia,
> ¿por qué ello hace que te sientas alegre?

Los meros deseos de tu sola mente
no lograrán, de hecho, que resulten heridos.

6.88 Y si con tus deseos hostiles quisieras causarles daño,
¿tendrías algún motivo —insisto— para sentirte tan ufano?
«¡Claro! Estaría satisfecho». ¿Es eso lo que estás pensando?
Dime entonces si hay alguien que se haya degradado tanto.

6.89 ¡Mordido el insufrible y afilado anzuelo
que lanzó el pescador, mi propio envilecimiento,
me veré arrojado a las calderas del averno,
donde seguro me hervirán los guardas del infierno!

Con toda seguridad, es muy tentador disfrutar de la desgracia de nuestros enemigos. Shantideva nos compara a un pez que divisa una lombriz en el anzuelo. Tanto si somos conscientes del anzuelo como si no, seguimos queriendo morder esa jugosa lombriz. Las consecuencias, tanto para nosotros como para el pobre pez, son las mismas: satisfacción a corto plazo y un final desagradable. Morder el afilado anzuelo del odio y de los celos nunca nos traerá confort ni tranquilidad.

6.90 La veneración, los elogios y la fama
no sirven para aumentar mérito ni longevidad;
no me dan fuerza ni salud alguna,
ni ningún bienestar corporal.

6.91 Me preguntaría si iban a darme algún provecho,
si fuera sabio y viera lo que es bueno para mí.
Porque si lo quiero es entretenimiento,
¡también al alcohol y a la baraja podría recurrir!

Quizá no caemos en la envidia ni nos sentimos insultados cuando los demás obtienen lo que creemos merecernos, es posible que nuestra debilidad sea *la veneración, los elogios y la fama.* No obstante, lo que creemos que va a cambiar de un modo significativo nuestras vidas —la fama, los elogios, la posición social, una nueva casa, nuestra media naranja— no parece que a la postre elimine la infelicidad durante mucho tiempo ya que, tras la satisfacción inmediata, normalmente volvemos a donde estábamos al principio.

No es frecuente que esta verdad tan simple nos cale hondo. Incluso cuando haya una evidencia muy clara que muestre lo contrario, seguimos valiéndonos de las relaciones, la reputación o la riqueza para alterar considerablemente nuestro estado mental. Shantideva se pregunta si estas suposiciones habituales son realmente inteligentes y afirma lo obvio: no importa el éxito que tengamos para conseguir lo que queremos, eso no alargará nuestra vida, nuestra satisfacción a largo plazo ni nuestro mérito. Esperar la felicidad duradera debido a un cambio en las circunstancias externas siempre nos va a defraudar.

Con su ingenio habitual, lo que Shantideva dice, de hecho, es que si la adicción a los elogios y a la fama surge del deseo de satisfacción, sería mejor dejar los votos monásticos y empezar a beber y a jugar, ¡obtendríamos la misma satisfacción pasajera! Siempre me he preguntado si los monjes que escuchaban a Shantideva estaban escandalizados o entretenidos con estas palabras.

> **6.92** Desperdicio mi vida entera y dilapido mi riqueza,
> todo por la reputación y por el qué dirán.
> ¿Mas de qué valen las palabras y a quién agradarán
> cuando yazca mi cadáver en la tumba?

Algunos de nosotros haríamos cualquier cosa para tener éxito. Es posible que incluso hayamos corrido riesgos temerarios con la esperanza de ser reconocidos y admirados. Pero, a la larga, ¿merece la pena ese júbilo pasajero?, ¿podremos valernos de él en el momento de la muerte?

6.93 Los niños no saben cómo dejar de llorar
cuando el mar desmorona sus castillos de arena.
¡Ay!, cómo se parece mi mente a ellos
cuando empiezo a echar de menos la fama y los elogios.

La vida es transitoria y pasa con rapidez. La gente que ha estado cerca del momento de la muerte dice que pudieron ver en un instante toda su vida ante sus ojos. Invertimos muchísima energía en conseguir que la gente nos admire, pero nuestra reputación, como todo lo demás, es tan impermanente como los castillos de arena, y apegarse a ella produce mucho dolor innecesario.

Hay un cómic de Charlie Brown que muestra a Lucy construyendo un castillo de arena muy complicado y diciendo orgullosa: «Y dentro de mil años, la gente verá lo que yo hice hoy aquí y estará totalmente asombrada». Shantideva se está refiriendo aquí a esa actitud disparatada.

Es mejor que te veas como un personaje de una obra de teatro. Puedes actuar como la persona famosa o admirada, sin tomarte esa identidad demasiado en serio. Si los elogios y la reputación son tan frágiles como los castillos de arena, no molestarse cuando se deshacen con el cambio de marea es una actitud realista. Entonces puedes construir un castillo de arena magnífico, adornarlo con bellas conchas y piedras. Puedes incluso llamar a más gente para ayudarte y disfrutar mucho haciéndolo juntos y, cuando lleguen las olas, allá se va.

La creación de los mándalas de arena tibetanos muestra este proceso. Para hacer estos mandalas ceremoniales hacen falta días de atento trabajo, pero al final del ritual se barren con todo el respeto. Luego se coloca la arena en un cuenco y se devuelve al mar, y no queda nada en absoluto.

Una vez estaba viendo con una amiga un documental en la televisión acerca de unos monjes tibetanos que estaban construyendo un mandala de arena. Ella estaba hipnotizada por la belleza del mandala, aunque no tenía ni idea del final de la ceremonia. Cuando finalmente se destruyó el mandala, yo ni me inmuté, pero ella casi se puso histérica y no podía creer lo que estaba pasando. Comprender la naturaleza impermanente de nuestras vidas es una de las claves de la ecuanimidad.

6.94 Un breve sonido que carece de conciencia
no pretenderá nunca darme una alabanza.
Y si digo que la alegría que los demás sienten por mí
es la causa de que yo esté alegre,

6.95 ¿a mí de qué me sirve que los demás se alegren
por alguna otra persona, aunque fuera por mí?
De su placer no puedo sentir ni la menor parte,
es solo suyo y no lo pueden compartir.

6.96 Si me hace feliz la alegría de quienes disfrutan,
entonces todos deberían causarme alegría.
Siendo así, ¿por qué me desagrada la felicidad
de la gente que disfruta de los demás?

6.97 Por tanto, esa satisfacción personal
que tengo cuando pienso: «Me elogian»,

el sentido común no la puede aceptar,
son caprichos de un niño tonto y nada más.

En estas cuatro estrofas, Shantideva dice algo importante: todas las razones que se nos ocurren para justificar que necesitamos que nos alaben son, de hecho, pasto para el engreimiento. Tarde o temprano nos esclavizará nuestra avidez infantil del deseo de confirmación. Shantideva dice que estas palabras huecas no son más que sonidos de poca duración y que es de tontos tomárselos en serio.

Si argumentamos que nuestra satisfacción no viene de que nos elogien, sino de que hacemos felices a los demás cuando nos valoran, estamos siendo bastante mezquinos. Para empezar, el placer no es transferible; y además, si nuestra motivación bodhisáttvica es hacer felices a los demás, ¿por qué no nos agrada que los demás expresen agradecimiento a nuestros enemigos?

6.98 Los elogios y las alabanzas me distraen,
mientras minan mi repulsa hacia el samsara.
Comienzo a envidiar las cualidades de los demás
y entonces toda mi virtud se echa a perder.

En la estrofa 98, Shantideva concluye esta parte con tres razones por las que es vano buscar continuamente confirmación. La primera es que *los elogios y las alabanzas* nos crean dependencia: empezamos a depender de las opiniones que los demás tienen de nosotros para sentirnos bien.

La segunda es que la admiración excesiva socava nuestra *repulsa hacia el samsara*. Si somos capaces de lograr que nos estimen y respeten, es posible que empecemos a creer que el estado placentero resultante equivale a la felicidad duradera. Quizá nos engañemos pensando que ya no tenemos flaquezas que trabajar, que ni siquiera tenemos que ser humildes.

La tercera es que aumenta la envidia de las cualidades ajenas. Quizá pensemos que ya no necesitamos elogios, pero, ¡cuidado!, cuando los elogios a que nos hemos acostumbrado se dirigen hacia otra persona, los celos pueden colarse. Estos son una señal que nos avisa de un punto flaco nuestro.

6.99 En consecuencia, toda esa gente cercana
que me baja los humos y mancha mi buen nombre,
está ciertamente dándome protección
evitando mi caída a los mundos de dolor.

Con esta estrofa 99, Shantideva comienza un apartado acerca del valor de la gente que nos fastidia. Considerando que vivió en un monasterio en el que muy pocos le respetaban, esta bien puede haber sido una de sus prácticas principales y, probablemente, tuvo muchas oportunidades de usar los consejos que nos ofrece aquí.

Aquellos que nos lo hacen pasar mal, esas personas con las que cuesta estar o que nos sacan constantemente de quicio, son precisamente quienes nos muestran dónde estamos atascados. El gran maestro de meditación Atisha se hacía acompañar siempre en sus viajes de un joven con muy mal genio con la excusa de que le preparara el té, pero lo hacía para bajarse los humos. Si no hubiera tenido este sirviente para medirse, es posible que se hubiera engañado a sí mismo acerca de su grado de ecuanimidad. La gente que nos provoca pone el listón de la paciencia muy alto y, si podemos superarlo, podremos practicar la paciencia con cualquiera.

6.100 Puesto que soy alguien que busca la libertad,
no me deben atrapar ni honores ni riqueza.
¿Cómo podría enfadarme con quienes colaboran
a que yo me libere de mis propias cadenas?

6.101 Como la misma bendición de Buda,
también le ponen trabas a mi obstinado intento
de sumirme de lleno en la amargura,
¿cómo puedo entonces enfadarme con ellos?

La próxima vez que te irrites, prueba a recordar esta lógica: la gente fastidiosa nos muestra cosas que no queremos ver. Nos revela cómo nos metemos en un atolladero y cómo creamos continuamente nuestra propia amargura. ¡Ni siquiera los budas pueden otorgar una bendición mayor!

6.102 No debería irritarme diciendo que esas personas
no presentan más que obstáculos contra mis buenas obras,
¿acaso no es la paciencia la austeridad suprema
y no se supone que he de atenerme a ella?

En vez de considerar que quienes nos fastidian no son sino *obstáculos contra nuestras buenas obras,* podemos verlos como ayudas con las que aprendemos a practicar la paciencia.

6.103 Y si no logro practicar la paciencia
impedido por mis propios defectos,
yo mismo seré quien ponga obstáculos,
aunque esté tan a mano esta causa de mérito.

En el momento en que perdemos los estribos recibimos una llamada de atención: «¡Oh, no! ¡Lo hice otra vez!». Valiéndonos del desenfado en vez de la culpabilidad, podemos ver el humor presente en la situación, y seguir adelante con un corazón liviano gracias a lo que hemos aprendido.

Todos deberíamos esperar recaídas. Nadie ha dicho nunca que desenredarse de nuestras viejas tendencias iba a ser rápido o fácil, así que es mejor reconocer que todavía somos susceptibles a la provocación y no echarle la culpa a otro.

6.104 Si algo no puede existir cuando otra cosa está ausente,
pero efectivamente surge cuando aquella está presente,
esa cosa es un factor necesario para causarlo,
¿cabría afirmar entonces que puede obstaculizarlo?

El cultivo de la paciencia depende de que haya alguien que nos provoque. Gracias al chico que le preparaba el té, Atisha cultivó la capacidad de permanecer relajado y despierto incluso en las situaciones más fastidiosas. Así que, ¿cómo podemos decir que nuestros enemigos y la gente que nos causa problemas son obstáculos? Sin ellos, no tendríamos nunca la oportunidad de practicar la no agresión.

6.105 Los mendigos que aparecen en la ocasión justa
no ponen ningún obstáculo a la generosidad.
¡Y no podemos decir que quienes dan los votos
presentan impedimentos a la ordenación!

Cuando queremos recibir la ordenación monástica, necesitamos un preceptor que la administre, y cuando lo que queremos es practicar la generosidad, los mendigos nos dan la oportunidad. ¡No podríamos practicar la paciencia sin la gente fastidiosa! De nuevo, Shantideva se vale del humor para mostrar este punto.

6.106 Los mendigos del mundo son muy numerosos;
los atracadores, en comparación, son pocos.
Y es que si yo no hago daño a los demás,
pocos serán los que me lastimarán.

Este es el dilema del bodhisattva: nos gustaría practicar la paciencia pero, al hacerlo, cada vez hay menos gente que nos irrita. Cuesta más encontrar a quienes nos pueden lastimar y son infrecuentes las oportunidades para practicar.

6.107 Y así, como un tesoro que he encontrado en casa
y conseguido sin pasar ninguna clase de fatiga,
mis enemigos me ayudan en mi labor de bodhisattva
y deberían ser para mí por tanto motivo de alegría.

La próxima vez que alguien te provoque, detente un momento y repítete a ti mismo: «*Como un tesoro que he encontrado en casa y conseguido sin pasar ninguna clase de fatiga*, tú, mi querido incordio, eres el vehículo que lleva a una persona confundida como yo a alcanzar la realización». Aunque al principio no sea muy convincente, este tipo de ideas contribuye mucho a desinflar la agresión.

6.108 Y puesto que gracias a los seres
mi paciencia ha ido en aumento,
sus primeros frutos he de ofrecerles
pues ella no tiene más causa que ellos.

¿Qué ocurre cuando te enfrentas a alguien que está siempre enfadado y no respondes con agresión? En primer lugar, no alimentas su ira y, en segundo, tienes la oportunidad de practicar la paciencia, el amor y la bondad. Así que, por tanto, los dos hacéis posible que se produzca este beneficio: tú al no reaccionar tanto y la persona enfadada dándote una oportunidad. De ese modo, *los frutos* de la paciencia maduran a causa de ambos. El mérito, no obstante, debe ofrecerse primero a la persona que te provoca, porque ella es la causa de que tengas paciencia, así que, muy agradecido, le deseas muy buena suerte.

Quizá nos estemos preguntando si nuestra práctica de la paciencia puede realmente salvar a alguien de sus propias consecuencias kármicas. Si el hecho de no reforzar su agresión le ayuda a detenerse y calmarse, entonces la respuesta es, con toda seguridad, afirmativa: podemos ayudarle a salir de su ira.

Por otro lado, si continúa enardeciéndose, la respuesta es negativa: nuestra paciencia no le está sirviendo para nada. Pero incluso entonces podemos decirnos: «Que esta conexión mutua, por muy desagradable que sea, pueda ser la causa de que alcancemos juntos la iluminación». De este modo, la persona se beneficiará en cualquier caso y nosotros, por supuesto, también.

6.109 Y si digo que a los enemigos no hay que honrar
    porque no fue su intención estimular mi paciencia,
    ¿por qué venero entonces el santo dharma,
    causa real, aunque inintencionada, de mi realización?

Muchos de nosotros no nos creeríamos de buenas a primeras los argumentos de Shantideva. ¿Por qué habríamos de desearles suerte a nuestros enemigos? ¿Por qué estarles agradecidos a quienes nos hieren sin la más mínima intención, ciertamente, de estimular nuestra paciencia? A lo que Shantideva responde: «¿Por qué entonces *veneras el santo dharma*?» El dharma no es más que palabras, que tienen la misma intención que tus enemigos de estimular tu paciencia, o sea, ninguna.

Para saber qué se merece nuestro agradecimiento, miremos el resultado final.

¿Cuál es el resultado de las palabras del dharma o del encuentro con un enemigo airado? Si resulta ser la paciencia, podemos estarles agradecidos a ambos. En lugar de decir: «Mi jefe no pretendía que yo fuera paciente, así que no se merece que le alabe», podemos decir: «Aunque no fuera su intención, yo soy ahora más paciente, así que le estoy agradecido».

6.110 «¡Protesto! Mis enemigos intentaron hacerme daño
y no se les debe obsequiar con ningún honor».
Mas si solo me hubieran dado la ayuda que da un doctor,
¿cómo hubiera llegado a alcanzar la paciencia?

Dzigar Kongtrul usa la expresión «la ilógica lógica del engreimiento». Puede costar a veces aceptar las razones de Shantideva, pero ¿tiene acaso más sentido la lógica habitual de la venganza y el rencor?

Quizá nos neguemos a cultivar la paciencia hacia quienes tienen intenciones maliciosas, pero Shantideva nos recuerda el ingenioso símil del doctor. Cuando un médico nos ayuda es posible que nos haga daño, pero no nos enfadamos con él porque sabemos que, al final, el dolor nos beneficiará. ¿No podríamos tener la misma actitud hacia el dolor que nos provoca la gente que se mete con nosotros? Ellos también nos benefician dándonos la oportunidad de practicar la paciencia. Además, si nos hubieran ayudado con todas sus buenas intenciones, como el médico, no hubiéramos tenido la oportunidad de sanar nuestra ira.

6.111 Quienes tienen la mente llena de malicia
facilitan que yo engendre la paciencia.
Ellos por consiguiente son su causa,
y se merecen igual veneración que el dharma.

Shantideva concluye este apartado con un resumen: como nuestros enemigos nos benefician, se merecen tanta veneración como el dharma. Si te has preguntado alguna vez qué significa la enseñanza mahayanista «Sé agradecido con todos», tienes en esos versos un comentario excelente.

6.112 Y por ello el gran Sabio menciona el campo de los seres
además del campo de los Victoriosos*,
porque han sido muchos quienes haciendo felices a otros
han trascendido y alcanzado la perfección.

6.113 Por tanto, el estado de budeidad depende
de los budas y de los seres igualmente.
¿Qué clase de práctica sería la que honrara
a los budas pero ignorara a los seres?

En estos versos, Shantideva hace la extraordinaria afirmación de que los seres sensibles como nosotros son tan dignos de vene-

---

* El budismo mahayana habla de campos (*o tierras*) de budas, dominios puros que estos crean para acoger en ellos a los seres y ayudarles en el camino hacia el despertar. Pero, según el *Dharmasangitisutra*: «El campo de los seres es un campo de budas porque es en él donde se alcanzan las cualidades de un buda» (A partir de la traducción inglesa de Stephen Batchelor, nota 23, *N. del T.*).

ración como los budas completamente despiertos. Cuando mantenemos a los seres sensibles en el foco de nuestra práctica (sea esta la de la paciencia, compasión, generosidad, amor o bondad), ellos se convierten en la causa de nuestro despertar espiritual, y tienen por tanto el mismo valor que los budas.

6.114 Si bien difieren en las cualidades de sus mentes,
en los frutos que producen en efecto se parecen.
En los seres, además, mora la misma excelencia,
¡así que no hay diferencia entre budas y seres!

Es muy tentador cuestionar esta enseñanza. Los seres sensibles están, después de todo, confusos y ensimismados, mientras que los budas están totalmente cuerdos. Mas Shantideva repite lo que ya había afirmado: *en los frutos que producen en efecto se parecen.* Como interactuamos constantemente unos con otros, y rara vez nos encontramos con un buda totalmente despierto, ¡puede que los seres sensibles nos ofrezcan incluso más oportunidades de cara a la liberación!

6.115 Las ofrendas que hacen a los que aman a todos
revelan la nobleza de los seres vivos.
Y el mérito que se obtiene por la fe en el Buda,
muestra a su vez la nobleza que este tiene.

Los que aman a todos se refiere a quienes tienen amor, bondad y compasión hacia cualquier ser. Que se hagan ofrendas a esas personas tan evolucionadas *revela la nobleza de los seres vivos.* ¿Por qué? El despertar de estas personas ocurrió a causa del trabajo que llevaron a cabo con los seres sensibles, esos seres difíciles que sufren como tú y como yo. Y entonces la nobleza de los seres vivos es tan grande como la de los budas.

> **6.116** Aunque no haya seres sensibles que sean
> iguales a los budas, mares de perfección,
> podemos equipararlos a los budas
> porque ayudan a lograr la iluminación.

> **6.117** Si de la acumulación de excelencia suprema de los budas
> apareciera en algún ser sensible una parte minúscula,
> y en reconocimiento juntásemos los tres mundos para dárselos
> como ofrenda,
> sería esta, en comparación, una cosa muy pequeña.

Ciertamente, los iluminados tienen a su disposición muchísimo más mérito y la facultad de estar más despiertos que tú o que yo, pero incluso una parte minúscula del mérito que supone el estado despierto nos hace merecedores de ilimitadas ofrendas. El más leve reconocimiento del bodhichita, la más ligera disposición a entrar en el camino del bodhisattva, hace que seamos tan merecedores de ofrendas como los budas. A mí estas palabras me dan mucho ánimo.

> **6.118** Y puesto que los seres también han colaborado
> a la hora de producir el estado supremo del despertar,
> son en virtud de ello solo realmente equiparables,
> y por ello es correcto que vaya a venerarles.

La estrofa 118 presenta un resumen conciso de esta parte. Es importante señalar aquí que *todos* los seres *han colaborado a la hora de producir el estado supremo de la budeidad,* incluyéndonos, por supuesto, a nosotros mismos.

6.119 Los budas, buenos y fieles amigos, nunca me han fallado,
y me proporcionan beneficios ilimitados.
¿De qué otro modo podría corresponder a su bondad
sino haciendo que los seres vivos sean felices?

6.120 Auxiliando a los seres correspondemos a quienes se lanzan,
sacrificando sus vidas por nosotros, al infierno del Dolor Implacable.
Por ello, aunque los seres me hagan un gran daño,
mis esfuerzos serán solo en su provecho.

En las estrofas 119 a 127, Shantideva nos da tiernos consejos acerca de cómo devolver a nuestros maestros la bondad que nos prodigaron. Los maestros son las personas que nos muestran una perspectiva más amplia y que intentan que no nos desviemos. ¿Cómo les devolvemos su bondad? Lo hacemos, dice Shantideva, siendo pacientes con los demás.

En el ámbito de lo cotidiano, la gente hace mucho para evitar que suframos. Incluso si no tenemos un maestro de dharma, sabemos que la familia, los amigos, o incluso los extraños, nos benefician. Hay gente que está dispuesta a hacer frente a las incomodidades personales y al dolor para ayudarnos, y Shantideva nos dice que ahora podemos corresponderles, tratándonos mutuamente con amor y bondad.

6.121 Y como quienes han pasado a convertirse en mis señores,
ni se ocuparon de sus cuerpos en algunas ocasiones,
¿por qué yo, un necio nada más, actúo con tanta vanidad?
¿Por qué no habría de convertirme en esclavo de los demás?

Si nuestros maestros y otras personas están dispuestos a pasar molestias por nosotros, ¿por qué no podemos hacer lo mismo? ¿Será acaso la arrogancia, reflexiona Shantideva, la que nos impide rebajarnos?

He visto a mi hijo y a mi nuera levantarse en medio de la noche para cuidar a mis nietos, que estaban vomitando o ensuciándose con sus excrementos. Los cogían, los limpiaban y quizás se acostaban a su lado cerca del baño. Es muy probable que incluso esos padres a los que hoy guardamos rencor hicieran exactamente lo mismo por nosotros cuando éramos jóvenes y desvalidos.

Como bodhisattva en ciernes, podrías empezar hoy mismo a tomarte alguna molestia por los demás. Empieza con un amigo cercano o un ser querido, dejando después que aumente tu buena disposición para abordar situaciones que supongan un reto mayor. Llegará el día que seas capaz de abrirte y ayudar a cualquier ser, como si fuera tu propio hijo. Este es un camino gradual que va aumentando la capacidad de extendernos cada vez más.

Shantideva dice que aquellos que más venera nunca se creyeron demasiado buenos como para ayudarle. Incluso cuando él se veía como un tonto, sus maestros nunca le dieron la espalda. La mejor manera de agradecérselo es seguir su ejemplo.

6.122 La alegría de los seres pone felices a los budas,
que se amargan y lamentan cuando ven que padecen.
Alegrando, pues, a los seres, a los budas también agrado,
pero si me pongo a herirlos, asimismo a los budas daño.

Para contentar a nuestros maestros espirituales, no tenemos que cocinar para ellos o hacerles regalos, sino poner las enseñanzas en práctica. Los maestros de dharma disfrutan de la bondad y de la generosidad tanto como cualquier otra persona, ciertamente, pero no nos valdrá de mucho si mientras les sonreímos y agasajamos somos desdeñosos y mezquinos con los demás.

6.123 Exactamente igual que no hay placer sensual alguno
que plazca la mente de quien tiene el cuerpo en llamas,
nunca podremos agradar a los grandes y compasivos
mientras sigamos causando dolor a los demás.

Cuando se está quemando a un hombre en la hoguera, no podemos realmente preguntarle si prefiere costillas de cerdo o pollo frito, ni llevarle una pizza o ponerle un vídeo para aliviar su tormento. Estos gestos convencionales de generosidad resultarían más bien pobres a la vista de su agonía. Igualmente, cuando nuestros maestros ven que estamos haciendo sufrir intencionadamente a alguien, eso les produce tanto dolor que ningún *placer sensual* que les ofrezcamos aliviará la pena que sienten.

6.124 Todo ese perjuicio que a los seres he causado
a los budas entristece por su gran compasión.
Hoy hago confesión, por tanto, de todas estas maldades
y les suplico que sean pacientes con mis ofensas.

Cuando podemos reconocer de verdad el daño que nos hemos hecho, y que hemos hecho a los demás, tenemos una «tristeza positiva» que nos sana. Nos liberamos de la justificación o la culpa y podemos avanzar sin resaca. Este tipo de tristeza nos limpia. Movidos por esta actitud, nos ayudamos a nosotros mismos a la vez que devolvemos la bondad de nuestros maestros y amigos.

6.125 Y a partir de ahora alegraré el corazón de los budas,
siendo dueño de mí mismo y sirviendo al mundo,
incluso cuando un gentío me pisotee la cabeza o vaya a darme
muerte.
¡Qué los guardianes del universo se deleiten!

Ojalá que el entusiasmo de Shantideva por la práctica de la paciencia sea contagioso. Sin importar los retos que nos encontremos, que seamos capaces de responsabilizarnos de nuestros actos y de cultivar la capacidad de cuidar a los demás. Que podamos adiestrarnos en la no agresión, incluso cuando nos estén atacando.

6.126 Los grandes señores dotados de compasión
tienen a los seres por iguales, de ello no hay duda.
Aquellos que veo como seres son por naturaleza budas,
¿cómo no van a merecer que les trate con respeto?

Aquí Shantideva dice explícitamente que todos los seres *sensibles son por naturaleza budas*: todos los seres tienen la naturaleza de buda. Trungpa Rimpoché explicó de varios modos la naturaleza búdica. Enseñó que todos los seres tienen «los genes de la iluminación», tanto si son asesinos como budas. Los seres que sufren las agonías del infierno tienen exactamente la misma capacidad innata de despertar que los que disfrutan del gozo de la iluminación; todos tienen el mismo potencial.

También presentó esta enseñanza como «bondad fundamental», diciendo que podíamos interactuar unos con otros de tal manera que conectáramos con esta sabiduría básica en vez de oscurecerla. En vez de provocarnos mutuamente agresión y desánimo, podemos detenernos y permitir cierto espacio para que cada cual experimente ese punto de ternura dentro de sí mismo.

Tengo un recuerdo muy claro de un hombre airado atacando a Trungpa Rimpoché por sus enseñanzas acerca de la bondad fundamental, diciendo que la gente es fundamentalmente imperfecta. Rimpoché respondió calmadamente diciendo que la naturaleza última de todo tiende hacia la bondad y que no hay manera de pararlo, creamos lo que creamos.

6.127   Hacerlo complace el corazón de los budas
y asegura totalmente mi propio bienestar.
Esto es lo que apartará las amarguras de todo el mundo,
y a ello por tanto he de dedicar siempre mi trabajo.

Lo mejor que podemos hacer por nuestros maestros, nosotros mismos y el mundo es pensar en beneficiarnos mutuamente, en vez de en cómo hacernos daño.

6.128   Imagina que un enviado del rey
inflige heridas a multitud de gente.
Los que tienen la vista clara sabrían ver más allá
y no responderían con violencia, aunque pudieran.

6.129   Porque a los enviados del rey, después de todo,
como les apoya el poder regio no están solos.
Y por tanto nunca menospreciaré,
a quien me atormente por débil que pueda ser.

6.130   Son sus aliados los guardas del infierno,
y también los budas compasivos.

> Gratificaré entonces a todos los seres vivos
> como los súbditos aplacan a un rey colérico.

En las estrofas 128 a 134, Shantideva sigue insistiendo para hacernos ver que no tiene sentido ceder al tirón de la agresión. Su última enseñanza acerca del valor de la paciencia consiste en explicar, una vez más, que nuestras acciones tienen consecuencias kármicas. Si nuestra mente agresiva se fortalece, el mundo se tornará cada vez más infernal.

Aquí usa el símil de no responder al daño hecho por *los enviados* que están respaldados por el poder de *un rey colérico*. Es decir, molestarse con los pequeños agravios fortalece el poder de la agresión, y las consecuencias van a ser siempre desagradables.

La mayoría de nosotros cree que no pasa nada si nos dejamos llevar por las pequeñas irritaciones, el cotilleo sin importancia o un poquito de difamación. Sin embargo, dice Shantideva, cuando lo hacemos estamos reforzando la mente negativa. Por otro lado, si podemos reconocer a tiempo la seducción de la hostilidad y de la estrechez de miras, cuando todavía son sutiles, será mucho más fácil cortarlas de raíz.

Ambos, *los guardas del infierno* y los *budas compasivos*, son nuestros aliados. Si somos inteligentes acerca de las posibles consecuencias de nuestros actos, tanto el dolor como el placer nos motivarán a actuar sabiamente.

6.131 Y toda la ira de un rey colérico,
       ¿podría desatar sobre mí los martirios
       que habré de soportar en el infierno
       si causo sufrimiento a los seres vivos?

6.132 E incluso si ese rey quisiera agradarme,
no podría concederme la realización,
porque esta solo se puede alcanzar
haciendo felices a los demás.

¿Hay alguien que nos puede hacer más daño que nosotros mismos cuando fortalecemos la mente negativa? Un rey puede encarcelarnos o incluso matarnos, pero cuando nuestra mente hierve llena de agresión, nos parecerá un infierno eterno. Mirándolo desde el lado bueno, incluso si le agradáramos, ¿qué podría hacer realmente un rey por nosotros? ¿Darnos un buen trabajo, mucho dinero, una buena casa? ¿Y qué son estos placeres pasajeros si los comparamos con encontrar la libertad suprema y la felicidad inquebrantable? No hay nada que nos pueda producir más sufrimiento, o felicidad, que nuestra propia mente.

6.133 ¿Cómo no puedo ver que la budeidad futura
se alcanza dando felicidad a los seres sensibles,
y que si esto hago, aun en esta misma vida
aparecerán gloria, fama y bienestar?

6.134 Porque la paciencia trae, en el samsara,
cosas como hermosura, prestigio y salud;
de ella resulta una gran longevidad
y el vasto contentamiento de un monarca universal.

Shantideva argumenta finalmente que si la budeidad inquebrantable e indestructible no es suficiente incentivo, ¿qué puede serlo? Si practicáramos como nos sugiere, ¡tendríamos buen aspecto, nos sentiríamos bien y seríamos famosos!

Incluso la gente que es convencionalmente hermosa se pone más fea cuando frunce el ceño y se pone tensa. Y, además, la ira no es buena para la salud ni aumenta la longevidad, su único resultado es que no le gustamos a los demás. Incluso si no comprendemos nada de lo anteriormente dicho, reflexionar acerca de estos beneficios mundanos puede quizá motivarnos a escuchar el consejo de Shantideva. Si vieras que esto lleva tiempo y que recaes en la agresión, no olvides nunca que es muy importante ser paciente y tolerante contigo mismo.

Entusiasmo
Perseverancia heroica

EN EL SÉPTIMO CAPÍTULO comienza la tercera y última parte de *La práctica del bodhisattva*. Los primeros tres capítulos presentan maneras de entrar en contacto con el bodhichita, los siguientes tres explican cómo mantenerlo sin que decaiga y, en esta tercera parte, Shantideva nos dice qué hace que el bodhichita *crezca y florezca siempre cada vez más*.

La paramita de la diligencia funciona como un ingrediente milagroso que lleva entusiasmo a todo lo que hacemos. Los bodhisattvas no se comprometen con algo trivial, por ello, si nos faltara el entusiasmo, es posible que exageráramos nuestros esfuerzos o que tiráramos la toalla. El maestro de zen Suzuki Roshi lo expresa así: «Lo que estamos haciendo aquí es muy importante, ¡mejor que no lo tomemos muy en serio!». La clave es encontrar ese equilibrio entre «ni demasiado tenso ni demasiado flojo», ni demasiado celo ni demasiado desinterés.

Con ese ánimo, Trungpa Rimpoché nos alentó a conducimos en la vida como si fuera un experimento; una sugerencia que ha sido muy importante para mí. Cuando vemos la vida como un experimento, estamos dispuestos a probar esto y aquello porque, de un modo u otro, no tenemos nada que perder.

Esta flexibilidad inmensa es algo que aprendí siguiendo el ejemplo de Trungpa Rimpoché, cuyo entusiasmo le permitió conseguir muchísimas cosas en su vida. Cuando algo no funcionaba, la actitud de Rimpoché era «no es para tanto». Si toca que algo florezca, florecerá; y si no toca, no florecerá.

El truco es no quedarse atrapado en la esperanza y el miedo. Podemos entregarnos en cuerpo y alma a cualquier cosa que hagamos, pero si congelamos nuestra actitud, poniéndonos totalmente a favor o en contra de algo, nos estamos haciendo vulnerables al estrés. En vez de ello, podemos simplemente avanzar con curiosidad, preguntándonos a dónde nos llevará este experimento. Esta clase de curiosidad abierta capta el espíritu del entusiasmo, o perseverancia heroica.

7.1 Dotado pues de paciencia, me esforzaré con diligencia,
porque es en ella donde la iluminación se encuentra.
Igual que todo está quieto cuando no sopla el viento,
si no hay diligencia no puede haber mérito.

El viento es una metáfora adecuada para el entusiasmo, porque es como la brisa que sopla las velas del velero: totalmente liviana. No hace falta que mil personas empujen un barco para que surque el océano, se levantan las velas y el viento lo mueve para que avance fácil y naturalmente.

Al mismo tiempo, esta estrofa transmite una sensación de apremio, como dijo Suzuki Roshi, el trabajo que hacemos es muy importante. La brisa de deleite y el apremio con el que lo ponemos en práctica se complementan. No hay tiempo que perder, pero sin preocuparse: podemos hacerlo.

7.2 La alegría en la virtud, eso es la diligencia;
y los opuestos a ella se conocen por pereza,
sentir inclinación hacia lo que es dañino,
desánimo o derrotismo y menosprecio a uno mismo.

Los temas principales se introducen en esta segunda estrofa. En primer lugar tenemos la definición del entusiasmo o diligencia, la perseverancia heroica, como *alegría en la virtud*. A continuación tenemos su opuesto: el klesha de la pereza.

Una vez que confiamos en las enseñanzas, nos deleitaremos naturalmente en la virtud. Cuando me di cuenta, por ejemplo, de que las instrucciones de Shantideva podían hacerme salir de la infelicidad, sentí entusiasmo por ponerlas en práctica. Deleitarse en la virtud, en ese caso, significaba trabajar sabiamente con mis emociones y aprender a amansar la mente con suavidad, también quería decir tender una mano bondadosa de apoyo a tantos seres como fuera posible; y hacerlo con entusiasmo y no por obligación.

Puedo decirte, por propia experiencia, que cuando se produce un giro hacia el entusiasmo, la vida adquiere un gran sentido. No se trata del sentido que viene de la profesión o de las relaciones, sino de usar todo lo que ocurre como una oportunidad para despertar. Siempre habrá retos, pero no es necesario verlos como obstáculos. Todo forma parte del camino hacia la realización.

A continuación tenemos lo opuesto a la diligencia, que Shantideva nos presenta en una tríada: la pereza en sí, no estar dispuesto a hacer un esfuerzo y el abatimiento del menosprecio. En la segunda estrofa, describe los dos primeros tipos de pereza como *inclinación hacia lo que es dañino*.

Trungpa Rimpoché llama al primer tipo de pereza «inclinación hacia lo cómodo». Usamos la comodidad para huir de nuestra desazón. Pero esto no significa que no podamos disfrutar del confort en nuestra vida sino que, simplemente, no hace falta que seamos adictos a él. Esto es lo que los seres sensibles hacen de manera previsible, incluyendo los insectos y los escarabajos. ¿Te has preguntado alguna vez qué hacen esas moscas que una y otra vez se esfuerzan en subir por la ventana soleada para caerse de nuevo? Como la mayoría de nosotros, están buscando confort.

Hay un sutra en el que seres de otra galaxia visitan al Buda para hablar del dharma, y se sorprenden cuando el Buda les dice que enseña la verdad del sufrimiento para que los seres entren en el camino. Esos seres piensan que es una técnica extremadamente rudimentaria y dicen que, en el lugar de donde proceden, la iluminación se introduce directamente por medio de olores agradables. El Buda les contesta que sería el primero en usar tal método, pero que aquí no funcionaria porque los terrícolas en seguida se apegan al placer.

Trungpa Rimpoché llama al segundo tipo de pereza «desánimo». Creemos que a pesar de haberlo intentado una y otra vez, nunca nos sale bien. Parece que las cosas nunca nos salen bien, así que nos permitimos estar desalentados y perdemos la voluntad de ayudarnos o de ayudar a alguien.

Al tercer tipo de pereza lo llama Trungpa Rimpoché «me da absolutamente igual». Este abatimiento del menosprecio a uno mismo saca el viento de nuestras velas. Dudar de nosotros mismos de un modo tan profundo es mucho más pertinaz y amargo que el mero desánimo.

> **7.3** Gustarle a uno sentir el vano placer del ocio,
> el ansia por dormir y querer siempre reposo,
> y no sentir aprensión hacia el dolor del samsara.
> La pereza, de hecho, nace de todo eso.

En la tercera estrofa, Shantideva trata el primer tipo de pereza: la pereza en sí, o la inclinación hacia la comodidad. Con este tipo de pereza esperamos evitar las cosas desagradables de la vida. Si solo pudiéramos estar suficientemente cómodos, si pudiéramos darnos ese baño caliente o hacer esa locura de ir de compras, quizá podríamos ser más listos que el samsara. O bien, quizás, la vida simple es la solución: una cabaña en el bosque, una vida llena de belleza y paz. Por supuesto que todo ello se hace añicos en seguida cuando el médico nos dice que los resultados de las pruebas no son buenos, pero entretanto, la comodidad parece ser la solución a nuestro descontento.

En las estrofas que siguen, Shantideva contempla de nuevo la certeza de su muerte. Se trata de un conocido antídoto contra esa pereza que nos lleva a invertir tantas expectativas en la comodidad a corto plazo, desperdiciando nuestro valioso nacimiento humano.

7.4 El trampero de la emoción envilecida
te ha tendido la red de los nacimientos y enredado en ella has caído.
De nuevo te has metido en las fauces de la muerte.
¿Todavía no te enteras? ¿Qué es lo que pasa contigo?

La cuarta estrofa se refiere a la cadena de los *nidanas*, la cadena de causa y efecto que genera el samsara. La rueda del samsara gira ininterrumpidamente, desde el nacimiento hasta la inevitable muerte. Como un pobre animal atrapado por *el trampero de la emoción envilecida*, estamos enredados en este ciclo de sufrimiento. Felizmente, podemos interrumpir la reacción en cadena samsárica amansando la mente y absteniéndonos pacientemente de echar leña al fuego de los kleshas. Ese es, de hecho, el propósito de toda la enseñanza de Shantideva: aprender a liberarnos del ciclo vicioso del samsara.

7.5 ¿Es que no has visto ya como de uno en uno
le ha llegado la muerte a todos los tuyos?
¿Y aun así tienes el sueño profundo
como el búfalo al lado del matarife?

Adormecidos por la inclinación a la comodidad, preferimos la seguridad falsa a encarar los hechos. Defendiéndonos de la inquietante realidad de la falta de puntos de referencia, la impermanencia y la muerte, estamos, *como el búfalo al lado del matarife*, profundamente dormidos. Pero ¿cuánto tiempo nos valdrá esta estrategia?

7.6 Todas las salidas te han sido cortadas
y el Señor de la Muerte te tiene a la vista,
¿cómo puedes complacerte con comidas
y disfrutar del reposo y del sueño?

Imagínate qué poco placer nos daría un banquete antes de que nos condujeran al patíbulo. Del mismo modo, ¿cómo puede seducirnos la comida y el reposo, si son solo otras maneras de quedarnos encapullados en los placeres pasajeros? Cuando *el Señor de la Muerte te tiene a la vista*, es obvio que todo ello es absurdo.

Por supuesto, si fuéramos capaces de experimentar el valor de cada momento, podríamos disfrutar auténticamente de nuestra comida y reposo. Trungpa Rimpoché dijo en una ocasión que la iluminación es como oler tabaco o escuchar un clarín por primera vez. Normalmente no experimentamos la vida de este modo tan novedoso. En vez de valorar cada día, único y fugaz, ¿acaso no usamos normalmente los placeres de la vida para aturdirnos o distraernos?

7.7 La muerte se cernirá sobre ti rápidamente,
reúne mérito hasta que llegue ese momento,
porque incluso si entonces apartas tu indolencia,
¿qué podrás hacer cuando ya no te quede tiempo?

Una vez escuché a un practicante de dharma fanfarroneando: «Yo no tengo que amansar la mente ni trabajar con mis kleshas porque he recibido una transmisión tibetana especial. En el momento de la muerte, simplemente usaré esas instrucciones para expulsar mi conciencia lanzándola hacia el espacio abierto».

¡Qué tontería! Si ni siquiera soportamos que nos regañen o no conseguir lo que queremos, ¿cómo vamos a ser capaces de sobrellevar la muerte?

Todavía tenemos tiempo para prepararnos, y esta es precisamente la razón por la que Shantideva nos mete prisa. Nuestra muerte podría ser entonces una experiencia liberadora en la que nos desharíamos, fundiéndonos con el espacio abierto.

7.8 «Esto todavía no lo he hecho, y esto lo empiezo apenas,
y en cuanto a esto otro... solo lo tengo a medias».
¡Zas! El Señor de la Muerte de repente entra en escena
y lo que se piensa entonces es: «¡Ay, mi vida se acaba!».

Vi un cómic titulado *Razones para no meditar*. Primero aparecía un niño dibujado con la leyenda «demasiado joven», luego había estudiantes, padres con niños y gente trabajando, con la leyenda «demasiado ocupados», el siguiente dibujo mostraba un anciano, «demasiado viejo», y, por último, un cadáver con el mensaje «demasiado tarde».

Cuando estemos al borde de la muerte, ¿serán nuestros últimos pensamientos acerca de la casa de ensueño que no construimos, la hipoteca por pagar o la novela que no pudimos terminar? La sensación de fracaso por no haber conseguido nuestros objetivos mundanos no es el estado de ánimo que queremos tener cuando muramos.

No es infrecuente ponerse a pensar que ya practicaremos cuando tengamos más tiempo, que empezaremos a meditar cuando la situación mejore pero, entretanto, nuestros kleshas no hacen más que fortalecerse y a nuestra mente le cuesta cada vez más relajarse.

Estuve recientemente con una practicante moribunda que admitía tener la sensación de que su práctica de dharma en ese momento no tenía sentido. No comprendía la relevancia que podía tener para ella mientras se estaba yendo lo que sustentaba su vida. Esto podría pasarnos a cualquiera de nosotros si no usamos nuestras prácticas de bodhichita y de meditación para entregarnos y soltar.

En cada sesión de meditación, puedes aprender a abrirte a cualquier cosa que surja y relajarte con la inmediatez de la experiencia. Simplemente reconoce los pensamientos agradables y desagradables sin prejuicios y deja que pasen. Entonces, cuando te llegue la hora, estarás listo para desprenderte del apego por esta vida y rendirte al proceso de la disolución.

7.9 Verás como en los rostros de tus seres queridos
las lágrimas caen rodando de sus rojos y henchidos ojos.
Y cuando pierdan con tristeza toda esperanza
verás a los heraldos del Señor de la Muerte.

Shantideva nos presenta a la muerte como la Parca. Si no nos hemos relajado con la falta de puntos de referencia durante nuestra vida, es muy posible que la muerte nos aterrorice, pero si hemos dado a luz al bodhichita, la muerte no hará que nos batamos en retirada ensimismándonos en el yo, sin importar lo asustados que estemos. Incluso el miedo nos conectará con todos los demás que están igual de aterrorizados y solos. Ahí mismo, en lo que puede ser el más oscuro de los momentos, seremos capaces de contactar con la ternura de la bondad fundamental. Se dice que es una alegría morir de este modo.

7.10 Te torturará el recuerdo de los pecados cometidos
y te ensordecerá el infierno con su estruendo y sus gemidos.
Y hasta te lo harás encima presa del pánico,
¿qué podrás entonces hacer en medio de tal delirio?

Hay una fase durante el proceso de la muerte en la que se produce un sonido extremadamente fuerte y penetrante, como si *te ensordeciera el infierno con su estruendo y sus gemidos*. Esto no tiene que asustarnos, aunque lo hará si nos hemos pasado la vida huyendo de la incomodidad. Y si hemos hecho caso omiso al daño que hemos causado, es posible que nos torturen los recuerdos cuando estemos muriendo.

Toda nuestra vida pasa ante nosotros en nuestros últimos momentos, por ello nada de lo que hayamos hecho queda oculto. Si ya hemos examinado honestamente nuestras acciones y nos han entristecido nuestras fechorías, no habrá ya nada que nos siga como una sombra cuando muramos, y esto es gracias a la fuerza sanadora de la práctica de la confesión: hace que nos podamos ir con una sonrisa.

Una vez metieron a un mafioso insensible que no se había arrepentido en una celda oscura e incomunicada, que los reclusos conocen como «el agujero». Después de dos horas a solas con su mente en la oscuridad, volvieron a perseguirle las visiones de toda la gente que había torturado o matado. Cuando le sacaron ocho horas más tarde, estaba delirando y totalmente destrozado. Así es como nos encontramos en el infierno: es una proyección de los actos dañinos cometidos que hemos justificado o reprimido.

7.11 Si ya, como el pez que da sus últimos coletazos
tienes un miedo atroz ahora que aún vives,
¿hará falta mencionar el sufrimiento indecible
de los infiernos creados por tus crímenes pasados?

7.12 ¿Cómo puedes ahora quedarte así de pancho
cuando el destino a que llevan tus actos
es que tu tierna piel de bebé entre en contacto
con los hirvientes líquidos del Infierno Candente?

En la introducción de la traducción de Padmakara de *La práctica del bodhisattva*, hay un tratamiento excelente de la técnica pedagógica de Shantideva. Como ya he mencionado, alterna entre asustarnos con las consecuencias de nuestras malas acciones y señalar lo prodigioso y beneficioso que es practicar el dharma. Para aprender de esto hemos de recordar el consejo de Shantideva: no hay tiempo que perder, así que no desperdiciemos la vida sembrando las semillas de la infelicidad.

Según los hábitos mentales que hayamos fortalecido, nos encontraremos en un ambiente agradable o desagradable y, por muy ilusorios que puedan ser, los experimentaremos como algo extremadamente real.

7.13 Irritable y susceptible, lo quieres todo sin trabajo,
¡y son ya muchos los problemas que te están aguardando!

Aunque estás en las garras de la muerte, actúas como un dios,
y el sufrimiento, ¡ay!, te acabará destrozando.

¿Acaso no nos gustaría a todos tenerlo *todo sin trabajo*? Si solo pudiéramos alcanzar la iluminación poniendo unas velitas o circunvalando un *stupa*, en vez de comprometernos a la introspección continua y a soltar...

En las enseñanzas tradicionales acerca de los seis mundos del samsara, el mundo de los dioses se describe como un lugar donde el placer es duradero y no hay dolor alguno. Es el sitio en el que a cualquier ciudadano de a pie le gustaría estar. Pero, claro está, toda persona o cosa es pasajera, incluyendo los placeres perdurables de los dioses.

El problema con la mentalidad del endiosamiento es que nos volvemos ufanos acerca del placer y de la comodidad. Sin embargo, en algún momento la buena suerte del mundo de los dioses se desgasta, al igual que le pasa a toda existencia samsárica. Las enseñanzas nos dicen que se sufre un dolor muy intenso, tanto como los sufrimientos del infierno, cuando se deja de disfrutar de todo esto.

7.14 ¡Así que aprovecha este bote humano
y sal tú solo del tempestuoso río del dolor!
Después será difícil encontrar este barco.
¡El tiempo que ahora tienes no es para dormir, tonto!

Shantideva, de nuevo, se enseña el dharma a sí mismo. No es esta la ocasión de andarse con tonterías, sino de *aprovechar este bote humano*. Puede que sea difícil encontrar otra vez este precioso nacimiento humano. No hay modo de saber cuánto tiempo nos durarán estas propicias condiciones externas.

Un nacimiento humano, sin embargo, es siempre valiosísimo para quienes despiertan el bodhichita. Da igual lo malas que puedan ser nuestras circunstancias, no importa lo enfermos o incapacitados que podamos estar, sigue siendo un precioso nacimiento si usamos estas dificultades para despertar nuestra compasión y nuestra bondad. Si no aprovechamos estas oportunidades, las pérdidas externas y la angustia mental harán que inevitablemente nos vengamos abajo. Después estaremos demasiado perdidos y desanimados como para pensar en el dolor de los demás y acordarnos del buen corazón y la apertura mental del bodhichita.

7.15 Le vuelves la espalda al puro y santo dharma,
       dicha suprema y fuente de gozo ilimitada.
       ¿Por qué te deleitas en la emoción frívola
       y en las distracciones que te traerán la desdicha?

Tras su reflexión acerca de la muerte, Shantideva trata ahora el segundo tipo de pereza: No estar dispuesto a esforzarse, o sea, el desánimo. El dalái lama describe esta clase de pereza como «no tener deseo alguno de hacer el bien». Sentimos demasiada pereza como para poder ayudarnos a nosotros mismos o ayudar a los demás. Cuando le damos la espalda al dharma y nos distraemos sin ton ni son persiguiendo trivialidades, estamos yéndonos hacia *las distracciones que nos traerán la desdicha*. En otras palabras, estamos haciendo exactamente lo que alimenta el desánimo.

En las estrofas 16 a 19, Shantideva tratará acerca del tercer tipo de pereza: el abatimiento del menosprecio. Este es un tema importante para los practicantes occidentales. Para liberarnos a nosotros mismos de la confusión y del sufrimiento necesitamos una introspección honesta. Pero aunque para practicar la paciencia, por ejemplo, tenemos que reconocer honestamente que somos impacientes y agresivos, es esencial que esta introspección se base en el respeto y el cariño hacia uno mismo.

Dzigar Kongtrul subraya la importancia de tener una buena relación con uno mismo, porque, de otro modo, la senda del despertar puede fracasar y sustentar el desánimo. Es cierto que vernos los kleshas y el desenfreno mental mucho más claramente que antes, puede intensificar los sentimientos de culpa y menosprecio, pero sucumbir a los pensamientos negativos solo retarda nuestro avance espiritual.

En la estrofa 16, Shantideva nos ofrece tres antídotos contra el menosprecio. Se trata de tres maneras en las que podemos alegrarnos y cultivar una relación compasiva con nosotros mismos; una relación tan respetuosa y cariñosa que puede incluir un reconocimiento nítido de nuestras deficiencias.

7.16 No estés alicaído, reúne todas tus fuerzas;
¡tienes que hacer un esfuerzo y ser dueño de ti mismo!
Practica la igualdad entre el yo y el otro;
Practica el intercambio entre el yo y el otro.

El primer consejo es *reunir todas tus fuerzas*. En lugar de seguir denigrándote, enséñate el dharma. Para reunir tus fuerzas, recuérdate a ti mismo, de un modo que tenga sentido para ti, que reforzar los pensamientos y los sentimientos acerca de nuestra poca valía no redunda en nuestro propio beneficio. Incluso si ya has mordido el anzuelo y sentido el tirón familiar de la autodenigración, reúne tu inteligencia, coraje y humor para cambiar la marea.

Pregúntate: ¿Quiero fortalecer lo que estoy sintiendo ahora? ¿Quiero perder el contacto con la bondad fundamental? Recuérdate que tu naturaleza fundamental es libre y abierta, sin condiciones, y que los kleshas son meros fenómenos relativos e impermanentes, cuya energía transitoria no necesita solidificarse. De este modo, podemos enseñarnos el dharma e interrumpir la reacción en cadena del desánimo.

Podemos alegrarnos recordando que nuestra mente se puede domar. Como dijo Trungpa Rimpoché: «Todo lo que ocurre en la mente confusa es el camino. Se puede trabajar con todo. Es una proclamación valiente, ¡el rugido del león!».

La segunda manera de levantar el ánimo es *ser dueño de sí mismo*. Esto quiere decir responsabilizarnos de nuestros estados de ánimo. La instrucción consiste en reconocer primero que no somos víctimas, y luego encontrar alguna manera de interrumpir la inercia del desánimo, en vez de hacer lo de siempre sin prestar atención.

La tercera sugerencia es ver más allá de la limitada perspectiva del egocentrismo, *practicando la igualdad entre el yo y el otro*. Este reconocimiento de que somos iguales se puede cultivar haciendo la práctica «exactamente igual que yo». Si te sientes apesadumbrado por el menosprecio, repítete estas palabras: exactamente igual que yo, muchos otros están viéndoselas con este mismo estado mental; exactamente igual que yo, todos ellos prefieren el confort y la tranquilidad, y estar libres de infelicidad y culpa.

Cuando reflexionamos así, nos resulta más fácil mirar hacia afuera y abrir el corazón a los demás. En vez de ponernos la armadura, acogemos la suavidad de la empatía. Valiéndonos de esta base, podemos *practicar el intercambio entre el yo y el otro*.

Esta práctica se conoce habitualmente como *tonglen*. Comenzamos entablando contacto con nuestros pensamientos y emociones. Si no lo hacemos, no tenemos ni idea de lo que les pasa a los demás. Esto significa entablar contacto con nuestros sentimientos de ira, menosprecio, resentimiento, envidia, etc., y reconocer que todo el mundo tiene estos sentimientos. Además, estos sentimientos no son impedimentos en el camino, porque nos llevan a comprender de verdad la aflicción de los demás, convirtiéndose, de hecho, en peldaños en el camino que nos lleva a despertar una compasión auténtica*.

En cualquier momento dado, hay gente en todo el mundo que está sintiendo exactamente lo mismo que tú sientes. Si estás enojado, puedes recordar los miles de millones de personas que sienten exactamente lo mismo. Después, por tu propio beneficio y por el suyo también, lleva hacia adentro la sensación de ira usando la respiración. Simplemente inhala la ira, con la aspiración de que todas y cada una de las personas enfadadas, tú incluido, sean liberadas de ella. A continuación exhala espaciosidad y alivio hacia todos nosotros.

Una manera más atrevida de hacer esta práctica es inhalar el dolor con la intención de tomarlo uno para sí. Si estás enfadado, por ejemplo, puedes decirte a ti mismo: «Como de todos modos ya estoy sufriendo esta ira, que pueda madurar en mí, de modo que nadie más pueda sentirla». Se trata de una manera revolucionaria de airear el ensimismamiento en el yo. Durante la inhalación, siente el dolor y aprópiate totalmente de él. Durante la exhalación, envía alivio con el deseo de que todos los demás se liberen de su aflicción emocional.

Si sientes que no estás listo para hacer la práctica de esta manera más atrevida, no te preocupes, no tienes que saltar a las aguas profundas de la piscina antes de haber aprendido a nadar.

---

* Si se quiere una instrucción más detallada sobre el tonglen, véase el capítulo 15 de mi libro *Cuando todo se derrumba*.

Limítate a practicar la forma de tonglen que puedes hacer. La aspiración será la misma y la capacidad de ponerse en el pellejo de otro crecerá paulatinamente.

Según vamos contactando las profundidades del bodhichita, la apertura inmutable y no conceptual de nuestro ser se hace más accesible. Como nuestra naturaleza fundamental no se ve nunca alterada por la confusión y el dolor, incluso los atisbos de esta mente que es como el cielo ahondan nuestra experiencia del tonglen. Con este conocimiento, aunque sea intelectual, inhalamos, deseando que todos los seres dejen al descubierto su verdadera naturaleza, y exhalamos con la misma aspiración.

7.17   «Pero ¡oh!, ¿cómo podría llegar yo a iluminarme?».
¡Pues menudas excusas propias de un pusilánime!
El Buda es aquel que la verdad proclama
y una cosa cierta ha dejado bien clara:

7.18   suscitando la fuerza de la perseverancia
alcanzarán incluso las abejas y moscas,
y también los mosquitos y hasta las mismas larvas
la iluminación suprema y costosa.

Shantideva examina más a fondo la carga innecesaria del menosprecio. A la vista de nuestra confusión, es fácil preguntarse cómo va a ser posible que nos iluminemos algún día. Cuando nos sentimos realmente alicaídos, dudamos de que tengamos potencial alguno. Pero Shantideva dice: *¡Pues menudas excusas propias de un pusilánime!* No te revuelques en esos pensamientos negativos cuando puedes aprender a desprenderte de ellos. Puedo verle dándonos instrucción de meditación y, según comenzamos a derrumbarnos, diciéndonos: «¡Ánimo!, *si los mosquitos y* *hasta las mismas larvas* pueden perseverar y alcanzar la iluminación, ¡nosotros también!».

7.19 Y si yo por nacer en este humano clan,
soy capaz de distinguir lo bueno de lo malo
y las obras bodhisáttvicas no dejo de lado,
¿por qué no voy a alcanzar la budeidad?

Shantideva está siendo aquí muy tierno. Nos dice que podemos confiar en nosotros mismos. Los seres humanos, a diferencia de los mosquitos, las abejas y nuestros queridos animales domésticos, tienen una habilidad natural para saber lo que es dañino y lo que es útil. Podemos distinguir las acciones que producen un beneficio de las que causan confusión y dolor. Podemos ver cuándo estamos enganchados por la carga del shenpa y cuándo no. Aprendiendo de nuestros errores, sabemos a dónde nos llevan estos impulsos habituales, y también el alivio que sentimos cuando, en vez de exteriorizarlos, nos relajamos sin más con nuestra experiencia inmediata.

Lo más importante es que sabemos que cuando en efecto perdemos los estribos, tenemos las herramientas para volverlos a tomar. Podemos practicar permanecer como un leño, hacer tonglen, enseñarnos a nosotros mismos el dharma o relajarnos con la energía inasible detrás de todas las etiquetas y las palabras.

Descubrimos que, efectivamente, podemos elegir entre fortalecer nuestros hábitos de siempre y seguir sufriendo o interrumpirlos y romper nuestras cadenas. A menudo metemos la pata, pero la capacidad natural de saber la diferencia nunca nos abandona.

7.20 Y cuando dices: «Pero tener que entregar
mis miembros y la vida me alarma y me estremece»,
es que estás confundido y temes lo que no debes:
no sabes diferenciar lo costoso de lo fácil.

7.21 Por largas e incontables miríadas de eones
tu cuerpo ha sido empalado, cortado, atravesado,
descuartizado y quemado, ¡en innúmeras ocasiones!,
mas nada de eso te ha llevado al estado de Buda.

Estos versos inician una enseñanza acerca del poder de la suavidad para disolver la duda en uno mismo. Alguien que se sienta desanimado y desesperanzado puede muy bien decir: «No puedo seguir este aprendizaje, es demasiado doloroso, me asusta mucho y me exige demasiado».

A lo que Shantideva replica: «No pongas el listón tan alto, esto no es una prueba de resistencia. Si penalidades como que le cortaran o quemaran a uno fueran todo lo que hace falta para alcanzar la iluminación, ya la habrías alcanzado. Ya has sufrido mucho en esta vida, y en las anteriores no digamos».

7.22 En el camino que nos lleva a la budeidad suprema
padecemos penalidades, pero son en comparación
menores y comparables al dolor de una incisión
efectuada para aliviar el daño de una enfermedad.

7.23 Y así como nos curan todos nuestros doctores
con remedios desagradables por su amargor,
si queremos destruir gran cantidad de dolor
deberíamos aguantar las dolencias menores.

7.24 Y aun así no usa el Sanador Supremo,
como esos doctores, tal clase de remedios,
ya que con otros métodos muchísimo más tiernos
alivia el sufrimiento ilimitado e intenso.

El camino del bodhisattva tiene dificultades, por supuesto, pero son temporales, como ingerir pequeñas cantidades de una medicina muy amarga para prevenirse contra una enfermedad mortal. Las austeridades que se practicaban comúnmente en la India no eran preconizadas por el Buda, sino que sus instrucciones fomentaban la moderación y la relajación. Practicamos sin agresividad, dándonos cuenta de que nuestra mente divaga y devolviéndola suavemente a este momento escurridizo y fugaz.

7.25 Al principio, nuestro guía nos recomienda
que donemos verduras y otras menudencias.
Paso a paso, una vez que adquiramos el hábito,
podremos dar hasta nuestra misma carne.

El Buda aconsejaba un camino gradual. Empezamos desde donde estamos, dando comida, unas monedas o cualquier cosa que nos ayude a estirarnos un poquito. Nos acostumbramos a extendernos haciendo prácticas del tipo «exactamente igual que yo» o visualizando que damos algunas de nuestras posesiones más queridas.

La capacidad de hacer más, en situaciones cada vez más desafiantes, va creciendo de un modo natural. No tenemos que forzar las cosas o exigirnos más de lo que podemos hacer actualmente. Si sentimos que nuestra práctica es una austeridad, necesitamos examinar lo que estamos haciendo y, si estamos siendo muy duros, aligerar la carga y poner más delicadeza y humor.

Un hombre que conozco había estado intentando hacer la práctica tibetana de las postraciones durante diez años. El hecho de que solo había podido hacer unas pocas le remordía, se sentía culpable y desanimado. Entonces su instructora de meditación, muy sabiamente, le sugirió que hiciera tres postraciones al día y que luego parara. Su primera reacción fue decir que eso no era suficiente, pero su instructora insistió en que probara. Al cabo de una semana, él le preguntó que si podía hacer de cincuenta a cien postraciones cada mañana, a lo que ella le respondió que en un principio hiciera solo veinticinco, pero en menos de un mes, estaba haciendo con entusiasmo cientos de postraciones al día. Este método extremadamente moderado y relajado deshizo su resistencia.

Los bodhisattvas tienen a veces que batirse en retirada, pero esto no significa abandonar, sino descubrir qué es lo que podemos hacer con entusiasmo. Esto es algo con lo que tenemos que experimentar, descubriendo solos qué es demasiado tenso y qué demasiado suelto, qué nos beneficia y qué produce más daño.

7.26 Porque cuando lleguemos a sentir de verdad
que no hay diferencia entre el cuerpo y las hierbas,
¿podremos entonces tener dificultades
para ceder nuestra carne y renunciar a ella?

Cuando lleguemos a no ver diferencia alguna entre nuestra propia carne y la de una hamburguesa, no tendremos ningún problema en cederla para salvar una vida. Ahora mismo, sin embargo, sería más sabio llevar el entusiasmo a cualquier cosa que *podamos* hacer y no preocuparnos demasiado acerca del futuro. La suavidad, de nuevo, es la clave para progresar en el camino. Con esto concluimos el apartado acerca de los tres tipos de pereza.

7.27 Una vez abandonado todo acto dañino cesa el dolor,
y gracias a la sabiduría queda atrás la amargura.
Porque los puntos de vista erróneos y los malos actos
en efecto dañan a ambos: mente y cuerpo.

Tras haber reflexionado sobre la importancia de un método suave y gradual para despertar, Shantideva señala ahora dos causas principales del sufrimiento. La primera es crear karma negativo, al que aquí se refiere con *actos dañinos y malos*. Con solo un poco de comprensión de la causa y el efecto se nos puede ocurrir que el peor daño que podemos hacernos a nosotros mismos es lastimar a los demás.

La segunda causa de nuestro sufrimiento es una mente cerrada y torpe, es decir, una mente que se obsesiona, que conceptualiza y compartimenta; una mente incapaz de ver las cosas sin parcialidad. Tenemos ideas fijas acerca de nosotros mismos y de los demás, así como opiniones preestablecidas acerca de lo que es aceptable y lo que es inaceptable. Esto conduce a lo que Shantideva llama *puntos de vista erróneos*. Estas percepciones equivocadas de la realidad se derivan de esas nociones acerca de lo bueno y lo malo a las que nos aferramos con firmeza. Cuando solidificamos nuestra experiencia, no podemos ver la verdadera naturaleza de todos los fenómenos.

Recíprocamente, cuando nuestra mente está libre de prejuicios y justificaciones, dejamos de dar rienda suelta a la agresión y otras neurosis y nuestro sufrimiento disminuye. Experimentamos libertad en la medida en que nuestra mente vuelve a su flexibilidad y apertura naturales. Si comprendemos el karma y las perspectivas erróneas, aunque sea intelectualmente, nos entran más ganas de debilitar su poder destructivo.

7.28 El mérito es la causa real del bienestar del cuerpo
y la felicidad mental la da el conocimiento.
¿Hay algo que pueda amargar a los seres compasivos
que permanecen en el samsara para ayudar a los demás?

Acto seguido, Shantideva da un giro y nos da tres causas de la felicidad. La primera, *el mérito es la causa real del bienestar del cuerpo*, es decir, las consecuencias afortunadas de nuestras acciones sabias y certeras, el resultado positivo del desprendimiento.

Esto nos hace plantear una cuestión interesante: ¿por qué, con todo el tiempo y la energía que dedicamos a continuar estando sanos, seguimos teniendo accidentes y contrayendo enfermedades dolorosas o fatales? Las enseñanzas budistas afirman que el mérito de las circunstancias favorables, tales como la buena salud, no es consecuencia de las vitaminas, sino de nuestras acciones positivas previas. Si esto es cierto, entonces lógicamente seríamos más sabios si no fortaleciésemos los hábitos negativos que solo llevan al sufrimiento. No podemos rechazar esto por incongruente, merece la pena reflexionado y explorarlo. En todo caso, cuando llevamos una vida más sana y compasiva, hay algo con lo que podemos contar: cuando nos golpee un desastre, seremos capaces de incorporarlo totalmente en nuestro camino hacia el despertar.

En segundo lugar, Shantideva dice que el bienestar mental no es el resultado de los placeres externos, sino de amansar la mente. Cuanto más aprendamos a abandonar las ideas fijas y a abrirnos a los demás, más felices seremos. Cuando en efecto el desánimo o la confusión se cuelen, en vez de aumentarlos sabremos cómo soltar los pensamientos, estar presentes y relajarnos.

La tercera causa de felicidad es que no hay nada que desanime a quienes han elegido permanecer en el samsara para beneficio de todos los seres. ¿Cómo vamos a poder estar realmente abatidos por los retos del samsara una vez que hemos elegido incorporarlos en el camino del despertar? Cuando estamos aprendiendo a transformar las circunstancias adversas en el camino de la bodhi, no sucumbiremos a la sensación de fracaso en cuanto algo vaya mal.

7.29 Y es que por el poder del bodhichita
sus actos dañinos pasados se consumen por completo,
al tiempo que recolectan un vasto océano de mérito.
Por ello, se dice que superan a los shravakas.

Los *shravakas* que se mencionan aquí adoptan el camino budista para huir del samsara. Una de las diferencias principales entre los bodhisattvas y los shravakas, por tanto, es su actitud hacia el caos. Un shravaka puede considerar la práctica de tonglen, por ejemplo, como la antítesis de la enseñanza budista: ¿nos iba a enseñar el Buda a inhalar el sufrimiento cuando todo lo que dijo fue para liberarse de él? Los shravakas tienen aversión por el samsara, lo cual podemos probablemente agradecer. Lo que pretenden alcanzar es la cesación completa* y la paz.

El bodhisattva, por otro lado, está preparándose constantemente para relacionarse valientemente con el dolor. Cuanto mayor sea el sufrimiento, mayor será la necesidad de acudir a

---

* El cese de toda atadura que les lleve de nuevo al ciclo de las existencias samsáricas. *(N. del T.)*

él, a los mismos infiernos de este mundo si hiciera falta. Así *recolectan un vasto océano de mérito*. Tenemos que ser realistas, por supuesto: es posible que ahora casi no seamos ni capaces de manejar los recibos de la tarjeta de crédito. Sin embargo, vérnoslas con estos retos cotidianos hace que desarrollemos el valor necesario para manejar situaciones cada vez más difíciles en el futuro.

En la estrofa que sigue, Shantideva nos anima y nos ayuda a ver las opciones que tenemos. ¿Por qué entristecerse una vez que hemos aprendido la manera de aproximarnos a los retos en vez de evitarlos? ¿Por qué sentirse abatido cuando hemos sentido que podemos disponer de una fuerza interior?

> **7.30** Si cabalgando va sobre el corcel del bodhichita,
> que pone en estampida toda penosa fatiga,
> saltando en el camino de alegría en alegría,
> ¿qué persona en sus cabales puede sentirse abatida?

El viento fue la primera metáfora que usó Shantideva para el entusiasmo, y ahora usa la imagen del caballo: *el corcel del bodhichita* que te lleva *de alegría en alegría*. Es una imagen preciosa: en vez de subir penosamente una pendiente resbaladiza en unas botas que nos dañan los pies, vamos cabalgando con entusiasmo por este campo de aprendizaje único y precioso llamado «vida».

> **7.31** Las fuerzas que garantizan el bien de los seres
> son la aspiración, la entereza, la alegría y la moderación.
> La aspiración crece gracias al miedo al dolor
> y a la reflexión acerca de los beneficios que aporta.

Esta estrofa comienza una enseñanza acerca de las cuatro fortalezas que sustentan el entusiasmo por ayudar a los demás: aspiración, entereza, alegría y moderación. La primera, la aspiración, se presenta en las estrofas 31 a 46.

La aspiración es el anhelo de liberarse de la neurosis para poder ayudar a aliviar el sufrimiento de las demás personas. Se trata de un anhelo profundo, auténtico, no algo que nos forzamos a hacer para aparentar ser virtuosos.

La aspiración es una convicción que sentimos muy dentro y que expresamos con estas palabras: «Que puedan todos los seres disfrutar de la felicidad y de la raíz de la felicidad. Que puedan liberarse del sufrimiento y de la raíz del sufrimiento». No se trata de simple retórica hueca. Reafirmar nuestra intención bodhisáttvica de este modo cobra cada vez más sentido y nos resulta cada vez más útil. Es como la gasolina en el automóvil, que nos permite avanzar sin indecisión.

Pero ¿de dónde surge la aspiración sincera? Shantideva dice que la origina el miedo al sufrimiento: el miedo a las consecuencias producidas por ceder constantemente a las reacciones habituales. Asimismo, se origina cuando tenemos claros los resultados positivos de no dejarse arrastrar por ellas. Puedes quizá preguntarte si sé con seguridad que este camino lleva a la felicidad, y me alegra decirte que si amansas tu mente y tus emociones con delicadeza, como mínimo, está garantizado el bienestar.

7.32 Por tanto, dejando de lado todo aquello que le es adverso,
me esforzaré para aumentar mi diligencia
con aspiración, entereza, alegría y moderación,
fortaleciendo el esfuerzo y ejercitando el autocontrol.

Una vez más, Shantideva manifiesta su entusiasmo por el modo de vida del bodhisattva. Con tantas herramientas a su disposición, aspira alegremente a dejar la pereza y avanzar con entusiasmo. Expresa su intención de valerse de las cuatro fortalezas, así como de la fe en sí mismo, de la aplicación y de ejercer el autocontrol que viene de la comprensión del karma y de los beneficios de la liberación.

Espero que nos sintamos animados a unirnos a él. Hagámoslo juntos. Hagamos cada uno de nosotros todo lo posible para iluminar con algo de luz esta época de tinieblas.

> **7.33** Las maldades sin fin, tanto mías como ajenas,
> habré de reducir hasta que no quede ninguna,
> ¡aunque se tarden innumerables siglos
> en agotar tan solo una de esas vilezas!

> **7.34** Y si ni siquiera hallo en mi interior indicios
> de que la limpieza de mis faltas haya dado comienzo,
> ¿por qué no se me resquebraja y parte el corazón en dos,
> destinado como estoy a un dolor infinito?

Aquí se expresan dos sentimientos. Shantideva dice en primer lugar que sin importar lo monumental que parezca la tarea, él no se desanimará. Después, como nosotros, se lo piensa dos veces: «Para un momento. ¿Quién me creo que soy para decir estas cosas? No estoy preparado para esta labor». Una vez más, sin embargo, tenemos el giro de Shantideva: su capacidad para la introspección honesta, sin dejarse achantar por ella.

> **7.35** Las buenas cualidades, que a mí y a los demás benefician,
> debo ahora lograr aunque sean muchas,

y aunque para cada una de ellas
me haya de esforzar durante eones sin final.

Shantideva ve sus flaquezas, pero no se desanima. Esto es lo que hace que el camino sea posible. Como hasta el último de nosotros tiene lo que hace falta para despertar, Shantideva estaría dispuesto, si fuera necesario, a alentarnos por siempre jamás. No es como pulir un pedazo de carbón que nunca llegará a convertirse en un diamante. Nuestra verdadera naturaleza es como una joya preciosa: por mucho que temporalmente esté enterrada en el fango, sigue siendo totalmente brillante e inalterable. Tenemos, simplemente, que dejarla al descubierto.

Con ese ánimo, Shantideva reafirma su entusiasmo por la tarea. Dejará al descubierto su naturaleza, que es como una joya, para ayudar a los demás a hacer lo mismo. A continuación se pone a enumerar sus muchas imperfecciones, reconociendo con honestidad su pereza y engreimiento, pero, al mismo tiempo, no duda nunca de que tiene los mismos derechos que el mismísimo Buda para despertar la apertura y calidez de su mente.

7.36 No he llegado nunca a familiarizarme
con ninguna de estas nobles cualidades.
Es de hecho increíble que anule el sentido
de esta vida que, sin saber cómo, he conseguido.

7.37 Mis ofrendas a los budas han brillado por su ausencia,
mis donaciones no han patrocinado ningún festín,
por las enseñanzas no he realizado ningún trabajo
y los deseos de los pobres me han traído sin cuidado.

7.38 Del miedo no he salvado a los atemorizados
ni di consuelo alguno a los desventurados.
El dolor y las molestias uterinas de mi madre:
he ahí mis únicos logros.

Admiro mucho el ánimo de Shantideva. Reconoce honestamente que ha pasado muchísimo tiempo, demasiado, pensando solo en sí mismo, pero en vez de hacer de esto un motivo para deprimirse y flagelarse, hace un chiste: «¡Me parece que *mis únicos logros son el dolor y las molestias uterinas de mi madre!*». ¡Un poquito de autocrítica con humor puede ser muy útil en el camino del bodhisattva!

7.39 Ahora y en el pasado no he aspirado al dharma.
Ese ha sido el fallo que me ha llevado
a encontrarme hoy en este pésimo estado.
¿Quién podría desdeñar entonces la aspiración?

Shantideva describe aquí de nuevo el funcionamiento del karma: las desafortunadas circunstancias en que ahora me encuentro son consecuencia de la propensión a cerrarme que he tenido en el pasado. Ahora mismo, no obstante, puedo aspirar a abrir mi corazón y a expandirme. ¿Cómo podría pensar siquiera en no hacerlo, cuando conozco las dolorosas consecuencias que se derivan de no aplicar estas enseñanzas en mi vida cotidiana?

7.40 En la aspiración, afirmó el Gran Erudito,
se halla la raíz de todo tipo de virtud.
Mientras que a su vez la raíz de la aspiración
es reflexionar siempre en los frutos de cada acción.

Una vez más declara el beneficio de manifestar nuestras aspiraciones sinceras, que se hacen más sentidas y auténticas cuando reflexionamos sobre la inevitabilidad de la causa y el efecto.

7.41 Los dolores del cuerpo, las ansiedades mentales,
y todos nuestros miedos de diferentes clases,
y vernos alejados de aquello que queremos:
todo ello cosechamos con nuestros yerros.

7.42 Mas si mis actos son buenos y bien intencionados
entonces, sin importar dónde dirija mis pasos,
me honrará el mérito que habré ganado
junto con sus provechosos resultados.

7.43 Pero si buscando la felicidad me equivoco en mis actos
entonces, sin importar donde dirija mis pasos,
los cuchillos del dolor me cortarán en mil pedazos:
mi vida de faltas tendrá como castigo ese pago.

En dos palabras: las acciones virtuosas tienen resultados virtuosos, y las negativas solo conducen al dolor. Shantideva insiste tanto en esto porque no es una enseñanza que entendamos enseguida. Cuando se está atrapado en una situación infernal, la única manera de aliviarse es calmar la angustia mental y plantearse si las soluciones centradas en el yo son válidas. Cuando cultivamos el corazón de la bodhi, experimentamos un mundo receptivo miremos donde miremos. Esto es lo que nos dice Shantideva insistentemente.

La estrofa 44 describe un nacimiento en una tierra pura: ¡el mejor de los panoramas!

7.44 Gracias a la virtud, descansaré dentro del fresco, espacioso y
fragante corazón de un loto,
alimentado espléndidamente de las dulces palabras de El
Conquistador.
Después, del loto abierto a la luz del Sabio, saldré yo en una forma
suprema,
para permanecer, gozoso heredero de Buda, en presencia de los
Victoriosos.

Y en la estrofa 45 tenemos la otra opción.

7.45 O bien, como pago a mis muchos pecados, con mi piel toda
desollada seré totalmente abatido
por los vasallos del Señor de la Muerte, que en mí han de verter el
bronce derretido en la pira atroz.
Y hundirán en mi carne sus ardientes espadas y cuchillos,
que hecha trizas caerá despedazada en cien partes al piso de hierro
blanco y fundido.

Shantideva ha presentado sus razones, dándonos los hechos,
y ahora nosotros debemos elegir nuestro propio destino. ¿Prefie-
res el *fresco, espacioso y fragante corazón de un loto* o *que hundan
en tu carne ardientes espadas y cuchillos*?

7.46 Así pues tenderé y aspiraré a la virtud
y con gran devoción me empaparé de ella.
Con el método explicado en el Vajradhvaja
cultivaré la certeza de la confianza.

En el *Sutra Vajradhvaja*, el Buda dice que exactamente igual
que el sol ilumina toda la Tierra sin preferencias, el bodhisattva

está dispuesto a trabajar con cualquiera, sin importar el mal genio que tenga. Con ese ánimo, Shantideva aspira a avanzar en su aprendizaje.

Esto concluye la enseñanza acerca de los beneficios de la aspiración. Las dos estrofas que siguen tratan de la entereza, el segundo de los cuatro poderes en los que se apoya el entusiasmo.

7.47 He de sopesar primero mis resistencias
para ver si empezar o no, actuando en consecuencia.
Es bien posible que sea preferible no comenzar,
mas una vez que lo he hecho no debo dar marcha atrás.

7.48 Porque si a eso me acostumbro, el hábito volverá
en las vidas venideras y las faltas y el dolor crecerán;
y otros actos dejarán de hacerse,
o bien producirán un fruto exiguo.

La entereza se basa en el compromiso. Si no nos comprometemos con lo que estamos haciendo, es fácil que nos seduzcan las dudas. Por consiguiente, Shantideva nos dice que pensemos con antelación si estamos dispuestos para esta labor. A los bodhisattvas en ciernes, como nosotros, nos seduce fácilmente la idea de ayudar a los demás y estamos ansiosos de comenzar, pero cuando la tarea se convierte en un reto serio, nos batimos en retirada.

Esto también se aplica a la práctica de la meditación. Nos ponemos el listón muy alto, y luego nos aburrimos o desanimamos y lo dejamos. Pero *es preferible no comenzar* que cambiar de idea a medio camino. Tanto si nos sentimos inspirados como si tenemos un bajón, la instrucción de Shantideva es que no cejemos en el empeño. Por eso se nos anima a que nos sentemos a meditar todos los días. Tener entereza, tanto si atravesamos huracanes emocionales como cielos despejados, es un aspecto importante de nuestro aprendizaje, ya que establece un hábito de generar compasión por uno mismo que no se ve afectado por las circunstancias externas o los estados de ánimo.

La indecisión y la vacilación también crean un hábito doloroso, que se fortalece cuando no llevamos a buen término las cosas que comenzamos. Llega el momento en que nos sentimos unos inútiles cuando, en realidad, nosotros mismos fuimos quienes escribimos el guion.

Trungpa Rimpoché también enseñó que es preferible no comenzar el camino espiritual a dejarlo en cuanto supone un reto. Usaba el símil de estar en el quirófano y decidir que es demasiado doloroso continuar operándose, pero una vez que nos han rajado y tenemos las entrañas colgando, levantarse y salir no es muy prometedor.

7.49 La acción, las pasiones y mi capacidad:
tres cosas de las que sentirse orgulloso.
«Yo lo haré, ¡dejadme solo!»:
estas palabras definen mi orgullo en la acción.

A partir de esta estrofa, y hasta la 59, Shantideva habla tanto del orgullo positivo como del negativo, concluyendo que el primero es un componente del entusiasmo auténtico. En la estrofa 49, *mi orgullo en la acción* es sinónimo de confianza en uno mismo. Puede que haga falta una explicación acerca de la manera en que esta confianza se usa en *la acción, las pasiones y mi capacidad*. En primer lugar, Shantideva sabe qué *acciones* son útiles y cuáles no. En segundo, confía en poder trabajar con sus *pasiones* con destreza y paciencia. Por último, tiene la confianza de que la *capacidad* de entrar en contacto con la bondad fundamental es su derecho de nacimiento.

Este orgullo positivo es revitalizador: como la chispa de la vida, nos inspira y nos alienta. El orgullo ordinario (la sensación de sentirse superior y mirar a los demás por encima del hombro) solo nos hace sentir más débiles.

> **7.50** La gente mundana está en manos de las pasiones,
> desvalida y sin poder asegurar su felicidad.
> Al lado de esos errantes, ¡yo soy capaz!,
> así que asegurarla será mi labor.

Aunque Shantideva haya afirmado que no tiene ninguna aptitud para este camino, ahora despierta su orgullo positivo. Mira a su alrededor y se da cuenta de que tiene muchas más posibilidades que la mayoría. Hay gente que ni siquiera piensa que calumniar, odiar o incluso asesinar a sus enemigos sea un problema. Hay personas que nunca han considerado, ni siquiera de lejos, la posibilidad de trabajar con sus mentes y con sus emociones. Al lado de esa gente desgraciada, él confía en que puede seguir el camino del bodhisattva.

> **7.51** Cuando otros se rebajan con su comportamiento,
> ¿qué postura adoptaré frente a ellos?
> No me pondré arrogante en ningún caso,
> lo mejor será abandonar ese engreimiento.

Todos sabemos qué fácil es quedarse atrapado en las relaciones neuróticas o en las adicciones cuando salimos con cierta gente. Si tenemos un historial de drogas o alcohol, es letal volver a confraternizar con los colegas de siempre. Pero ¿cómo marcamos la línea de separación entre nosotros y las situaciones no saludables sin menospreciar a los demás como malos o inferiores? Reflexionar sobre esto es importante.

Cuanto más tiempo estemos en el camino del bodhisattva, más nos partirá el corazón ver a los demás atrapados en la confusión. En vez de sentimos superiores o arrogantes, vemos que se parecen mucho a nosotros. Nosotros, simplemente, hemos tenido suerte y ellos, por lo que sea, no han sido capaces de abandonar sus adicciones o salir de sus relaciones destructivas.

No mantenemos pues las distancias por arrogancia, sino porque somos lo suficientemente inteligentes como para ver que hay ciertas situaciones que todavía no podemos manejar. Aspiramos a ser capaces de ir a cualquier sitio en el futuro, pero aceptamos el hecho de que no tenemos la suficiente fuerza ahora.

7.52 Cuando hallan una serpiente agonizante,
hasta los cuervos se comportan como altaneras águilas.
Y así, si soy débil y me puede el desánimo
incluso las leves faltas me golpearán y harán daño.

Si nos sentimos mentalmente empobrecidos, tendremos propensión a sentirnos atacados. Las cosas más nimias harán que dudemos de nosotros mismos y el más leve comentario nos hará sentir incapaces y débiles.

Shantideva usa el símil de *una serpiente agonizante*. Cuando la serpiente está vivita y coleando es como una persona confiada a quien no es fácil herir, pero cuando pierde su vitalidad, es como alguien con poca autoestima. De repente un pajarillo tiene el poder devastador de un águila que surca los cielos: el más leve desprecio se siente como toda una campaña de difamación.

7.53 Y si ando deprimido y tiro la toalla,
¿cómo voy a librarme de mi deplorable estado?
Mas si orgulloso y firme no cedo ni un palmo,
incluso a las grandes faltas les costará atacarme.

Aquellos que *andan deprimidos y tiran la toalla* son la mayoría. Cuando sentimos la menor incomodidad, salimos corriendo tan rápido como nos lo permiten nuestros pies o nuestra estrecha mente. Shantideva nos pregunta cómo vamos a liberarnos nunca si estamos continuamente sucumbiendo a los sentimientos de ineptitud.

Podemos reconocer nuestras limitaciones sin exagerarlas ni hundirnos. Cuando tenemos la confianza de que podemos trabajar con nuestra mente, nuestros errores no nos resultan sobrecogedores. Son pasajeros, como las nubes, y no disminuyen en modo alguno la naturaleza de nuestra mente, que es como el cielo despejado. Con esta clase de confianza en nuestro potencial ilimitado, los desafíos más poderosos no harán que nos desanimemos.

7.54 Con un corazón, por tanto, decidido e inquebrantable,
ganaré esta batalla contra mis debilidades.
Y es que si se imponen mis defectos,
mi deseo de vencer a los tres mundos será irrisorio de hecho.

Si tenemos grandes ideales acerca de salvar a los demás, pero saltamos a la mínima, entonces hay algo que no cuadra. Si queremos vencer a los tres mundos, el primer paso es tener una confianza inquebrantable en que podemos trabajar sabiamente con nuestros kleshas. Acto seguido, podemos llevar esa confianza a la acción.

7.55 «¡Saldré victorioso en todo
y ya no habrá nada que me venza!».
El León Conquistador tiene por descendencia
a esos seres que tienen esa confianza en sí mismos.

Esta *confianza en sí mismos* no es nada tangible o consistente, sino algo que va creciendo según nos vamos ablandando y despojando de nuestra tendencia a justificarnos. No necesitamos darle tanta importancia a nuestras emociones y pensamientos porque, al ser esencialmente vacíos, no tenemos que luchar contra ellos; podemos dejar que se disuelvan. Desde este punto de vista, ¿qué cosa podría *vencernos*? La experiencia del vacío no conceptual produce la confianza de que no tenemos nada que perder, ¡excepto nuestras cadenas!

7.56 Aquellos a quienes destruye la arrogancia
están pues envilecidos y sin confianza en sí mismos.
Quienes confían de verdad eluden al enemigo,
sin caer en el vil orgullo que tiene a los otros sometidos.

Esta estrofa 56 distingue entre *el vil orgullo* y el orgullo de la confianza en uno mismo y nos dice sucintamente cuál es preferible.

7.57 La arrogancia que va inflando la mente
acaba sumergiéndonos en un mísero estado.
La felicidad arruina si se nace como humano
porque, incapaz de ganarse el pan, uno nace esclavo

7.58 o si no imbécil, o feo y debilitado,
el hazmerreír de todos.

> ¡Qué patéticos «ascetas» hinchados de vanagloria!
> Si a estos llamáis los orgullosos, decidme, ¿quiénes son los
>   desdichados?

El efecto principal de ser orgulloso y arrogante es que no gustamos a los demás, de modo que no son cualidades atractivas, ni contribuyen a que tengamos una vida más feliz. Tampoco, ciertamente, harán que consigamos un trabajo y, como nadie nos contratará, acabaremos siendo unos desposeídos, unos *esclavos incapaces de ganarse el pan*. Por otro lado, la confianza, aunque orgullosa también, nos anima. Se origina en la comprensión de que todos nosotros somos budas disfrazados.

> **7.59** Quienes con orgullo vencen al orgullo, el enemigo,
>   son realmente orgullosos, victoriosos y valientes.
>   Cercenando el crecimiento de ese otro orgullo envilecido,
>   logran el anhelado fruto de la victoria por los seres.

Esta estrofa sigue jugando con la palabra «orgullo». Shantideva concluye esta parte diciendo que podemos usar el orgullo para debilitar el orgullo. La confianza alegre tiene más poder que el klesha del orgullo. Desmantelar el orgullo negativo, afirma, produce el mayor de los beneficios posibles, para uno mismo y para el mundo.

> **7.60** Cuando me asedien los envilecimientos,
>   aguantaré haciéndoles frente de mil modos.
>   No cederé a las huestes de las pasiones,
>   en pie como un león en medio de una jauría de zorros.

7.61 Sea el peligro insignificante o grande,
protegemos los ojos gracias al instinto.
Del mismo modo, sea cual fuere el riesgo,
no caeré en las garras del envilecimiento.

7.62 ¡Mejor que me abrasaran hasta morir,
mejor que me mataran decapitado!,
que rebajarme nunca
ante las pasiones, mi adversario.

7.62a a De modo que en todo lugar y ocasión
nunca me desviaré del buen camino.

Shantideva proclama con valentía lo que es posible para todos nosotros. Sería muy triste que nos identificáramos con nuestra neurosis en vez de con nuestra bondad fundamental, sería como ser reina por nacimiento pero creerse una pordiosera.

Durante mi aprendizaje, se me ha enseñado a buscar los espacios: el espacio al final de la espiración, el que ocurre entre dos pensamientos, la pausa no conceptual que ocurre naturalmente tras un sobresalto, un ruido inesperado o un momento de sobrecogimiento. Trungpa Rimpoché recomendaba que creáramos estos espacios intencionadamente, parándonos a mirar al cielo o a escuchar atentamente. Lo llamaba «hacer agujeros en las nubes».

Estos momentos pasajeros en los que el yo no tiene importancia, en los que no hay conversaciones internas ni opiniones fijas, son muy simples pero, a la vez, muy poderosos. La frescura total de estar simplemente presentes nos mete en la confianza inquebrantable: un orgullo leonino que se niega a ceder ante cualquier enredo mental negativo o limitante.

Si pudiésemos hacer nuestro este espíritu que tiene Shantideva, entonces no habría ningún reto externo ni aflicción emocional que nos hiciera caer en la ignorancia y en la confusión. Exactamente igual que *nos protegemos los ojos gracias al instinto cuando hay peligro*, podríamos instintivamente interrumpir la inercia que nos lleva a quedarnos enganchados. *En todo lugar y ocasión* mantendríamos un corazón abierto. Incluso si nos torturaran o nos amenazaran de muerte, no cederíamos a la seducción de los kleshas ni nos apartaríamos de nuestro derecho de nacimiento.

7.63 Como quienes disfrutan con gran placer mientras juegan,
que puedan los bodhisattvas, en cualquier tarea,
dedicarse a ella sin reservas
con un júbilo que no conoce la saciedad.

7.64 Mucho se esfuerza la gente para conseguir contento,
aunque poco probable y lejano esté el éxito.
¿Mas cómo van a estar felices si no realizan
aquellas acciones que les dan alegría?

El tercero de los cuatro poderes, el poder de la alegría, se describe en las estrofas 63 a 66. Junto con la aspiración y la entereza, la alegría es un componente esencial del entusiasmo.

Dzongsar Khyentse hizo el comentario de que cuando hacemos algo que no nos gusta vamos arrastrando los pies, pero cuando hacemos algo que nos encanta, como ir a la piscina o al cine a comer palomitas, vamos felices y ligeros. ¿Podríamos tener el mismo entusiasmo para liberarnos del dolor? ¿Podemos intentar despertarnos del ensimismamiento en el yo *como quienes disfrutan con gran placer mientras juegan*? Con esta clase de entusiasmo por encarar los desafíos, la vida se convierte en un manantial constante de felicidad. «Cuanto más grande sea el desafío, mejor» es el lema del bodhisattva.

La suegra de Trungpa Rimpoché al principio le odiaba. Se había criado en la Sudáfrica del *apartheid* y, en lo que a ella concernía, su hija se había casado con un negro. A Rimpoché le deleitaba muchísimo el desafío de ganársela. Cuando su suegra estaba más hostil, pidió a su esposa que la invitara a cenar, pero su suegra rechazó la invitación porque él no la había invitado personalmente. Entonces Rimpoché fue a su casa, y cuando la suegra abrió la puerta, se puso de rodillas y le suplicó que cenara con ellos. Le hizo la corte de este modo durante años, hasta que finalmente ella le llegó a amar sin reservas.

El amor por el desafío es el arma secreta del bodhisattva. Mientras la mayoría de nosotros intentamos evitar la más mínima ansiedad, el menor asomo de falta de puntos de referencia o cualquier punzada de inseguridad, los bodhisattvas cultivan un apetito sano por la dificultad.

> 7.65   Y como ellos nunca tienen bastante placer,
>   miel en el filo de la navaja,
>   ¿cómo van a tener bastante mérito,
>   si los frutos de este son la dicha y la paz?

Esta imagen, chupar la *miel en el filo de la navaja*, se ha convertido en un símil famoso para el comportamiento adictivo. Como la miel sabe tan bien, no queremos dejar de chupar, y nuestra pobre lengua se corta y despedaza. ¿A qué queremos dedicar nuestro entusiasmo, a la satisfacción a corto plazo o a la felicidad a largo plazo de la vida de los bodhisattvas? Esta es la cuestión.

7.66 El elefante, abrasado por el sol de mediodía
presto va a zambullirse en las aguas del lago.
Y yo me sumergiré de igual modo en mi trabajo
para poder llevarlo a buen fin.

¡Esta es la actitud! Igual que un elefante acalorado se sumerge en las aguas del lago, nosotros podemos disfrutar viviendo una vida que nos libere de la confusión. Si sabemos qué nos va a curar, ¿cómo no vamos a querer sumergimos en la tarea que nos refresca del calor de nuestros kleshas?

7.67 Cuando me encuentre abatido por debilidad o cansancio,
pospondré mi trabajo, para luego retomarlo.
Y dejaré la tarea cuando la haya completado,
para seguir con la próxima lleno de entusiasmo.

El tema aquí es la importancia de la moderación y el descanso. Antes de comprometemos a nada, podemos considerar nuestra capacidad y aprender a marcarnos un ritmo. Nosotros, los seres sensibles, nos pasamos de exigentes o nos desmoronamos, y ambas cosas llevan al agotamiento. La clave para seguir teniendo entusiasmo e inspiración en el camino del bodhisattva es saber cuándo hay que tomarse un descanso. Con esta observación sabia y compasiva, Shantideva concluye su presentación de los cuatro poderes: aspiración, entereza, alegría y moderación.

7.68 Los soldados veteranos hacen frente a las espadas
de las filas enemigas en el frente de batalla.
Y yo esquivaré hábilmente las armas de las pasiones
asestando a mi enemigo un rápido y fatal golpe.

Las estrofas finales de este capítulo presentan varios atributos del entusiasmo. En primer lugar la cualidad de la agilidad o ligereza. Es fácil ponerse terriblemente serio cuando pretendemos liberarnos a nosotros mismos del sufrimiento: como la gente necesita ayuda desesperadamente, ¡tenemos que estar en forma cuanto antes! Pero en la llamada guerra contra los kleshas, la severidad no es más que otro montaje del ego. En vez de pelear, Shantideva sugiere que introduzcamos algo de liviandad en la ecuación. Como los niños jugando, como un elefante acalorado que se zambulle en un lago, como un caballo alegre o una brisa deliciosa, así llevamos el entusiasmo a la tarea.

Al principio, por supuesto, esto puede parecernos imposible, y solo *los soldados veteranos* pueden hacerlo, pero ese no debe ser motivo para el desánimo. Puede que sea muy costoso ahora, pero abstenerse de los kleshas y quedarse abierto a cualquier cosa que surja es como aprender a conducir un auto: es más fácil con la práctica.

En el camino del bodhisattva, incluso tras una experiencia directa del vacío, se requiere mucho tiempo para aprender a ayudar a los demás con destreza. Entretanto, si mantienes el sentido del humor y lúdicamente ves cómo te vas poniendo tenso, la liviandad y la confianza no pueden sino crecer.

> 7.69 Si se le cae la espada durante la refriega,
> el soldado, asustado, raudo la recupera.
> De igual modo, si pierdo el arma de la atención
> la recuperaré raudo por temor al infierno.

La siguiente cualidad del entusiasmo es el apremio. La combinación de liviandad y apremio es imbatible. Por un lado, es imprescindible para sentimos bien que desmantelemos los kleshas; por otro, si nos obsesionamos con la tarea no hacemos sino crear otra forma de ensimismamiento en el yo. El truco consiste en ver cuándo nos quedamos enganchados, y acto seguido, con suavidad, pero con apremio, volver al momento presente. Exactamente igual que un soldado no puede descuidarse y soltar la espada en medio de la batalla, nosotros no podemos ponernos ufanos y perder nuestra atención. Cuando nuestra mente se distrae, los kleshas se cuelan como una pandilla de ladrones. Pero si hacemos que la mente vuelva a la atención con dureza o pánico, nunca generaremos la autocompasión necesaria para avanzar en el camino.

7.70 Igual que el veneno llena todo el cuerpo,
transportado por la sangre que se mueve por las venas,
en cuanto la maldad encuentre su oportunidad
empezará a extenderse y a ocupar toda la mente.

Esto es muy cierto. No podemos subestimar esos *venenos*, aunque sean pequeños rencores o resentimientos sutiles, porque, si pasan desapercibidos, *empezarán a extenderse y a ocupar toda la mente*. En esta estrofa y en las siguientes, Shantideva recalca la importancia del prestar atención como componente del entusiasmo.

7.71 Seré como un hombre asustado sosteniendo un jarrón de aceite,
lleno hasta el borde, y amenazado por un espadachín diciendo:
«Te advierto: ¡eres hombre muerto si una sola gota viertes!».
Así es como los practicantes deberían estar de atentos.

En época de Buda, había un rey que desacreditaba el poder de la práctica de la atención. Para mostrar al escéptico rey su error, el Buda pidió a varios hombres que entraran en el palacio sosteniendo jarrones llenos a rebosar de aceite. Detrás de cada uno de ellos iba un espadachín dispuesto a asestar un golpe en cuanto se vertiera una gota. Aunque la sala estaba llena de bailarinas, músicos y otras distracciones, ninguno de ellos derramó ni una gota de ese aceite. ¡Ni siquiera un circo con tres pistas te distrae cuando tienes una espada a tus espaldas! Con esa demostración, el rey quedó convencido del tremendo poder de una mente estable.

> **7.72** Igual que uno se pone de pie rápidamente
> si en su regazo cae una serpiente,
> cuando me acosen el sopor y el sueño
> con toda prontitud me desharé de ellos.

Tenemos aquí otra imagen más para ilustrar un aspecto del entusiasmo: el apremio. Cuando una serpiente cae entre nuestras rodillas, no nos quedamos ahí sentados admirando sus rayas, sino que saltamos sin vacilar. Siempre me han alentado a practicar de esta manera: ¡como si una serpiente acabara de caer en mi regazo o como si mi pelo estuviese ardiendo!

> **7.73** Y así, cada vez que vuelva a equivocarme
> me he de reprender y recriminar.
> «Cueste lo que cueste —me diré—
> todos esos errores no ocurrirán ya más».

Aquí Shantideva se vuelve a referir a la práctica de la confesión. Aunque la palabra *recriminar* suena agresiva, solo quiere recalcar que la introspección honesta es crucial. En el camino espiritual, necesitamos hacernos amigos de nosotros mismos porque, de otro modo, las recomendaciones de Shantideva no harán más que producirnos una culpabilidad inútil y menosprecio de nosotros mismos.

El único modo de sanarnos es construir sobre los cimientos del cariño. Entonces no será un problema reconocer la neurosis como tal y contactar con nuestro desengaño y congoja. Este tierno anhelo de dejar de hacernos daño nos duele en el alma y conduce a pensar *que todos esos errores no ocurrirán ya más*.

Creo que la mejor manera de comprender esta manera de hacer las cosas es a través de las historias del yogui tibetano Geshe Ben. Siempre que este tipo excéntrico veía en sí mismo algo de bondad o sabiduría, se refería a sí mismo como «venerable Geshe», pero cuando veía que se estaba quedando enganchado por el shenpa, se llamaba a sí mismo «estúpido de ti».

Una vez que estaba visitando a unos mecenas, Geshe Ben vio una bolsa de harina de cebada abierta que colgaba de la pared. Necesitaba algo de harina, así que cuando se quedó solo empezó inconscientemente a meter la mano en la bolsa. De repente, dándose cuenta de lo que estaba haciendo, gritó con todas sus fuerzas: «¡Un ladrón, un ladrón! ¡He cogido a un ladrón!». Cuando llegaron apresuradamente sus anfitriones, allí estaba él con su mano dentro de la bolsa.

En otra ocasión, los ladrones invitaron a todos los monjes a comer. Geshe Ben estaba sentado en último lugar. Cuando los sirvientes empezaron a servir su yogur favorito empezó a temblar: «¿Y qué si al final no queda nada para mí? ¿Cómo puede ese tonel de monje ponerse tanto?». Según le iba creciendo el malestar, empezó a maquinar cómo iba a poder ponerse delante de los otros monjes antes de que fuera demasiado tarde. Entonces se dio cuenta, arrepentido, de lo que estaba haciendo y esperó pacientemente su turno. Cuando finalmente llegaron, tapó el cuenco con la mano y exclamó: «Este tipo avaricioso se queda sin yogur. Es un adicto al yogur y ya ha tenido de sobra». A mí, estos cuentos humorísticos me han ayudado frecuentemente a reconocer mi estrechez de miras, sin ponerme muy severa o crítica.

7.74 «En cada situación, y en todo momento,
¿cómo podré habituarme a la atención constante?».
Pensando así, querré reunirme con los maestros
y realizar las tareas que me hayan propuesto.

7.75 Sea como sea, pues, antes de comenzar una labor,
y para poder tener suficientes fuerzas para la tarea,
recordaré las enseñanzas sobre el prestar atención
y me erguiré con ligereza para hacer lo que toque.

Shantideva concluye con unas alabanzas para el prestar atención. Cuando estamos totalmente despiertos y presentes, podemos llevar a cabo mejor nuestras tareas y escuchar lo que los maestros tienen que decir. Normalmente nos perdemos una gran parte de lo que nos pasa porque nuestra mente se pone a divagar. Sería sabio, por consiguiente, contemplar las enseñanzas de Shantideva acerca del prestar atención y, con liviandad, en vez de severidad, llevarlas a la práctica.

7.76 Movidas por cada golpe de brisa
las hebras de lino ondulan de un lado a otro.
Que así, todo lo que yo haga lo consiga
por los movimientos de un corazón gozoso.

Esta estrofa tan hermosa es una imagen del entusiasmo consumado y nos evoca la sensación de que es posible que nosotros lo hagamos. A pesar de la congoja que sentimos al ver el sufrimiento del mundo, estamos gozosos de poder contribuir a aliviarlo en vez de añadir más infelicidad. Esta felicidad nos permite acceder a un gran banco de energía que estaba previamente bloqueado por el ensimismamiento en el yo. Llegado este punto, todo lo que antes costaba esfuerzo ocurre de un modo espontáneo y natural. Imagínate el ánimo que puede experimentarse al llevar una vida donde *todo lo que se hace se consigue por los movimientos de un corazón gozoso.*

El *desengaño del samsara*
La meditación, primera parte

En la estrofa que abre el capítulo ocho de *La práctica del bodhisattva*, Shantideva hace referencia al desarrollo lineal de las paramitas, ya que cada una se cimienta en la anterior: con base en el cultivo del entusiasmo, o diligencia, podemos ahora practicar la paramita de la meditación. Nuestro avance espiritual, sin embargo, no siempre sigue una línea recta. A veces la mente está estable y alerta, pero otras es un caos total. A veces nos tendemos mutuamente la mano, pero otras nos retiramos metiéndonos en nuestro capullo. Con todo, si mantenemos firme nuestra intención, estaremos progresivamente cada vez más presentes y menos distraídos, y seremos más compasivos y menos egocéntricos.

> 8.1 Según se ha descrito, seré yo diligente
> y en la meditación emplazaré mi mente,
> pues si la mente vaga descuidada y errante,
> las pasiones me atrapan y caigo en sus fauces.

En las estrofas 1 a 24, Shantideva trata las razones para amansar la mente y evitar las distracciones. Aquí nos quiere decir algo parecido a las enseñanzas del quinto capítulo, donde el símil para la mente desenfrenada era un elefante enloquecido. Ahora, ser gobernado por una mente errante se compara a cuando *las pasiones le atrapan a uno y cae en sus fauces.* En ambos casos, lo importante es que una mente que no está domada nos causa sufrimiento.

8.2 En soledad, a la mente y al cuerpo
no los molesta ningún entretenimiento.
Abandona entonces esta vida mundana ya
y cesa totalmente toda divagación mental.

En esta estrofa, Shantideva comienza a tratar la necesidad de la soledad. A la hora de meditar sobre esta sección, es útil acordarse de tres temas: *dunzi,* o desperdiciar nuestras vidas con distracciones banales, *shenpa,* la experiencia de estar enganchado, y el desengaño o repulsa del samsara.

Cuando Shantideva nos dice que *abandonemos esta vida mundana,* se está refiriendo a lo mucho que nos atrapan las cosas de este mundo, y a la necesidad de encontrar tiempo para estar libres de distracción. Al cabo de un tiempo, la repulsa hacia la sensación de estar enganchados se convierte en algo así como una punzada permanente en el corazón.

Shantideva no nos está diciendo cómo deberíamos vivir nuestras vidas, sino simplemente que para que la mente se estabilice, necesitaremos apartarnos del dunzi, aunque sea por lo menos durante breves periodos. La soledad externa sustenta la soledad interna, y esto es lo que quiere dejar claro.

No nos engañemos: si nunca nos apartamos de las muchas ocupaciones de nuestra vida, va a resultar muy difícil amansar nuestra mente. Por ello, es recomendable que cada día dediquemos un rato a meditar. Los periodos en que nos sentamos en silencio con nosotros mismos, aunque sean cortos, permiten que la mente se tranquilice. Los periodos más extensos son incluso mejor.

8.3 Por nuestros seres queridos y por querer tener más,
no nos podemos aislar de las cosas del mundo.
A ellas por tanto hay que renunciar primero.
Los prudentes deberían actuar así.

La tercera estrofa se refiere a una adicción muy común: la búsqueda de la felicidad en las cosas externas; como si una pareja, la comida o alguna posesión nos fuera a dar la alegría que falta en nuestras vidas. Lo que trata aquí Shantideva es la tendencia a que nos domine el impulso de iniciar esa infructuosa búsqueda. No es tanto que tengamos que renunciar a *nuestros seres queridos y a querer tener más*, sino a las esperanzas nada realistas que proyectamos en estas cosas. Las ilusiones pueden fácilmente pasar a ser más convincentes que el anhelo del corazón de la bodhi.

8.4 Si la lucidez penetrante se une a la calma mental,
se erradican totalmente los estados de amargura.
Sabiéndolo, busca en primer lugar dicha calma apacible,
hallada por quienes felizmente se liberan de las ataduras mundanas.

Apacible calma mental se refiere de nuevo a la estabilidad mental de la meditación shámatha. La *lucidez penetrante* de una mente calmada y estable es la base para trabajar con los kleshas. Para cultivar esta estabilidad y sagacidad, necesitaremos encontrar tiempo para estar en soledad.

8.5 A los seres, efímeros, pocas horas les quedan,
mas se aferran con fuerza a lo que es también transitorio,
durante miles y miles de sus vidas venideras
no verán a sus personas queridas, ni por asomo.

8.6 Y como no podrán verlos, sus mentes no tendrán alegría,
y entonces no podrán reposar en la ecuanimidad.
Pero aunque los vieran no estarían satisfechos,
pues seguirían, como antes, sufriendo por su anhelo.

Cuando nosotros, *seres efímeros, nos aferramos* a las cosas que son igualmente pasajeras, estamos creando nuestra propia insatisfacción. Y esto no es un dogma: podemos ver que todo está cambiando constantemente, nosotros mismos también.

Como la impermanencia desafía nuestros intentos de aferrarnos a algo, los placeres externos no pueden nunca producir una alegría duradera. Incluso cuando conseguimos obtener una satisfacción a corto plazo, esta no sana el anhelo de felicidad; tan solo realza nuestro shenpa. Como dijo Dzigar Kongtrul en una ocasión: «Intentar encontrar la felicidad duradera valiéndose de las relaciones o de las posesiones es como beber agua salada para aliviar la sed».

8.7 Si ansío estar con otros seres
corro un velo sobre la verdad perfecta,
se desvanece la sana desilusión
y aparece finalmente la punzada de dolor.

8.8 Si a ellos les dedico todos mis pensamientos,
estaré desperdiciando toda mi vida.

Aunque mis amigos y familiares cambian y pasan,
por ellos me aparto del inmutable dharma.

Shantideva insiste hasta que nos damos por enterados, ese es uno de sus métodos pedagógicos. Estos versos nos dicen una vez más que cuando *ansiamos estar con otros seres, corremos un velo sobre la verdad perfecta*. En otras palabras, esta avidez nos ciega y no podemos ver la naturaleza imparcial de la mente, por lo cual se *acaba desvaneciendo la desilusión sana* con el samsara.

La náusea que sentimos al repetir lo mismo una y otra vez se llama *desilusión sana* porque nos motiva a romper con nuestros hábitos. Como contrapartida, la desilusión ordinaria se basa en el asco que siente el ego («esto no me gusta, eso no lo quiero»), que hace que nuestros hábitos sigan bien arraigados. Shantideva dice que cuando buscamos seguridad en las cosas externas oscurecemos nuestra percepción de la naturaleza pasajera e incierta de la realidad, y el anhelo por despertar puede igualmente evaporarse. Entonces, tarde o temprano perdemos la oportunidad de despertar porque *aparece la punzada de dolor*, es decir, nos morimos.

Incluso cientos de años después, podemos entender a Shantideva fácilmente cuando dice *a ellos les dedico todos mis pensamientos*. Siempre estamos pensando en los demás: las personas que amamos, la familia y la gente que nos gusta o nos cae mal. Desperdiciamos vidas enteras preocupándonos por estos objetos de nuestra avidez y desdén. Entretanto, *los amigos y familiares van cambiando y pasando*, lo que nos deja, tristemente, con un hábito de ansia muy arraigado. Y más triste sería aún que perdiéramos el deseo de liberación en el proceso.

8.9 Pues si me pongo a actuar como un ser pueril,
la fatalidad será irremediablemente mi destino.

¿Por qué sigo en compañía de niños
que me llevan a un estado tan alejado de la virtud?

8.10 Aunque sean amigos en un momento,
en el siguiente se tornan enemigos acérrimos.
Hasta las cosas agradables les provocan malestar.
¡Cuánto cuesta agradar a la gente ordinaria!

8.11 Les digo algo útil y no lo aprueban,
mientras que, en cambio, me alejan de la bondad.
Y cuando hago oídos sordos a lo que dicen
su enfado les lleva a los mundos inferiores.

El Buda comparó a menudo a los seres sensibles como nosotros con los niños o los *seres pueriles*. Somos como niños que corren constantemente tras los objetos que desean. Shantideva no insinúa que él tenga esto superado, dice simplemente que somos así, y que si seguimos siéndolo no habrá modo alguno en que podamos debilitar nuestras ansias.

El tiempo que pasamos enganchados en nuestros dramas personales no hace sino crear más confusión. Un día nosotros, los seres pueriles, somos amigos y, al siguiente, enemigos. Incluso el querer ser agradable puede causarnos problemas. ¿Te ha pasado alguna vez que hayas intentado consolar a alguien o darle ánimos y hayas recibido su hostilidad a cambio? Y si haces *oídos sordos*, la gente se enfada aún más. En una fiesta, por ejemplo, si está circulando un cotilleo muy jugoso pero tú no le haces caso, la gente se irrita mucho. Las cosas son así, simplemente, y no parece que vayan a cambiar nunca.

Al leer estas estrofas, es posible que llegues a la conclusión de que Shantideva es todo un cascarrabias, pero si te tomas el tiempo de contemplar las experiencias que has tenido en los últimos doce meses, verás probablemente que solo está diciendo obviedades.

8.12 Envidian a sus superiores, compiten con sus iguales,
desprecian a sus inferiores, se pavonean si los elogian
y hierven de rabia cuando dices algo en su contra:
¿te ha dado la gente pueril alguna vez algo bueno?

8.13 Seguir dándoles compañía, contesta, ¿qué te traerá?
Hacer ostentación, claro, desdeñar a los demás
y conversar acerca de «las cosas buenas» del samsara:
en toda suerte de vicios caerás con seguridad.

Estos versos describen la manera en que, a menudo, metemos la pata. Sentimos envidia de aquellos que son más ricos o son más populares que nosotros, o que tienen mejor aspecto o mejor trabajo, competimos con nuestros iguales y menospreciamos con orgullo a quienes están «por debajo» de nosotros.

Sería muy sencillo llevar estos prejuicios a la práctica del dharma y transformarlos en otra cosa. Con nuestros *superiores*, podríamos alegrarnos por ellos con empatía; así, su posición nos beneficiaría, pues gracias a ella despertamos el corazón de la bodhi. En vez de ser competitivos con nuestros iguales, podríamos practicar la bondad y el respeto. Y en cuanto a los *inferiores*, podríamos practicar la compasión. En realidad, solo nos equivocamos por hábito, pero al hacerlo perdemos valiosas oportunidades.

Lo que ocurre a menudo cuando nos liamos emocionalmente con gente pueril es que nos azuzamos mutuamente. Creyéndonos más de lo que somos, rebajando a los demás y agasajándonos con «*las cosas buenas*» *del samsara* —nuestras maravillosas vacaciones, una botella de buen vino— nos entrampamos cada vez más en los placeres transitorios. En esta etapa del camino es muy fácil engancharse en el drama de los demás y que los demás se enganchen en el nuestro; y esto es muy peligroso. El apoyo que necesitamos para disolver estas viejas tendencias, dice Shantideva otra vez, vendrá cuando encontremos tiempo para la soledad.

8.14   De esa clase de lazo entre yo y los demás
lo único que resulta es la perdición,
pues ningún beneficio obtendré de ellos
y yo tampoco puedo hacerles ningún bien.

8.15   Rehúye pues la compañía de las personas pueriles,
pero salúdalas con una sonrisa cuando las veas,
manteniendo así la cortesía habitual
al tiempo que no invitas las relaciones íntimas.

8.16   Toma, como las abejas que liban miel de las flores,
solo lo que beneficia a la práctica del dharma.
Trata a toda la gente como recién conocida
y evita la familiaridad si es excesiva.

La manera en que nos quedamos enganchados en las relaciones siempre nos acaba sentando mal. Nadie se beneficia y no surge de ello nada bueno. Igual que una abeja que se queda atrapada extrayendo la miel de las flores, excederse en el cotilleo, el fanfarroneo y la calumnia es letal. Podemos seguir llevándonos bien sin quedarnos enganchados y, como las abejas sabias, podemos obtener lo que mantiene nuestro buen corazón sin quedarnos irremediablemente atrapados.

Estas enseñanzas pueden suponer un gran desafío, y resultar un poco insultantes o inquietantes. Pero seamos sinceros, ¿usamos nuestras relaciones actuales para despertar el bodhichita? La mayoría de nosotros no siente deseo alguno de ser malo o dañar, y vemos nuestra práctica como un modo de relacionarnos con los seres sensibles, sin evitarlos, pero en tanto que sigamos saltando a la más mínima, y seamos tan fáciles de seducir, necesitaremos la soledad para que nuestra estabilidad y capacidad de darse cuenta profundicen.

Es como convertirse en un cirujano del cerebro: si eso fuera realmente a lo que aspiramos, iríamos a la facultad de medicina para formarnos bien y no experimentaríamos en casa. Shantideva no está diciendo que no tengamos amigos ni que evitemos la compañía de los demás, más bien nos da consejos para que no reaccionemos tanto y para que seamos más sabios.

La estabilidad mental es como la llama de una vela que, en este momento, es muy vulnerable, y la soledad es como un tubo de cristal que impide que el viento la apague. Cuando la llama sea estable, podremos quitar esa cubierta y el viento ya no será una amenaza. Hacerlo ahora, sin embargo, haría que la llama ardiera como una hoguera.

Cuanto más mayor me hago, más me atraen los largos periodos de retiro, aunque sé que pasar meses en soledad no es algo que mucha gente se pueda permitir. Pero puedes, sin embargo, meditar todos los días y hacer retiros de un día o de un fin de semana siempre que sea posible, o más largos si dispones del tiempo, por supuesto. Lo principal es que la soledad forme parte de nuestra vida.

Para poder trabajar con las circunstancias externas adversas, necesitamos aunar nuestras fuerzas internas. Si la meditación diaria, aunque sea de diez o veinte minutos solamente, sirve para ello, ¡hagámosla! Hacer un buen uso de nuestro limitado tiempo —el tiempo limitado que transcurre entre nacimiento y muerte, así como el de cada día— es la clave para cultivar nuestra estabilidad y tranquilidad internas.

Una de las historias que más me ha inspirado a este respecto es la de la abuela de Dzigar Kongtrul. Su vida fue extremadamente agotadora, trabajaba duramente desde que despuntaba el día hasta bien entrada la noche, pero se convirtió en una persona de gran realización gracias a practicar en cuanto tenía un respiro. Siempre que no tenía que hablar con alguien, relajaba su mente y estaba en el momento presente. Tanto si estaba ordeñando las vacas, lavando los platos o yendo de un sitio a otro, usaba cada oportunidad para tranquilizarse y expandir la mente. En cada pausa pudo encontrar esa soledad externa que le permitía descubrir una soledad interna inquebrantable y profunda.

8.17 «Pues sí, yo soy rico y me respetan mucho;
muchísimas personas se deleitan conmigo».
Si alimentas toda esa autocomplacencia,
¡tendrás muchos miedos en cuanto te mueras!

8.18 De hecho, ¡ay, mente mía!, afligida e insensata,
todo lo quieres y todo lo ansías.
Y todo ello resurgirá, sí,
¡mas como dolor, y multiplicado por mil!

Las estrofas 17 a 21 tratan acerca de cómo nos distraemos cuando nos van bien las cosas. El gran maestro de meditación Dilgo Khyentse Rimpoché enseñó que a veces es más difícil trabajar con las buenas circunstancias que con las malas, a causa de resultarnos tan divertidas; las llamaba «obstáculos positivos».

Cuando alguien se enfada con nosotros, es posible que nos acordemos de practicar la paciencia, y cuando enfermamos, nuestro sufrimiento nos puede poner en contacto con el dolor de los demás. Pero cuando nos van bien las cosas, nuestra mente acepta la situación fácilmente y, como el aceite que absorbe la piel, el apego a las circunstancias favorables se mezcla suave e invisiblemente con nuestros pensamientos y sentimientos. Sin darnos cuenta de lo que está pasando, nos encaprichamos con nuestros logros, la fama o la riqueza. Es difícil que consigamos apartarnos de los obstáculos positivos. Si pudiéramos tener todo lo que deseamos (riqueza, una casa confortable, buena ropa), la recomendación sería que viéramos esta buena fortuna como ilusoria, como un hermoso sueño, sin dejarnos seducir por él cayendo en la autocomplacencia.

Como dice Shantideva, *¡ay, mente mía!, afligida e insensata, todo lo quieres y todo lo ansías,* pero nada es suficiente. Como bien saben los publicistas, cuanto más tenemos más necesitados nos sentimos.

8.19 Y puesto que este es el caso, el sabio no tiene apegos:
el miedo y la angustia siguen de cerca al deseo.
La naturaleza —y esto que se te quede bien grabado—
de todo lo que deseamos es diluirse sin dejar rastro.

8.20 Algunas personas amasaron grandes riquezas
y disfrutaron de la fama y de la reputación.
Pero ¿puede alguien decirnos ahora dónde se han ido
con todo su equipaje lleno de oro y prestigio?

Todos esos personajes históricos que han conseguido grandes riquezas, fama y prestigio, ¿dónde están ahora? Se han ido para siempre y, al final, ¿de qué les valió *todo su equipaje lleno de oro y prestigio?* Ni les sirvió a ellos cuando murieron, ni nos servirá a nosotros tampoco el nuestro.

Disfrutar de las cosas del mundo podría, por supuesto, ayudarnos a despertar. Cuando nos sentimos cómodos y tranquilos, podemos dedicar más tiempo a la meditación y a beneficiar a los demás. Normalmente, sin embargo, ese tipo de situaciones nos llevan a estar más ocupados y a tener más shenpa. Como dijo Trungpa Rimpoché: «¿No somos ridículos?».

8.21 ¿Por qué he de sentir agrado cuando me elogia la gente?,
¿acaso no hay otra gente que me vilipendia a la vez?
¿Y por qué he de deprimirme cuando me echen la culpa?,
¿acaso no hay otra gente que no piensa mal de mí?

Shantideva se está refiriendo aquí a «las ocho preocupaciones mundanas»: alabanza y culpa, placer y dolor, fama y olvido, ganancia y pérdida. Pregunta por qué sentirme feliz *cuando me elogia la gente* o infeliz cuando me condena, si siempre va a haber otras personas que van a pensar lo contrario. Y, sin embargo, son precisamente estas preocupaciones mundanas lo que nos esforzamos por conseguir o rechazar. El tirón del shenpa, ese quiero y no quiero, es lo que nos mantiene dando vueltas en el samsara.

El mero pensamiento de que alguien diga algo bueno sobre nosotros nos hace sentir bien, pero simplemente recordar que alguien nos ha tratado de manera neutral, quizá dando una respuesta inexpresiva a lo que le hemos contado, nos hace sentir un poco deprimidos. No es sensato ser esclavos de esas esperanzas y temores, pero podemos estar seguros de que es eso lo que nos va a ocurrir. No se trata solamente de la neurosis personal, es otro ejemplo del dilema universal que tenemos.

8.22 Las cosas que los seres se proponen y anhelan
son tantas que ni el Buda podría satisfacerlas.
¡Y mejor ni mencionemos a este pobre miserable!
Dejaré de ocuparme de las cosas mundanales.

8.23 La gente menosprecia a quienes están en la pobreza,
pero también critica a quienes son ricos.
¿Qué placer puedes hallar si te rodeas
de esta clase de gente que nunca está contenta?

8.24 La bondad no alegra a quien es como un niño,
excepto si gracias a ella se cumplen sus caprichos.
Esas personas pueriles, por tanto, no son buenos amigos.
Y esto es algo que los tathagatas han dicho.

Aquí Shantideva da fin a la sección acerca de quedarse enganchado en la gente y en las circunstancias favorables. No hay sabiduría en intentar satisfacer las ansias mundanas, sean propias o ajenas. El hecho de que sean *tantas que ni el Buda podría satisfacerlas* incita a la reflexión. Shantideva nos aconseja una vez más que no nos dejemos absorber por el drama.

8.25 En los bosques que frecuentan los venados y las aves,
donde no hay desacuerdos y rodeado de árboles,
¡allí sí que me rodeará la compañía más sana!
¿Cuándo podré partir para hacer allí mi casa?

8.26 ¿Cuándo podré yo hacer en una cueva mi morada,
en una ermita abandonada o bajo las amplias ramas de un árbol,
en mi pecho un corazón que la libertad total ama
y que nunca se vuelve atrás para echar un vistazo?

8.27 ¿Cuándo podré quedarme en aquellos parajes
que no tienen dueño, que no reclama nadie,
amplios y abiertos, donde estoy a mis anchas,
sin apegos y haciendo lo que a mí me plazca?

8.28 ¿Cuándo podré estar libre de cobardía
y no necesitar ocultarme de nadie,
con pocas pertenencias y un bol de mendicante,
llevando vestimentas que nadie codicia?

Cuando Shantideva ensalza la soledad, no nos está sugiriendo el escapismo, ni que nos ocultemos de las cosas desagradables: aunque esto fuera posible, él no lo recomendaría. Podría estar uno solo en una cueva durante años sin realmente desprenderse de nada. La cuestión es cómo lograr de la mejor manera posible esa soledad interna que nos proporciona una felicidad duradera.

Hay una historia de Patrul Rimpoché en la que visita a un yogui que había estado en retiro solitario durante muchos años, practicando sobre todo la perfección de la paciencia. Rimpoché llegó inesperadamente y en seguida empezó a pinchar al yogui, poniendo en ridículo su práctica y llamándole charlatán, hasta que el hombre se puso furioso y gritó a Patrul Rimpoché diciéndole que se marchara y le dejara en paz. Cuando salía por la puerta, Rimpoché le dijo al yogui: «Estaba poniendo a prueba tu perfección de la paciencia».

8.29 ¿Y cuándo podré ir al cementerio
para comparar mi efímero cuerpo
con los huesos secos por allí esparcidos,
que pronto serán nada y lo mismo?

8.30   Esta misma carne que me da una forma
            pronto estará tan fétida y hedionda
            que ni los chacales se aproximarán:
            ese será de hecho su único final.

Una vez más, Shantideva contempla la impermanencia de su vida. En los pudrideros* llenos de cuerpos al aire libre, compara su cuerpo con *los huesos secos por allí esparcidos* y comprende que, tras la muerte, de *esta misma carne que le da una forma* emanará un olor tan nauseabundo que ni los chacales se acercarán. A continuación, en este estado de ánimo meditabundo, Shantideva se enseña a sí mismo el dharma.

8.31   Este cuerpo que hoy es un todo entero e íntegro,
            esta carne y estos huesos que ha unido la vida,
            acabarán separándose y desintegrándose,
            ¿Y cuánto más se separará un amigo de otro?

8.32   Y es que nacemos solos, solos al mundo venimos,
            y solos partimos cuando nos llega la hora.
            Nadie comparte su dolor, ni su destino.
            ¿Qué necesidad tengo de «amigos» que estorban?

Nuestra vida depende de que *este cuerpo* esté relativamente sano y entero. Pero nuestro cuerpo se desintegrará, punto. Nos dejará, exactamente igual que un amigo deja a otro. En una especie de estrofa a lo «polvo eres, y en polvo te convertirás», dice que nacemos solos y que, cuando muramos, sin importar todo lo que la gente nos ame o cuanto la amemos nosotros, haremos frente a esa transición sin nadie que nos acompañe. No hay nada

---

* Véase el glosario. *(N. del T.)*

que los seres queridos puedan hacer para ayudarnos, así que aferrarnos a ellos no hará sino poner trabas a nuestra capacidad para soltar y seguir adelante sin dificultades.

8.33 Al igual que aquellos que están de viaje,
tras recorrer un trecho paran para hospedarse,
los seres que vagan por las sendas de la existencia
se aferran a su nacimiento, su ansiada posada.

8.34 Y entonces hasta que llegue la hora
en que se lleven mi cuerpo cuatro hombres,
rodeado del dolor de la muchedumbre,
me iré al bosque y estaré ausente.

Esta vida es como una parada de descanso en el viaje. Podríamos pensar que nuestro cuerpo es una habitación de un hotel: la reservamos, descansamos un rato y seguimos adelante. Shantideva aspira a no desperdiciar su breve vida corriendo tras distracciones sin sentido. Hasta que llegue la hora en que se lleven su cadáver, hará un buen uso de sus días en retiro.

8.35 No tendré allí amigos, ni sufriré envidias,
mi soledad será mi única compañía.
Me darán por muerto desde el primer día
y así no sufrirán cuando pierda la vida.

8.36 Entonces no habrá nadie a mi vera,
llorando mi muerte, dando problemas.
Ni tampoco nadie que me distraiga
de pensar en el Buda y de mi práctica.

Estas son indicaciones para morir. Si, debido a nuestro aprendizaje en vida, podemos entrar en contacto con la apertura de la mente, la experiencia de nuestra muerte será alegre y expansiva. Pero, ¿qué pasará si nuestra mente está muy dispersa y se distrae fácilmente con los enredos emocionales? En ese caso el proceso de la muerte causará confusión y miedo. Shantideva aspira a morir solo, esperando así evitar esas complicaciones innecesarias.

8.37 Y así, en estos bellos y resplandecientes bosques,
donde a la alegría empañan muy pocas preocupaciones,
acabará amainando mi divagación mental
y me quedaré feliz en gozosa soledad.

8.38 Renunciando a cualquier otra aspiración,
centrándome en un solo propósito,
me esforzaré en apaciguar la mente
y, una vez aquietada, a tenerla bajo control.

Esta aspiración concluye el apartado acerca de buscar la soledad externa e interna. Aquietar la mente se refiere a la meditación shámatha; *tenerla bajo control* significa apaciguar el desenfreno de la mente. A pesar de la dureza del lenguaje, ya sabemos que para poder hacerlo dependemos de la suavidad, la paciencia y el entusiasmo.

En el siguiente apartado, Shantideva se extiende en la enseñanza acerca de cómo abandonar las distracciones que perturban la mente, el deseo sexual en especial. Lo que cabe destacar en particular de este apartado es la lógica impecable de Shantideva, que socava despiadadamente los argumentos a favor de la avidez. Da igual aquello que deseemos (un amante, un automóvil, una golosina), podemos siempre aplicar lo de «mucho ruido y pocas nueces».

8.39 En este y en todos los mundos venideros
el deseo es el padre de todo sufrimiento:
en este mundo heridas, cadenas y hasta muerte,
e infiernos y demás lacras en los que vienen.

8.40 Mandas a tus celestinos: al chico y a la muchacha,
con muchas invitaciones para el anhelado premio
y sin evitar, en pos de ello, ningún pecado,
ni acciones que producen mala fama,

8.41 ni las que suponen un riesgo espantoso
o la dilapidación de bienes y propiedades:
todo ello por el deleite y el gozo perfecto
de abrazar y dar un beso increíble y penetrante...

Algunas de las cosas que se mencionan aquí tienen que ver con lo que hacía la gente en la época de Shantideva para buscarse pareja, de ahí que hable de *celestinos y de invitaciones*. Es interesante observar que, a diferencia de muchos de los monjes de Nalanda, Shantideva conocía muy bien las costumbres de la gente seglar. Lo más probable es que cuando fue príncipe tuviera relaciones íntimas y que no fuera un mojigato en lo que al sexo se refiere.

Aquí no se está refiriendo al deseo sexual en sí, sino a lo obsesionados que nos ponemos y a las locuras que hacemos para satisfacer nuestros deseos. Como dice en la estrofa 39, la pasión fuera de control puede ocasionarnos la cárcel, heridas e incluso la muerte. Tristemente, el síndrome de O. J. Simpson no es tan infrecuente*.

En las estrofas que siguen, Shantideva nos pide que examinemos con inteligencia la naturaleza del cuerpo de nuestro amante, y pone en entredicho la lógica de nuestra preocupación irracional con el sexo.

8.42 ¡a lo que en verdad es solo un montón de huesos,
desprovisto de un yo y falto de autonomía!
¿Es este el único objeto de tu lascivia y pasión?
¡Mejor deja atrás todo lamento y dolor!

8.43 Para solo alzarle el rostro pasaste muchos apuros
porque con modestia miraba siempre al suelo,
y aunque lo viste antes, o puede que ni eso,
estaba todo el tiempo cubierto con un velo.

8.44 Sí, suspiros te ha dado ese rostro, y tantos...
Pues ahí lo tienes ahora, desnudo y destapado.
Los buitres te lo han dejado a la vista.
¿Qué te pasa? ¿Te vas corriendo ya, tan rápido?

8.45 Aquello que antaño protegías con tanto celo
y que hasta escondías de los ojos ajenos,
¿por qué, ¡oh, ser miserable!, no lo proteges ahora
que se lo comen las aves del cementerio?

* Jugador de fútbol americano que fue acusado de matar a su ex mujer y al amante de esta después de que ella lo abandonara por violencia doméstica. *(N. del T.)*

8.46 Mira cómo esta mole humana de carne y de restos
sirve ahora a las fieras carroñeras de pasto.
¿Y engalanarías con joyas, bellas guirnaldas y sándalo
el forraje que a otros sirve de alimento?

Hay dos antídotos tradicionales contra la lujuria. El primero consiste en reemplazarla por la aversión que surge al mirar el cuerpo tras la muerte. Shantideva lo hace y nos pide que contemplemos la avidez irracional hacia esta *mole humana de carne y de restos*. El deseo, dice, se desvanece enseguida cuando tu amante se convierte en un cadáver en putrefacción. El otro remedio se basa en ver la naturaleza insustancial y onírica del cuerpo. Como señala en la estrofa 42, aquellos que deseamos no son más que un *montón de huesos*, carentes de una existencia permanente o consistente.

Desde este punto de vista, es útil poner en tela de juicio la imagen sólida que tenemos de nuestros compañeros sexuales. Quizá los veamos como sexys e irresistiblemente atractivos, pero sorpréndelos cuando no se han lavado y huelen mal, y la pasión puede tornarse rápidamente en aversión. ¿Y qué pasa si los deseamos cuando están vestidos, pero nos desagradan en cuanto se desvisten? Quizá están más gordos o delgados de lo que esperábamos, o no nos gustan los tatuajes que llevan. Si la pasión puede evaporarse tan rápidamente, ¿qué es lo que realmente nos obsesiona tanto?

La relación de una amiga mía acabó enseguida cuando contrajo paperas; su pareja la vio tan desfigurada que perdió temporalmente todo interés en ella, y cuando recuperó su belleza, ¡ya no tenía ella ningún interés en él!

8.47 Mira, mira otra vez a ese montón de huesos,
inerte y muerto, ¿qué es lo que tanto te asusta?

¿Por qué antes no lo temías cuando deambulaba
cual zombi animado por una fuerza extraña?

Aquí está de nuevo el ingenio de Shantideva, que nos pregunta: ¿por qué nos da tanto miedo un cuerpo cuando es cadáver si el mismo cuerpo cuando está erguido y moviéndose no nos asusta lo más mínimo?

8.48 Entonces sí te encantaba, adornado y vestido,
¿y por qué no lo quieres ahora que está desnudo?
¡Ah! Me dices que ahora no lo necesitas...
¿mas por qué lo abrazabas antes todo cubierto y acicalado?

Se está refiriendo de nuevo a ver el cuerpo de nuestro amante como un cadáver. ¿A qué estamos tan enganchados? Si pensamos que es su cuerpo, entonces, ¿por qué todo cambia cuando ese cuerpo está muerto?

8.49 Surgen igualmente de una única cosa, la comida,
la porquería del cuerpo y, en la boca, la ambrosía.
Dime, ¿por qué entonces te deleitas con la saliva
y te repugna el excremento?

Puede parecer obvio por qué la saliva de nuestro amante es más apetecible que sus heces, pero pensemos un momento: a una mosca esos escrementos le parecerían muy atractivos. ¿Hay algo que sea, intrínsecamente, deseable o repugnante?

8.50 Aunque no disfrutas de las suaves almohadas,
por mucho que estén hechas de fino algodón,

afirmas que el cuerpo humano no emite hedores:
¡no percibes su mugre, la lujuria te ha atontado!

8.51 Lascivo, te tiene ofuscado el deseo.
Al algodón le buscas las pegas, enfadado,
porque no llegas a consumar el acto con él.
¡Aunque pueda ser suavísimo al tacto!

Cuando Shantideva habla de estar *atontado por la lujuria y ofuscado por el deseo*, está yendo al fondo de la cuestión. Lo que falla no es el objeto sexual, sino nuestro shenpa, desmedido e irracional.

8.52 Y si a la porquería miras con desagrado,
¿cómo es que puedes mimar en tu regazo
un armazón de huesos con tendones atados,
recubierto de carne que hace las veces de barro?

8.53 Tú mismo estás, de hecho, atiborrado de mierda,
y sin interrupción te revuelcas en ella.
Eso es precisamente, mierda, lo que deseas,
¡y así anhelas los sacos que los demás tienen de ella!

Es posible que venga de aquí la expresión «eres un tal o cual de mierda». Tenemos que tener cierto sentido del humor con los argumentos de Shantideva. Lo que quiere decir ahora es que ya tenemos un montón de impurezas en nosotros, así que, ¿por qué ir detrás de las impurezas ajenas?

8.54 «Pero lo que a mí me encanta es la piel y la carne,
ponerles la vista encima y tocarlas».

¿Por qué no deseas entonces la carne sola,
en su estado natural, sin mente, inanimada?

La estrofa 54 comienza un análisis clásico que pretende exponer la naturaleza del vacío. El ejemplo tradicional es un carruaje. ¿Dónde encontramos la verdadera naturaleza del carruaje? ¿Se encuentra en la rueda izquierda, en la derecha o en el asiento? Podemos hacernos las mismas preguntas en relación al cuerpo.

Lo que Shantideva cuestiona aquí es el lugar donde reside nuestro apetito sexual. ¿Está en la carne o en el perfume? Si está en uno de los dos, ¿entonces por qué no deseamos la carne cruda o los olores agradables en sí mismos? Si es el aroma de sándalo lo que nos excita, sería insensato confundir ese olor con el cuerpo.

Del mismo modo que Buda analizó el carruaje, Shantideva analiza el cuerpo para descubrir donde está tal ente. ¿Dónde está este «yo» o ese «otro»? Continúa describiendo cómo no solo le damos a esos amantes (que son como un sueño) un atractivo que no tienen, después los codiciamos, anhelamos copular con ellos, etc.

8.55   Y si lo que deseas, quizás, es la mente...
a esa no puedes asirla ni echarle una mirada.
No es mente todo aquello que se puede asir o ver,
¿por qué copular con algo que no es?

Si digo que lo que me atrae es la mente de mi amante, pues entonces, ¿dónde está exactamente?

8.56 Ser incapaz de entender la naturaleza impura
de la carne de los otros no es tan extraño quizás.
Mas no ser capaz de ver la naturaleza sucia
de uno mismo es, de hecho, ¡pero que muy peculiar!

8.57 ¿Por qué la mente, empeñada en la inmundicia,
pasa por alto la nueva flor de loto,
que a la luz de un día claro acaba de abrirse,
y en vez de ello disfruta de un saco de porquería?

Si es la belleza lo que queremos, ¿por qué no sentimos lascivia por una flor de loto?

8.58 Y ya que no sientes inclinación de tocar
un lugar u objeto roñoso con excrementos,
¿por qué deseas entonces tocar el cuerpo
de donde salen los excrementos?

8.59 Y si en realidad no ansías la impureza,
¿por qué en este momento abrazas y besas
lo que ha salido de un lugar tan sucio,
que asimismo ha nacido una sucia semilla?

El *lugar tan sucio* al que se refiere aquí es la matriz, y la *sucia semilla* es el semen. En nuestra cultura, mucha gente no siente rechazo hacia estas cosas, pero en la India de la época de Shantideva, aparentemente todo el mundo lo tenía. Esto, de hecho, prueba lo que Shantideva quiere dejar claro: la aversión y la atracción se basan frecuentemente en prejuicios culturales y no son, en ningún caso, realidades absolutas.

8.60 Los gusanillos hedientos que aparecen en la mierda:
no sientes hacia ellos ni la más mínima apetencia.
Pero una forma humana... eso sí que lo deseas,
aunque surja de la suciedad y esté repleta de ella.

8.61 No sientes ninguna repugnancia
hacia tu propia impureza;
y deseoso y sediento de mierda
anhelas los sacos que los demás tienen de ella.

En nuestra cultura de baja autoestima, no es útil fomentar el asco por nuestro propio cuerpo. Sin embargo, Shantideva sigue empeñado en desinflar el irresistible impulso de la lujuria. Es esta, y no la pasión sexual en sí, lo que espera socavar con su lógica y sus razonamientos.

8.62 Toma sustancias agradables, como el alcanfor,
las hierbas y las verduras frescas o el arroz:
mételas en la boca y luego escúpelas,
¡y verás cómo la tierra se ensucia!

8.63 Y si aún pones en duda toda esa inmundicia,
aunque todos claramente la tengan ya a la vista,
vete a dar un paseo por los cementerios
y observa allí abandonados todos los fétidos cuerpos.

8.64 A la vista de los cuerpos despellejados
sientes gran horror y asco.
Bien, y ahora que por fin ya lo tienes claro,
¿cómo es que aún disfrutas de algo así?

Lo fundamental es que, una vez que hemos visto un cuerpo muerto, ¿cómo nos puede obsesionar tanto uno que esté vivo?

8.65 La piel se encuentra ahora perfumada
por el olor del sándalo y no por otra cosa.
Pero dime, ¿cómo es que algo, con su aroma,
provoca que anheles no esa cosa sino otra?

8.66 Y ya que naturalmente el cuerpo tiene un olor malo,
¿no será mejor que a él no estemos apegados?
¿Por qué aquellos que ansían cosas mundanas, banales,
ungen la carne del cuerpo con fragancias agradables?

8.67 Porque si la fragancia es del sándalo,
¿cómo podría ser también el perfume del cuerpo?
¿Cómo puede ser que algo, con su aroma,
te induzca a ansiar no esa cosa sino otra?

8.68 Cuando está lleno de greñas, con las uñas sin cortar
y todos los dientes malolientes y sucios,
el cuerpo desatendido, desnudo y al natural:
¡su espectáculo produce un gran susto!

8.69 ¿Para qué tantos esfuerzos en limpiar y acicalar
lo que no es más que un arma que va a lastimarte?
Los cuidados con que la gente ignorante se mima,
convulsionan al mundo llenándolo de locura.

El problema no es tener buen aspecto, sino quedarse atrapados entre el miedo y la esperanza acerca de nuestra apariencia; eso es lo que llena el *mundo de locura*.

8.70 Sentiste aversión allí, en el cementerio,
cuando viste aquel montón de huesos humanos.
¿Y vas a disfrutar ahora de las ciudades de muertos
que frecuentan los esqueletos que viven y andan?

Shantideva formula de nuevo su pregunta: si los cuerpos muertos del camposanto nos asustan, ¿por qué no nos repelen las ciudades llenas de cuerpos que van de aquí para allá?

8.71 Por añadidura, poseer la porquería ajena
no se puede conseguir gratis sin más,
porque todo tiene un precio: en esta vida agotamiento
y en la que vendrá después... ¡los dolores del infierno!

8.72 De joven, la gente no puede acrecentar sus pertenencias.
¿Y de qué pueden gozar cuando son personas maduras
si se pasan toda la vida acumulando más riqueza?
¡Y al final son demasiado viejos para saciar su lujuria!

En la India del siglo VIII, era práctica común entre los hombres de la casta más baja de ciertas tribus pedir dinero prestado para casarse, con lo que quedaban obligados a trabajar casi de por vida para el prestador. Para acumular la riqueza necesaria para atraer una novia, se endeudaban varias generaciones de una familia, el hijo heredaba la deuda de su padre y así sucesivamente, convirtiéndose de ese modo en esclavos. Cuando le llegaba al pobre hombre el turno para tener novia, quizá era ya demasiado viejo para *saciar su lujuria*.

En estos versos y en los que siguen, Shantideva sobre todo trata de la manera en que nos quedamos totalmente enganchados y distraídos por nuestros antojos. Como su público estaba formado por monjes célibes, él ha dedicado mucho tiempo a intentar desinflar sus fantasías sexuales. En los monasterios, trabajar con la energía sexual de una manera sensata es a menudo un tema candente.

8.73 Hay gente que la ambición hace muy desdichada
pues se mata a trabajar y acaba el día exhausta.
Fatigados y rendidos se van a casa luego,
para dormir como un cadáver, tan profundo es su sueño.

8.74 Hay quienes se agotan viajando fuera de casa,
y acaban sufriendo la separación de sus esposas
y de sus hijos, que anhelan ver y que tantísimo aman.
A veces pasan sin verlos años y años sin pausa.

8.75 Hay también quienes ambicionan prosperar,
y como no saben cómo, a ellos mismos se venden.
Pero la felicidad les elude e, inútilmente,
se desviven y laboran por sus amos nada más.

8.76 Y hay otros que también se venden, cayendo en la esclavitud,
vasallos de los demás, acaban en la miseria,
y el único cobijo en que sus mujeres dan a luz
lo encuentran bajo los árboles, en plena naturaleza.

Tenemos una idea, una ilusión, de lo que nos produciría comodidad y placer, y de alguna manera no nos damos cuenta de que todo lo que tenemos que pasar para alcanzar ese sueño es doloroso y absurdo. El objetivo de la felicidad nos elude a pesar de todas nuestras preocupaciones y grandes esfuerzos. A continuación, Shantideva trata de lo inútil que es obsesionarse con la riqueza y las posesiones. La avidez que estas cosas generan en nosotros nos causa muchos problemas.

8.77 Hay locos engañados por el ansia de un sustento
que deciden que en la guerra harán dinero,
aun arriesgando sus vidas y llenos de miedo.
Se fueron para ser ricos, pero acabaron presos.

La gente a menudo se une al ejército por dinero u otros beneficios, pero una vez que te has alistado no te puedes marchar y, si hay guerra, allí te mandan.

8.78 Unos, como resultado de haber sido tan ávidos,
acaban con el cuerpo acuchillado o empalado.
Otros son heridos, atravesados por la lanza,
o bien los dejan en el fuego hasta matarlos.

Traficar con drogas puede parecer una manera fácil de enriquecerse, pero pronto se convierte en un estilo de vida peligroso y deja de ser tan sencillo.

8.79 ¡El dolor de ganar, atesorar y perderlo todo!
¡Ved las infinitas penalidades que nos trae la propiedad!
Quienes aman la riqueza tienen tanta distracción
que no pueden librarse jamás del dolor de la existencia.

Experimentamos un absurdo recurrente: la angustia que padecemos para conseguir nuestra *riqueza* (nuestro sustento, circunstancias y posesiones) nos impide finalmente ser felices. Nos compramos una bonita camisa de seda y, accidentalmente, la salpicamos con el aliño de la ensalada. Ahorramos hasta que podemos comprarnos el automóvil de nuestros sueños, pero cuando lo dejamos aparcado en la calle, nos preocupa que alguien lo raye y nos agobiamos. No tener dinero también es, por supuesto, muy doloroso. Pero, desgraciadamente, es infrecuente que alguien se contente con tener justo lo suficiente para cubrir sus necesidades básicas.

8.80   De hecho, poseídos por tantas querencias,
      sufrirán, por muy poquita cosa, muchos problemas.
      Se parecen a ese buey que, mientras tira del carro,
      solo alguna brizna de hierba del camino va pillando.

8.81   Y a causa de una cosa que es una nimiedad,
      algo tan corriente que hasta las bestias pueden hallar,
      se dedican a destruir, atormentados por su karma,
      algo muy difícil de hallar: esta preciosa vida humana.

Pasaremos muchas incomodidades para conseguir un aumento de sueldo o una semana más de vacaciones. Para ganarnos al jefe, haremos horas extras sin remuneración o cualquier otra cosa que haga falta. ¿No se parece esto al desgraciado buey que tira del carro sudando para que al final del día le recompensen con un puñado de heno? Este es el símil que usa Shantideva para el dolor que nos infligimos para obtener los placeres más nimios. Entre tanto, estamos desperdiciando la valiosa oportunidad que nos presenta esta vida humana.

8.82   Todo lo que deseamos perecerá, no lo dudes,
      y por su causa caeremos al dolor de los infiernos.
      Por aquello que al final a muy poco se reduce,
      ¡sufriremos un desgaste implacable y sempiterno!

Esto se refiere al dolor de la existencia samsárica. Como dice un verso budista: los amigos, la riqueza, los hogares y otras comodidades pasajeras son como un banquete justo antes de que el verdugo te conduzca al patíbulo. Es posible que consigamos todo lo que queremos, pero el placer es efímero. Por añadidura, si dañamos a alguien en el proceso de conseguirlo, el resultado final será doloroso. E incluso si no le hacemos daño a nadie, fortaleceremos el hábito de la avidez, lo cual nunca redunda en nuestro provecho.

8.83 ¡Con solo una millonésima parte de ese dolor
se podría alcanzar la misma iluminación!
Mucho más sufren los ávidos que quienes recorren el camino,
¡pero no es la budeidad lo que alcanzan!

Esto es dolorosamente cierto. Con tan solo una fracción del tiempo y del esfuerzo que gastamos en nuestra existencia mundana, ¡qué progreso tan tremendo podríamos hacer en el camino del bodhisattva! Recuerdo decir a un maestro: «Si os diera a cada uno una baraja y una caja de cervezas, estaríais tan entusiasmados y despiertos que no os iríais a la cama durante días. Pero si os pido que os sentéis a meditar un par de horas al caer la noche, ¡os dormiríais todos como troncos!».

8.84 ¡Piensa en el dolor del infierno y otros mundos aviesos!
Armas, fuego, venenos,
precipicios profundos y enemigos acérrimos:
nada le hace sombra a nuestros deseos.

8.85 Así que asqueados por nuestra lascivia y deseos,
disfrutemos ahora de la soledad

en sitios vacíos de todo conflicto y envilecimiento:
en la paz y el sosiego del bosque.

Estos versos vuelven a referirse a ese desengaño y repulsa
auténticos que podemos llegar a sentir al ver como se repiten
nuestros hábitos samsáricos.

8.86 Felices son los que se han entregado a ayudar a los demás,
y entre las rocas macizas deambulan por lugares plácidos,
refrescados por los rayos de la luna con su aroma de sándalo
y sosegados por la mansa brisa del bosque.

8.87 Ojalá podamos quedarnos tanto tiempo como queramos
en cuevas, bajo los árboles o en casas abandonadas.
Atrás el dolor de guardar nuestras posesiones,
que vivamos libres y andemos despreocupados.

8.88 Tener tal libertad, limpia de avidez,
y andar sueltos de todo lazo y atadura:
una vida con tanto contento y placer,
¡incluso Indra iría raudo en su búsqueda!

8.89 Cuando reflexionamos de esta y otras maneras
en la virtud de estar solo y todas sus excelencias,
pacificamos del todo nuestra mente discursiva
y podemos cultivar la mente del bodhichita.

Con esta consigna hermosa y apacible, Shantideva nos vuelve
a recordar los beneficios de la soledad y concluye la primera
parte de este capítulo acerca de la paramita de la meditación.

Disolver las barreras
La meditación, segunda parte

CON LA ESTROFA 90 DEL capítulo 8, nos adentramos en una de las partes más famosas de *La práctica del bodhisattva*, en la que Shantideva nos habla acerca de la igualdad entre uno mismo y los demás, dándonos además prácticas específicas para ponernos en el pellejo de otra persona. Estas instrucciones sirven de antídotos contra la perspectiva limitada y confusa acerca de «mí» y de «lo mío».

> **8.90** Esfuérzate primero en la meditación
> acerca de la igualdad entre ti y los demás.
> Todos somos iguales en la dicha y el dolor,
> así que sé el guardián de todos, y de ti mismo.

Comenzamos contemplando la igualdad entre nosotros y los demás. Aunque podríamos filosofar acerca de la insustancialidad y la seguridad falsa de un «yo» separado, cuando se trata de disolver de verdad la barrera ilusoria que separa este yo de los demás, trabajamos de una manera muy práctica y realista. El mito de la separación es muy convincente y, aunque nos cause un gran dolor, no es fácil librarse de él. Este mito se trabaja de una manera muy directa con las prácticas y las enseñanzas de la igualdad entre uno y los demás, que nos exponen los planes y las estrategias del engreimiento, y cambian la manera en que nos vemos unos a otros.

Por decirlo muy claramente: si has vivido alguna vez en la calle, no podrás ver jamás a un mendigo del modo en que lo hacías. Te has visto en esas y sabes cómo se pasa cuando estás en la miseria pidiendo dinero, y esta experiencia rompe automáticamente la barrera. Del mismo modo, cuando has estado hospitalizado alguna vez con una enfermedad grave, sabes que la gente puede entrar y salir de la habitación sin siquiera verte o tratarte como a una persona. En la película *Wit*, se ve a la protagonista en estado terminal vomitando en una palangana mientras el enfermero le pregunta: «Y bien, ¿cómo nos sentimos hoy?». Si uno ha experimentado en su propio pellejo esta clase de despersonalización, le resultará difícil relacionarse de un modo superficial con alguien que esté muy enfermo.

Imaginarnos en la situación de otra persona sacude nuestra indiferencia y comenzamos a darnos cuenta de que *todos somos iguales en la dicha y el dolor*. El sufrimiento y la felicidad son iguales para todos: la infelicidad es infelicidad y la dicha es dicha. Por consiguiente, tanto si sentimos amargura como alivio, comprendemos cómo se sienten los demás. Entender que las alegrías y las amarguras de los demás son iguales a las nuestras ensancha nuestra perspectiva, lo que, de algún modo, hace que no sea tan fácil como antes el quedarse entrampado en la red de pensamientos egocéntricos.

8.91 Las manos y extremidades, aunque muchas y diversas,
son todas una y lo mismo en mantener y proteger el cuerpo.

Y también los diversos seres, con sus alegrías y pesares,
son, como yo, uno y lo mismo en desear la felicidad.

El símil del cuerpo muestra una integridad con muchas partes únicas. El oído no es el dedo gordo del pie, un diente no es un ojo, pero aun así estas partes individuales no están separadas. Si nos duele un dedo, todo el cuerpo lo siente, y si nos hacen un corte en la pierna, la mano se extiende para curarlo. No experimentamos nuestra pierna como algo ajeno y decimos: «Mira cómo sangra, ¡qué interesante!». Shantideva usa el símil del cuerpo como un todo en diferentes contextos. Aquí se refiere a la interdependencia entre los seres humanos: todos somos únicos pero no estamos separados e, igual que uno mismo, todos quieren sentirse bien.

8.92 Aunque mi malestar no aflige
ni incomoda al cuerpo de otro,
es duro aguantar este dolor
pues me aferro a él como si fuera propio.

La causa de nuestro sufrimiento es el concepto que tenemos de que somos un yo separado y continuo. Cualquier cosa a que nos aferremos tomándola como «yo» o «mío» nos causa dolor: el cuerpo, el cónyuge, las emociones, las posesiones o los amigos. La intensidad con la que sufrimos, según el Buda y Shantideva, depende de la intensidad con que nos aferremos a ese «yo» impermanente e inasible.

Si esto es así, ¿cómo vamos a trascender este punto de referencia centrado en «mí»? Lo hacemos, simple y directamente, reconociendo que las demás personas son exactamente igual que nosotros. Esta práctica desvela que todos nosotros tenemos el mismo miedo a sufrir y el mismo deseo de felicidad. Cuando nos damos cuenta de esto, la bondad de nuestros corazones se libera.

> 8.93 Y aunque no siento el dolor de otros seres,
> como me he puesto en su pellejo
> empiezo a hacer mío su sufrimiento
> y por tanto es duro aguantarlo.

Quizá sintamos que nuestro propio sufrimiento es ya más de lo que podemos soportar. Puede que esa sea la razón por la que no queremos relacionarnos con el dolor de los demás, pero cuando comprendemos que su sufrimiento no es diferente del nuestro, se produce un cambio y el temeroso corazón del ego empieza a derretirse.

> 8.94 Así que aliviaré el dolor de otros,
> porque como el mío propio es dolor, y nada más.
> Y como son seres vivos, igual que yo,
> a todos los demás serviré y ayudaré.

> 8.95 Y puesto que yo y los demás seres
> somos como dos gotas de agua en querer la felicidad,
> ¿puede haber alguna diferencia que me lleve
> a buscar solamente mi propio gozo nada más?

Estos versos resumen las razones para practicar la igualdad entre uno y los demás.

> 8.96 Y puesto que yo y los demás seres
> somos como dos gotas de agua en huir de lo doloroso,

> ¿puede haber alguna diferencia que me lleve
> a buscar solamente salvarme a mí y no a los otros?

¿Alguna vez te has preguntado por qué la gente hace tantas locuras? Pues por las mismas razones que tú: rehuir el dolor y hacer sus vidas más cómodas. Ningún ser quiere ansiedad, estrés o malestar físico, así que todos nos parecemos en que queremos seguridad, felicidad y una vida predecible; y para conseguirlo podemos hacer cosas muy malas.

> **8.97** Del dolor de los demás yo no me salvaguardo
> porque pienso que a mí no me hace ningún daño.
> ¿Por qué protegerme entonces de mis dolores futuros
> si a este yo del presente no le hacen daño alguno?

Shantideva, una vez más, debate consigo mismo. En los primeros versos de la estrofa 97 presenta la lógica del shenpa: «Y ya que el dolor de otro no me duele, ¿por qué preocuparme por él?», y luego responde la sabiduría.

> **8.98** Pensar: «mas seré yo el que los padezca»,
> no es nada más que una falsa idea,
> porque una cosa es lo que muere
> y otra lo que nace, son diferentes.

Es lógico que digamos: «Si me corto con el cuchillo, duele. Por eso, obviamente, me protejo. Pero si te cortas tú, yo no siento nada, ¿así que por qué preocuparme?». Shantideva refuta este argumento diciendo que ese «yo» que estamos intentando proteger constantemente para que hoy, mañana o la próxima semana no sufra ningún daño, no es el mismo «yo» de este momento.

Está cambiando y pereciendo constantemente, cada segundo nace otro «yo». Merece la pena reflexionar sobre esto.

8.99 Y entonces dirás: «¡Se debe a que quienes padecen
quieren protegerse a sí mismos de heridas venideras!».
Mas no está en la mano el dolor que siente el pie,
¿entonces por qué habría de protegerlo ella a él?

Desde un punto de vista convencional, las prácticas de la igualdad parecen descabelladas: quien sufra, que se las apañe. Esta lógica tiene sentido desde nuestra perspectiva ordinaria: yo me ocupo de mí mismo y tú de ti mismo. Shantideva responde a esto con los dos últimos versos de esta estrofa, donde usa de nuevo el símil del cuerpo. Es obvio que la mano va a proteger al pie del daño. Y si aceptamos que esto es razonable, ¿por qué descartar la idea de que los seres separados pueden también relacionarse como parte de un todo?

Sin embargo, cuando alguien sufre lo vemos como «otro», ¿cómo podemos entonces llegar a saber que no somos seres aislados? Una manera es pensar que si no les prestamos ayuda a los demás nos estamos haciendo daño a nosotros mismos. Si trabajamos con esta idea una y otra vez, lo que comienza siendo una práctica se convierte en algo que sabemos que es así realmente. Cualquier cosa que le ocurra a cualquiera de nosotros afecta a la totalidad. Si pensamos en ello de verdad, esta clase de pensamiento interdependiente tiene mucho sentido. Cuando no nos cuidamos mutuamente, sufro yo, sufres tú, sufre todo el mundo.

8.100 «Es verdad, es inadmisible —entonces me responderás—
y es que ocurre tan solo porque el apego al ego es fuerte».

¡Pero lo que es inadmisible para uno mismo y los demás
debería ser rechazado de una vez y para siempre!

Shantideva continúa su debate, su monólogo. La lógica del
shenpa dice: «No nos pongamos demasiado filosóficos. *El apego
al ego* es la única razón por la que quiero proteger *mi* mano y no
la tuya», a lo que la sabiduría responde: «¡Pues eso es, precisamente!».
Dejemos de justificarnos con esas excusas ilógicas. Vivimos
en una prisión dolorosa y egocéntrica llamada «yo». Esta percepción errónea nos causa dolor a todos. ¿Cómo podemos debilitar
el ensimismamiento en el yo que nos separa? ¿Cómo podemos
tener más amplitud de miras y ser más cálidos? Haciendo la
práctica de «exactamente igual que yo».

8.101 Las llamadas agrupaciones, y también las continuidades,
al igual que los ejércitos y las guirnaldas, son irreales.
Y así, no puede haber alguien que experimente dolor,
porque, ¿hay alguien ahí que sea su dueño y señor?

8.102 No tiene el sufrimiento tal dueño y señor
y en él no cabe por tanto ninguna distinción.
Hay que aliviarlo, pues el dolor solo es dolor,
¿vale de algo distinguir dónde está y dónde no?

En la estrofa 101, tenemos la tercera razón para no practicar
la igualdad entre uno mismo y los demás. Se trata del razonamiento del vacío: si todo es ilusorio, como un espejismo, ¿por
qué preocuparse de un sufrimiento que en realidad no existe?
«Bien pensado —respondería Shantideva—, pero si no estuvieras
atrapado en esa sensación de tener un "yo" consistente, compren-

derías que nuestro dolor es el mismo. No hay ninguna diferencia entre tu dolor y el mío». De esta manera, usa el argumento del vacío para apoyar la necesidad de compasión en vez de refutarla, llegando a la conclusión de que *hay que aliviar ese dolor que es solo dolor.*

8.103 «¿Mas por qué aliviar los sufrimientos de todos?».
¡Pero, hombre, no se puede argumentar de ese modo!
Si «mi» dolor se acabara, el de «otros» se acabaría;
si el de los demás siguiera, el mío también seguiría.

En el plano de la verdad absoluta no hay razón alguna para sufrir, pero en el de la relativa todos sufrimos considerablemente. La causa de nuestro descontento, insiste Shantideva, es la sensación equivocada de separación. Esta no se basa en nada tangible, sino en creencias y conceptos. La dualidad sujeto-objeto, yo-otros, es una ilusión que crea la mente. Llegamos a esta comprensión de lo absoluto por medio de la práctica del soltar. Entretanto, podemos trabajar en el ámbito del dolor cotidiano y tratar el sufrimiento de los demás como propio.

8.104 «La compasión me hace sentir muchísimo dolor —reclamas—,
¿por qué esforzarse entonces en sentirla y engendrarla?».
Mas si piensas en todos esos seres sufriendo un grandísimo dolor,
¿cómo puedes creer que es grande el dolor de tu compasión?

Escucho a menudo esto en respuesta a la práctica de ponerse en el pellejo ajeno. Es un argumento convencional en contra de experimentar el dolor de los demás. Quien se opone a la compasión, o empatía, dice: «No puedo soportar mi propia amargura, así que no digamos la de los demás». Pero Shantideva replica que la punzada de la empatía no es nada comparada con el sufrimiento (el hambre, la sed, la violencia, la negligencia y la ignorancia fundamental) de los seres sensibles.

El dolor de la compasión nos puede hacer decididamente más amorosos y tiernos hacia los demás. Es ciertamente doloroso no aliviar el dolor ajeno, pero hacerlo curaría ese otro dolor, más grande incluso, del ensimismamiento en el yo.

8.105 Y ya que gracias a este único dolor
se pueden aliviar multitud de amarguras,
los seres humanos que tienen buen corazón
se esfuerzan por avivarlo en ellos y en los demás.

Alguien le preguntó una vez a un lama tibetano si temía coger para sí el sufrimiento de los demás que inhalaba durante la práctica del tonglen, y él respondió que nada le haría más feliz que tomar el dolor de los demás para que ellos se libraran de él. Cuando alguien puede decir esto, es que se ha producido un cambio profundo: su mayor felicidad proviene de comprender la igualdad entre sí mismo y los demás. Cualquier dolor que padezca durante el proceso no le disuade.

8.106 Y por eso Supushpachandra,
aun sabiendo que el monarca le haría daño,
no hizo nada para huir de la tribulación:
para que el dolor de muchos otros acabara.

Esta estrofa se refiere a la historia de un hombre que amenazaron de muerte si enseñaba el dharma. Para beneficiar a cientos de personas, arriesgó alegremente su vida. Supushpachandra es un modelo de la conducta del bodhisattva, y puede ser difícil igualar su ejemplo, pero nos podría inspirar a extendernos un poquito más cada día.

8.107 Quienes han llegado a dominar esta práctica
se alegran aliviando las dolencias ajenas
y se aventurarán a entrar en el infierno del Dolor Implacable,
igual que el cisne se sumerge en la laguna entre lotos.

8.108 La inmensidad del gozo, tan grande como el océano,
que surja cuando todos los seres sean liberados,
¿no será suficiente y el más grande contento?
Querer liberarme solo, poco es si lo comparo.

¿Podríamos ser lo suficientemente valientes como para *aventurarnos a entrar en el infierno del Dolor Implacable*? ¿Podríamos hacerlo con el mismo entusiasmo con el que el *cisne se sumerge en la laguna entre lotos*? No había nada que le diera a la madre Teresa de Calcuta más placer que aliviar el sufrimiento de los demás. La felicidad era para ella ayudar a la gente a morir haciéndoles saber que no estaban solos.

Tú y yo somos como volantones aprendiendo a volar. Podemos promover el corazón de la bodhi con pequeños actos: dar dinero a un mendigo con el entusiasmo de ese cisne sería un gran paso adelante.

Yo me he beneficiado mucho siguiendo el consejo de Shantideva de empezar cuidando de asuntos de poca monta y saliendo adelante en pequeños desafíos, dejando que la osadía se desarrolle de modo natural. Y no se trata de no querer arriesgarse, sino de ser sabios para empezar haciendo lo que podemos y expandir nuestro coraje paso a paso. Si te has preguntado alguna vez cómo llegar hasta allí desde aquí, en esta enseñanza tienes una respuesta.

En los capítulos anteriores, las instrucciones de Shantideva estaban dirigidas sobre todo a trabajar con nuestra confusión personal. Con esa base, ahora resalta una etapa más avanzada en nuestro recorrido. Siempre es sabio, sin embargo, usar las enseñanzas aplicables al lugar donde nos encontramos, para que nos guíen en la vida cotidiana. Es así como evitamos el desaliento y el agotamiento.

8.109 La labor de hacer por los seres lo que les beneficia
no me hará sentir entonces arrogante ni vanidoso.
La felicidad de los otros es en sí lo que me contenta,
y ya no espero ninguna otra recompensa.

8.110 Por consiguiente, igual que me defiendo
en cuanto recibo el menor menosprecio,
también con los demás habré de tener
la misma compasión y los protegeré.

Probablemente, la manera más sencilla de comprender lo que dice Shantideva es pensar en nuestra relación con los animales. No es nada complicado: salvaríamos encantados a un animal de una situación cruel, no para parecer virtuosos, sino simplemente para *protegerlo* y evitar que sufra. Es muy posible que protegiéramos más su bienestar que el nuestro.

8.111 No me pertenecía la gota de sangre y esperma,
pero impulsado por la fuerza del hábito
vine a sentir que tenía un «yo» fundamentado en ella
aunque, en sí mismo, carece de toda entidad.

8.112 ¿Y entonces por qué no identificarme
con un cuerpo ajeno y llamarle «yo»?
Y viceversa, ¿por qué iba a costarme
pensar que mi cuerpo no es mío?

La sensación incesante de «mí» y «mío» es un hábito adquirido, el más fuerte de todos. Si comprendemos que tenerla es absurdo, ¿es demasiado cómico pensar que «yo» es «otro»? Si este «yo» está insultando a alguien, ¿es un paso muy grande imaginar cómo se siente la otra persona? Si fuéramos a intercambiar lugares literalmente, aunque fuera un segundo, sentiríamos la gran fuerza que tienen nuestras crueles palabras y, sin dudarlo, dejaríamos al momento de hacerles daño a los demás.

8.113 Ahora que ya percibo las faltas que el «yo» posee
y el océano de virtudes que se haya en los «otros»,
renunciaré del todo a quererme a mí solo
y adquiriré el hábito de aceptar a los otros seres.

Cuando Shantideva usa la expresión *quererme a mí solo*, se está refiriendo al capullo, la prisión de sentirse separado. Esto es lo contrario a tener una relación compasiva con uno mismo. La manera de salir del dolor del ensimismamiento en el yo es pensar en los demás.

8.114 Igual que vemos las manos y todos los demás miembros
como las partes integrantes que constituyen un cuerpo,
¿no podríamos también considerar a los demás
como miembros componentes de una viva totalidad?

8.115 Igual que en relación a esta forma, de un yo carente,
por la gran fuerza del hábito uno siente que hay un «yo»,
¿por qué no habría de surgir el pensamiento de «yo»
en relación a los otros gracias al hábito?

¿Cómo sería una familia o una ciudad si, en vez del «yo primero», todos nos cuidáramos mutuamente y estuviéramos dispuestos a considerar a los demás «exactamente como a mí»?

8.116 Y así, por tanto, cuando obre por el bien ajeno
no me congratularé ni me daré importancia.
Es exactamente igual que cuando me alimento:
¡no espero que esa acción se vea recompensada!

No esperamos recibir aplausos cuando alimentamos a un cachorrito hambriento, es algo tan natural como alimentarse uno mismo. No esperamos que nos feliciten ni que nos den el Nobel de la Paz por nuestros esfuerzos.

8.117 Por consiguiente, igual que me defiendo
en cuanto recibo el menor menosprecio,
también por los seres me acostumbraré
a sentir compasión y los habré de proteger.

Esto nos recuerda la enseñanza de Jesucristo: «Haz a los demás lo que quieras que te hagan a ti». Sería de hecho reconfortante ser el receptor de esa clase de acciones.

8.118 Por ese preciso motivo, Avalokita, el señor,
bendijo su nombre movido por una gran compasión:

para que, gracias a su repetición, se libere del miedo
quien sienta temor estando en medio de una multitud.

El bodhisattva Avalokiteshvara dijo que, en ocasiones de peligro, si pronunciamos su nombre tres veces nos libraremos del miedo. Su historia nos sirve como símil del inmenso potencial que tiene nuestra compasión desinteresada.

8.119 Y así, la adversidad no debería afectarnos,
porque bajo la influencia de la costumbre y el hábito,
la gente llega a llorar incluso por quienes
les atemorizaban con solo pronunciar sus nombres.

Shantideva presenta la idea poco corriente de llorar la pérdida de alguien cuyo mero nombre infunde un miedo atroz en nuestros corazones. Si comenzamos a practicar ahora por la gente que nos cae bien, podremos luego hacerlo por aquellos que nos dan igual o que nos irritan ligeramente. Con el tiempo, nuestra compasión se expandirá, hasta que llegue el momento en que llorar la pérdida de aquellos que nos caen mal o que tememos no nos parecerá tan chocante.

Cuando le llegó la noticia de la muerte de Mao Tse-tung, el dalái lama se encontraba enseñando ante un gran público. Se detuvo y empezó a llorar. Para la mayoría de los tibetanos, no había nadie más temido que Mao Tse-tung, pero la primera reacción del dalái lama fue llorar; quizá, en parte, por el sufrimiento que Mao Tse-tung tendría que afrontar como resultado de su crueldad hacia los pueblos chino y tibetano.

8.120 Toda persona que quiera poder ser rápidamente
un refugio para sí y para los demás seres,

debería hacer intercambio entre el «yo» y los «otros»,
y abrazar así un misterio sagrado.

A veces las nubes oscurecen el sol; puede parecer incluso que no está brillando. Por supuesto que esto no es así, el sol está simplemente oculto. Del mismo modo, la naturaleza sin oscurecimientos de la mente está siempre con nosotros, pero el ensimismamiento en el yo la bloquea. Se encuentra oscurecida por los kleshas y oculta por las opiniones, los prejuicios y los conceptos. Cuando reflexionamos acerca de esta estrofa, es útil tener esto en mente.

Las nubes del egocentrismo se desvanecen misteriosamente cuando nos ponemos en el lugar de otra persona e imaginamos lo que siente. En la práctica del tonglen, inspiramos lo que normalmente rechazaríamos y espiramos lo que usamos normalmente para aferrarnos. Esto disuelve las estrategias del ego y revela la claridad de la mente. Es posible que sea un misterio el por qué esta simple práctica nos libera, pero con toda seguridad es un misterio que merece la pena abrazar.

8.121 Por el apego a nuestros propios cuerpos
nos alarman incluso las pequeñas molestias.
Como el cuerpo produce entonces tanto espanto,
¿quién no lo detestaría como el peor de los enemigos?

Shantideva, a veces, se refiere al cuerpo como un vehículo precioso para alcanzar la iluminación, y otras señala sus inconvenientes. Aquí nos dice que la obsesión con el cuerpo produce un gran pavor.

8.122 Deseando aliviar los males del cuerpo,
nuestra boca hambrienta y la garganta seca,
matamos a los peces, los pájaros y los ciervos,
y yacemos al acecho junto a las cunetas.

8.123 Y para poder conseguir posición y beneficios,
hay personas que incluso llegan a matar a sus padres
o a robar lo que ha sido ofrecido a las tres joyas.
Por ello arderán en el infierno del Dolor Implacable.

8.124 ¿Habrá entonces algún sabio y prudente
que cuide, sirva y proteja el cuerpo?
¿Quién no lo percibirá como un adversario,
y no lo despreciará como tal?

La gente puede tener tanto miedo de sufrir que está dispuesta a matar y a robar para protegerse. Estas tendencias de autoprotección pueden ser peligrosas, tanto como despreciarse a sí mismo. En cualquier caso, espero que lo que dice Shantideva acerca del daño que causa el egocentrismo nos quede claro.

Las enseñanzas mahayanistas nos dicen que la razón para no dañar a los demás es que nos importan. No matamos porque cuidamos las vidas de los demás, y no robamos porque respetamos sus posesiones. No nos limitamos a abstenernos de las acciones negativas, también intentamos ser cariñosos y bondadosos.

8.125 «Si esto lo entrego, ¿qué queda para mí?».
Pensar en uno mismo es lo que hacen los fantasmas maléficos.
«Si esto lo mantengo, ¿qué tengo para ti?».
Pensar en los demás es el camino que nos lleva al cielo.

Nuestras acciones conducen a la felicidad o al dolor, pero normalmente tenemos una comprensión errónea de la manera en que esto ocurre. Pensamos, por ejemplo, que ahorrar nuestro dinero nos enriquecerá y que ser demasiado desprendidos nos empobrecerá. En esta estrofa y en las siguientes, Shantideva le da la vuelta a esta lógica cotidiana. Comienza, en la estrofa 125, señalando que la riqueza es un estado mental. Ser desprendidos *nos lleva al cielo*, mientras que si no lo hacemos se incrementan la necesidad y el miedo.

En las estrofas 126 a 128 describe tres pares de destinos opuestos que reflejan relaciones distintas entre el yo y los otros.

8.126 Si daño a otro ser para yo servirme,
luego sufriré en mundos infernales.
Pero si me hago daño por el bien ajeno
heredaré de hecho toda la excelsitud.

8.127 Si quiero lo mejor para mí, ¿cuál será mi final?
¡Estupidez, subordinación y mundos inferiores!
Pero si cambio el foco y lo quiero para los demás:
¡a mí vendrán mundos de gozo y honores!

8.128 Si esclavizo a los demás y les obligo a servirme,
mi destino será un estado de servidumbre.
Pero si trabajo para bien de los demás,
a mí vendrán maestría y liderazgo.

Cuando Shantideva dice *me hago daño por el bien ajeno*, está simplemente afirmando que está dispuesto a sufrir penurias para ayudar a alguien; lo que produce felicidad. Querer solo *lo mejor para mí* y usar a los demás para nuestro propio beneficio produce nuestro propio sufrimiento. Este sentimiento se resume a continuación en una estrofa que cita a menudo el dalái lama:

8.129 Toda la dicha que hay en el mundo
surgió al querer que otros fueran felices.
Toda la infelicidad que hay en él,
surgió al desear mi propio placer.

Creo que a Shantideva le hubiera gustado la película *Atrapado en el tiempo*, porque ilustra la estrofa 129 a la perfección. Trata de un cascarrabias que vive el mismo día una y otra vez hasta que, finalmente, lo hace bien. Al principio intenta todas las estrategias posibles para ser feliz, pero eso solo aumenta su frustración y descontento. Finalmente comienza a pasar el día ayudando a la gente. ¿Por qué? No para que le vean como un tipo bueno, sino porque es lo único que le produce placer. Cada día coge a ese niño pequeño que se cae de un árbol, y cada día el niño se va corriendo sin dar las gracias. Todos los días intenta salvarle la vida a un mendigo que ha llegado a querer, pero sin éxito. Pero como este día se vive una y otra vez, se va haciendo más flexible y cariñoso; y los demás, como es de esperar, empiezan a amarle. Como dice Shantideva, cuanto más beneficiemos a los demás, más felicidad se cruzará en nuestro camino.

8.130 ¿Hay alguna necesidad de dar más explicaciones?
Los seres que solo se miran el ombligo son como niños,
y los budas obran para el beneficio ajeno:
¡mira la diferencia que los separa!

Los seres que son como niños, nosotros mismos, ignoran las causas de la felicidad. Tanto Shantideva como *Atrapado en el tiempo* son optimistas al sugerir que podemos ser más listos y llegar a hacerlo bien.

8.131 Si no me pongo a intercambiar
mi felicidad por el dolor de los demás,
la iluminación me eludirá siempre,
e, incluso en el samsara, la alegría huirá de mí.

8.132 Y aun sin considerar las vidas venideras,
las necesidades de esta no se verán satisfechas:
los sirvientes dejarán de hacer sus tareas
y los patrones de abonar sus deudas.

Olvida la iluminación, incluso la alegría nos eludirá si no nos cuidamos mutuamente. Si en esta vida los sirvientes, o empleados, no hacen su trabajo y los patrones, o jefes, no se preocupan por ellos, entonces los valores de la sociedad empezarán a venirse abajo.

La estrofa 132 explica qué hay detrás de todas las revoluciones; pienso en Sudáfrica cuando la leo. Durante muchos años, los patrones crueles no pagaron los salarios bien ganados. El apartheid, la separación, se legalizó y arraigó profundamente. Pero, a pesar de todo ello, mucha gente trabajó siguiendo los mismos principios que nos cuenta Shantideva y, al fin, se produjo un cambio para bien. Como resultado de años de opresión, sin embargo, los antiguos sirvientes atacan ahora a los antiguos patrones. Esta es ya una historia familiar: los papeles de opresor y oprimido se van alternando. La felicidad duradera, dice Shantideva, depende de un cambio real en el corazón humano, y este comienza deseando lo que es mejor para los demás porque vemos sus alegrías y sus amarguras como propias.

8.133 Arrojando muy lejos provechosas alegrías
que podría obtener en esta o en futuras vidas,
a causa del daño que he hecho a los demás seres,
yo solo me he buscado un dolor insufrible.

Shantideva reitera este punto esencial: si dañamos a los demás, nos hacemos blanco de dolores futuros.

8.134 Todo el daño con que este mundo está plagado,
todo el miedo y dolor que nos aflige,
¡en el apego al «yo» tiene su origen!
¿Qué voy a hacer con este pertinaz diablo?

8.135 Sin renunciar totalmente al «yo»
nunca podremos saldar el dolor:
si del fuego no nos alejamos
no evitaremos seguir quemándonos.

Si jugamos con fuego, *no podremos evitar las quemaduras.* Esto describe la vida dentro del capullo: cuanto más ensimismados con el «yo» estemos, más sufriremos. Pero no podemos simplemente chasquear los dedos y decir: «Este "yo" es solo un rótulo y voy a dejar de pensar en él para siempre». Nuestro ego y sus historias están profundamente arraigados. De ellos nos valemos, de hecho, para mantener los seis mundos bien engrasados y girando. De modo que, ¿cómo salimos de esto? Como ha dicho Shantideva una y otra vez, ver la igualdad entre uno mismo y los demás es la clave.

8.136 Para librarme yo de todo mal
y a los otros de todo pesar,

que me entregue yo a los demás,
amándolos como a mí me sé amar.

Amarnos a nosotros mismos establece los cimientos para cuidar a los demás. Si alimentamos nuestra baja autoestima, no tendremos nada sobre qué construir. Si reflexionamos en esto evitaremos desvíos.

8.137 «Ahora cumplo órdenes de los demás».
Esto, ¡oh, mente mía!, has de tener presente.
Y no se te ocurrirá jamás ningún pensamiento
que no sea beneficiar a los seres.

8.138 Mi vista y otros sentidos ya no me pertenecen:
usarlos para mi bien sería inadecuado.
Y sería inapropiado igualmente
usar mis facultades contra sus propietarios.

Cumplir órdenes de los demás significa estar a su servicio. La alegría más grande de Shantideva es ayudar a los demás. Si *su vista y otros sentidos* pudieran beneficiar a alguien, sería feliz. Usarlos para hacer daño ya no es una opción, porque sabe que el ensimismamiento en el yo nos ciega al valor y a la fragilidad de los demás seres.

8.139 A los seres pues va todo mi cariño.
Y queda confiscado mi organismo,
se lo ofrezco a todos ellos
para que lo pongan a su servicio.

Igual que un invitado que disfruta las posesiones de un amigo sin olvidar que no le pertenecen, sería igualmente sencillo agradecer que tenemos un cuerpo y no poner trabas para dejarlo usar en provecho de *todos los seres.*

A partir de la estrofa 140, y hasta el final del capítulo, Shantideva nos enseña una práctica que solo se encuentra en *La práctica del bodhisattva,* se trata de su singular versión de «intercambiar el yo por los otros».

8.140 Mira a los demás —tus inferiores, iguales, superiores—
como a ti mismo, identifícate con el otro.
Después, sin pensar en nada más,
súmete en la envidia, la rivalidad y el orgullo.

Comienza Shantideva dándonos una perspectiva general de la práctica. Nos pide que nos intercambiemos con los demás (ya sean nuestros *inferiores, iguales o superiores*) y, sin pensar en nada más, que experimentemos sus kleshas. Nos alienta a intensificar estas emociones y a experimentar su energía directamente, usándolas como vehículo para despertar la sabiduría intuitiva y la compasión.

En la estrofa 141, empieza identificándose con alguien que considera «inferior», como por ejemplo un mendigo. Como práctica de entrenamiento mental, nos pide que imaginemos estar en el lugar de esta persona. Esto sirve para dos cosas. En primer lugar, para experimentar intencionadamente una emoción que normalmente evitaríamos: la envidia que alguien que no tiene nada podría fácilmente sentir. Imagínate una persona acomodada que pasara a tu lado y con condescendencia te tirara unas pocas monedas. Observa esta persona afortunada, limpia y bien vestida, que pasa tal vez conversando con sus amigos de camino al cine o a un restaurante... y no te reprimas: siente la envidia. Exagérala con tus pensamientos y permite que se intensifique, exactamente como Shantideva. Siente su intensidad, seducción, obsesión y dolor. Ese es el propósito de esta práctica.

La segunda razón para hacerla es experimentar estar en la piel del que recibe esa emoción tan intensa. Hacer esto es algo radical, ya que normalmente vemos las cosas exclusivamente desde nuestro propio punto de vista. Reflexionar sobre la experiencia de la otra persona es una postura mucho más expansiva y compasiva, así como una manera franca y práctica de despertar el bodhichita.

En las estrofas que siguen a continuación, Shantideva monta diálogos entre la gente (los que son inferiores, iguales o superiores) y se divierte representando los diferentes papeles*. Puede parecer en estos versos que está interactuando con los demás, pero solamente está describiendo lo que él mismo siente desde diferentes puntos de vista estratégicos.

8.141 Yo no soy nadie, pero él es el centro de atención.
Yo soy pobre y, a diferencia de él, nada tengo.
A mí todos me menosprecian, y sienten admiración por él.
¡Para mí no hay sino amargura, y a él todo le va bien!

Aquí tenemos al mendigo mirando cómo pasa el acaudalado Shantideva. Este, como mendigo, se recrea intencionadamente en la envidia y aversión.

---

* Shantideva intercambia literalmente el papel de «yo» y «otro» desde la estrofa 141 hasta la 154, de modo que cuando dice «yo» ha de entenderse «el otro», y cuando dice «él» ha de entenderse «yo». *(N. del T.)*

8.142 No tengo más que sudor y trabajo
y ahí está él tan ricamente sentado.
Todo el mundo le respeta, él es grande,
y yo un desamparado y un don nadie.

8.143 ¡De eso nada! ¿Yo un vulgar don nadie?
¡Mentira! Sí que tengo cualidades.
Al lado de unos, él es peor.
¡Y al lado de otros yo soy mejor!

Ponemos por las nubes forma parte del síndrome de la envidia, porque cuando no nos sentimos una víctima, se cuela nuestra altivez.

8.144 Mi disciplina y entendimiento se han deteriorado,
pero yo no puedo hacer nada, mis pasiones me gobiernan.
Debería él curarme a mí en la medida en que pueda.
Seré sumiso hasta para recibir sus castigos.

8.145 ¡Pero el hecho es que él no hace nada semejante!
¿Con qué derecho entonces se pone a denigrarme?
¿De qué me pueden valer a mí sus cualidades,
si esas mismas cualidades le hacen arrogante?

8.146 Indiferente a la desesperación de los seres vivos,
que están a punto de caer en fatales destinos,
va exhibiendo por ahí sus virtudes
e incluso quiere competir con los sabios.

Cuando un mendigo mira a alguien como yo, alguien que ha hecho el voto de bodhisattva y que no debería ser tan insensible, debe preguntarse por qué no tengo empatía. ¿Por qué no hago algo que le ayude en su apurada situación?

Uno debe sentir eso cuando vive en la calle: la gente de clase media, con todas sus ideas acerca de ayudar a los demás, va a toda prisa sin tan siquiera darse cuenta de que tú estás ahí. Imaginarte en esa posición cambia la manera en que ves a esos que son menos afortunados: «exactamente igual que yo», esta persona agradecería algo de comprensión y bondad. Esto concluye la parte acerca de entrar en contacto con el dolor de la mentalidad de pobreza, así como el dolor que provoca en otra gente nuestro desagrado y envidia.

Algunos comentarios se refieren a estos versos y a los que siguen como diálogos entre el ego y la sabiduría pero, en general, yo no lo enseño de ese modo. Para mí, el valor que tiene trabajar con esta práctica no es filosófico, sino que proviene de hacer el esfuerzo de ponerme en el lugar de otra persona. Entonces puedo, en primer lugar, conectarme vívidamente con la energía de los kleshas, algo que compartimos todos los seres y, en segundo, experimentar lo desagradable que es estar en el papel de receptor de la negatividad, lo que me ayuda a detenerme antes de denigrar a otro ser humano.

8.147 Para poder dejarlo atrás y acabar siendo mejor que él
—¡él!, ¡ese que creen igual de bueno que yo!—,
cuando compita contra él yo afianzaré seguro
mi fama, buena fortuna y reconocimiento público.

8.148 Y daré a conocer, usando cualquier medio,
mis dones para que los sepa el mundo entero.
Y me aseguraré de que sus cualidades
sigan en el olvido sin que las sepa nadie.

8.149 Y así ocultaré con disimulo mis faltas,
porque yo seré objeto de devoción y no él.
Yo, y no él, lograré posesiones y fama.
Y así yo llegaré a ser el centro de atención.

8.150 Y me deleitaré como nunca antes
en sus crímenes y degradación.
Y haré que sea un ser despreciable:
el hazmerreír de todos: un bufón.

En estos versos, Shantideva intercambia posiciones con un rival. Inspeccionando a su antiguo yo, esto es lo que tiene que decir: «Ahora yo seré *el centro de atención*, y no él. Yo haré de Shantideva *el hazmerreír de todos: un bufón*». Se trata de sentir la incomodidad de un estado mental competitivo y de lo que nos pasa cuando ese resentimiento se dirige contra uno mismo.

8.151 ¡Dicen que ese fantoche lamentable
intenta hacer que yo acepte el duelo!
¿Pero es que no ven que yo lo supero en
saber, belleza, bienes y linaje?

8.152 Cuando les oigo hablar de lo mucho que yo valgo,
mi buena reputación corriendo de labio en labio...
se me estremece la espina con tan solo escucharlo.
¡Ay, cómo me regodeo! Tal placer es lo más grato.

8.153 E incluso aunque él pueda llegar a tener algo,
¡soy yo quien va a recibir el fruto de su trabajo!
Para poder sobrevivir puede guardar lo mínimo,
pero con toda mi fuerza todo lo demás se lo quito.

8.154 Su felicidad iré yo mermando
y siempre le heriré y haré daño.
¡Es él quien en el samsara, en efecto,
mil y una fechorías me ha hecho!

En las estrofas 151 a 154, Shantideva intercambia posiciones con alguien que le mira por encima del hombro, alguien a quien no ve merecedor de ninguna atención. Él se deja sentir la arrogancia suma, así como ser el que recibe todo ese menosprecio y condescendencia.

En esta práctica, te toca representar todos los papeles y usar tus propias palabras para hacer la situación personal y verídica. Digamos que soy una persona que vive en la calle y ahí viene Pema con toda su buena suerte, ¿y si me tratara como un ser humano en vez de limitarse a darme una limosna?, ¿y si me preguntara cómo estoy o dónde voy a dormir esta noche? En una relación entre dos seres humanos iguales, tanto el resentimiento de la persona desafortunada como la indiferencia de Pema tienen la oportunidad de disolverse.

Con los dos últimos versos de la estrofa 154 (*¡Es él quien en el samsara, en efecto, mil y una fechorías me ha hecho!*), Shantideva comienza a dialogar con la mente temerosa y tensa del ensimismamiento en el yo.

8.155 Pasaste eones, ¡oh, mente mía!
deseando obtener lo que querías.
¡Ay, tanto cansancio y molestias,
dolor como única recompensa!

Aquí de nuevo representa dos papeles: la sabiduría innata le habla con sentido a su yo confuso y neurótico. Todos tenemos

EL CAMINO DE LA COMPASIÓN

esta mente sabia que nos guía y, como Shantideva, podemos evocarla en cualquier momento.

8.156   Aparta ahora entonces toda duda
y trabaja siempre por el bien ajeno.
El Buda no mintió cuando dijo
que verás el provecho que emana de ello.

Le está hablando cariñosamente a su pobre mente confusa: «Lo que más te va a ayudar es que sirvas a los demás. Si sigues lo que te dice Buda, será mucho mejor para todos».

8.157   Si de hecho hubieras, en épocas pasadas,
asumido y abrazado esa tarea,
no podrías ahora echar en falta
la budeidad con su dicha perfecta.

Y más aún, ¡oh, mente neurótica!, si hubieras empezado este camino aunque fuera hace solo un mes, ¡estarías un mes más cerca de la budeidad!

8.158   Por tanto, igual que te identificas
con una gota de sangre y esperma de otros
y, aferrándote a ella, la tomas por ti,
toma ahora los seres sensibles —los otros— por ti.

8.159   Y ahora ponte a su servicio y espía
todo lo que tu cuerpo parece tener.
Saquéalo todo hasta que no quede nada
y úsalo para beneficiar a los demás.

Una gran parte de las cosas que hacemos agranda nuestro egoísmo y destruye nuestra felicidad. Ponernos en el lugar de los demás nos da satisfacción en nuestra vida. Es tan simple como eso. Herbert Gunther define el ego como «yo ficticio». Aquí la mente de sabiduría le aconseja al yo ficticio que se libere a sí mismo y beneficie a los demás como sea. Si tu tendencia neurótica es robar, conviértela en provecho para los demás. Para liberarnos de la codicia podemos imaginar que el yo ficticio roba aquello a lo que está más apegado y luego se lo da a quienes lo necesitan. Esta es una instrucción única para salir de la trampa del ansia egocéntrica.

8.160 Los demás están muy tristes y yo, de hecho, feliz;
los demás son inferiores y yo grande y poderoso;
a los demás abandonan mientras y yo recibo apoyo:
¿no debería sentir envidia de mí mismo?

8.161 Felicidad y logros: los entrego.
El dolor de otros: con esto me quedo.
Indagando en mí mismo una y otra vez:
así mis faltas investigaré.

8.162 Cuando otros yerran yo tomaré
la culpa, y me quedaré con ella.
Y todas mis faltas, aun las ligeras,
declaro y, a todos, hago saber.

Con estos versos, comenzamos un apartado acerca de dirigir toda culpa hacia la causa de nuestra infelicidad: el neurótico ensimismamiento en el yo. En lugar de echarles la culpa a los demás por nuestra desdicha o de culparnos a nosotros mismos de una manera despiadada y miserable, echamos una mirada clara y compasiva al modo en que nuestro egocentrismo arruina las oportunidades de tener una felicidad duradera. Nuestro despiadado engreimiento nos provoca mucho más sufrimiento que cualquier otro acusado.

8.163 La fama ajena habré de ensalzar
para que pueda eclipsar la mía.
Seré un mero siervo entre los demás,
que mi humilde labor les beneficie.

8.164 El ego está, por naturaleza, lleno de faltas,
no debo ensalzar sus talentos casuales.
Me las arreglaré para que nadie
tenga conocimiento de sus cualidades.

Estos versos se podrían confundir fácilmente con directrices para ser masoquista. Tenemos que tener muy claro que Shantideva no nos aconseja que nos menospreciemos, sino que nos anima a reconocer la infelicidad que provoca el ego con sus neuras y a usar nuestra sabiduría innata para cambiar todo eso. Esta práctica no promueve que nos flagelemos, sino la confianza en la bondad fundamental. Cuando le echamos toda la culpa al ego, es importante tener esto presente.

8.165 Todo el daño, en breve, que el ego hace
a costa ajena por su beneficio,
que descienda todo sobre él mismo
y que a él le duela mientras ayuda a otros.

Shantideva quiere que su ego experimente todo el daño que ha causado egoístamente a los demás. Este sería un método infalible para curar nuestras agresivas tendencias egocéntricas.

8.166 No permitas todo ese pavoneo suyo,
lleno de desmesura y arrogancia.
¡Que sea como novia recién casada:
recatada, medrosa y timorata!

8.167 «¡Haz esto!». «¡Sé así!». «¡De todo eso ya basta!».
Es con esos modales y usado la fuerza
como conseguirás que entre en vereda.
¡Y usa el látigo si se pasa de la raya!

Aquí Shantideva sigue refiriéndose al egocentrismo del ego y nos recomienda los modales de Geshe Ben. Si las técnicas suaves no están dando resultado, entonces hay que ser más contundente. La vida es demasiado breve como para seguir siendo adictos al ego.

8.168 Y así, oh, mente, si todavía te niegas,
aunque te hayan dado ya tantas advertencias,
como la raíz de toda maldad está en ti,
¡mereces claramente una gran reprimenda!

8.169 La época en que podías hacerme daño
dejó ya de existir, pertenece al pasado.
¡Ya te veo! ¿En dónde te vas a esconder?
A ti, tan insolente y altiva, arrasaré.

«¡Te llegó la hora! —le dice la sabiduría de la naturaleza de buda al ego—. No voy a dejar que los hábitos de siempre me sigan derrumbando». Si el lenguaje de Shantideva —*mereces una reprimenda, usa el látigo*— no va contigo, entonces pon tus propias palabras para expresar este sentimiento, pero no lo endulces demasiado; regodearse en el ensimismamiento en el yo es peligroso para la salud. En algún momento tenemos que dejar de identificarnos con nuestras debilidades y seguir nuestra bondad fundamental. Es muy beneficioso comprender que nuestras limitaciones no son absolutas e inamovibles, sino relativas y prescindibles. La sabiduría de la naturaleza de buda está a nuestra disposición siempre.

8.170　¡Que cada pensamiento de obrar para ti mismo
　　　　sea por siempre apartado, desechado por completo!
　　　　Ahora que se te ha vendido a los demás,
　　　　¡deja de lloriquear y sé alguien de provecho!

¡No olvides eso! Pero cuando te digas a ti mismo *¡deja de lloriquear y sé alguien de provecho!*, dilo con una sonrisa. Recuerda también que esto es algo que le dices a ese ego tuyo portador de amarguras, y no a los demás.

8.171　Porque, si por no estar yo atento,
　　　　dejo de entregarte a los demás,
　　　　ciertamente tú a mí me entregarás
　　　　a quienes custodian el infierno.

A causa de nuestro descuido y de nuestros muchos kleshas, a menudo nos metemos en unos buenos y conocidos líos. Para obtener mejores resultados, por tanto, ¡estate alerta! Los bodhisattvas se deleitan resistiendo la seducción del ensimismamiento en el yo y beneficiando a los demás.

8.172　Así me has engañado, tantas veces,
　　　　¡y ya he sufrido mucho tiempo!

Recordando ahora con rencor todo ello,
¡iré a aplastar tus ardides egoístas!

Tenemos aquí un ejemplo de compasión iracunda. Puede ser muy útil usar abruptamente este odio que va en contra del odio de una manera hábil como herramienta del amor y de la bondad.

8.173 Y entonces, si quiero estar satisfecho,
no debo buscar mi satisfacción.
E igualmente, si protección quiero,
he de proteger a los demás siempre.

El verso *no debo buscar mi satisfacción* se refiere a actuar de un modo egoísta. Shantideva dice que beneficiando a los demás alcanzaremos la satisfacción personal, algo que el dalái lama llama «egoísmo sabio». El egoísmo idiota no se preocupa por el bienestar ajeno y, como consecuencia, acaba perpetuando nuestra insatisfacción.

8.174 Cuanto más mimemos este cuerpo
y cuanto más dolor le evitemos,
más irá menguando hasta llegar
a un estado de queja y debilidad.

8.175 Para quienes se hunden en tal abismo,
la Tierra y todo su contenido
no bastarían para contentarles:
¿quién les va a dar todo lo que ansían?

8.176 Su incurable avidez les empobrece,
y malvados ardides invaden sus mentes.

Mas los de corazón libre de ataduras
jamás conocerán el fin de su ventura.

Shantideva quiere dejar claro que los deseos son inagotables. Pensar que la comodidad y la seguridad podrían resultar de satisfacerlos es tan cómico como intentar apagar un fuego echándole más leña.

8.177 Y así no daré espacio ni oportunidades
que puedan aumentar mis deseos corporales.
Y en cuanto a mis posesiones, las mejores son aquellas
que no son atractivas, que así no me apresan.

De nuevo, no hay nada malo con las posesiones. El problema radica en nuestra adicción a ellas.

8.178 El destino del cuerpo es ser ceniza y tierra,
es algo inerte que mueven otras fuerzas.
Esta forma tan espantosa y repugnante,
¿qué me lleva a tomarla por mi «yo»?

El *cuerpo inerte que mueven otras fuerzas* se refiere al cuerpo que se llevarán como cadáver. Este cuerpo se desvanecerá. No es ahora mismo una entidad permanente, ni lo será cuando muramos.

8.179 Estar vivo o muerto, ¿qué más me da?
¿Me vale esta máquina de algo?
¿Hay algo que de un terrón la distinga?
¡Ay, este orgullo mío que no se va!

Aunque nuestro cuerpo pueda ser, por supuesto, muy útil, no lo será si nos obsesionamos con él. Espero que este conocido mensaje nos esté ya llegando.

8.180 Con todo ese derroche de atención al cuerpo,
me he causado a lo tonto mucho sufrimiento.
¿De qué sirve realmente todo mi odio y deseo
hacia lo que al final no es más que un leño?

Cuando nos llegue la hora, podemos ser expertos en saber lo que queremos y lo que odiamos. Pero ¿de qué nos va a servir? Mejor no esperar a ese momento para hacernos esta pregunta.

8.181 Tanto si lo protejo y le doy mis mimos,
como si de las aves carroñeras es pasto,
este cuerpo no siente aversión ni rechazo,
¿por qué entonces lo cuido dándole mi cariño?

8.182 El rencor que aparece si se le vilipendia
o el placer que surge cuando se le aprecia:
mi cuerpo no siente ninguno de los dos.
Entonces, ¿por quién me agoto tanto?

8.183 Si digo que lo hago porque le gusta a otra gente,
a quienes por ello considero amiga mía,
como todos estiman los cuerpos que tienen,
¿por qué no me gustan también los suyos?

Cuando la gente dice: «¡Qué buen aspecto tienes, estás radiante!», o: «Parece que te han salido más arrugas desde la última vez que te vi», enseguida nos alegramos o deprimimos. Nuestro

EL CAMINO DE LA COMPASIÓN

yo ficticio se enardece mucho con un poquito de alabanza o de culpa. Y así pregunta Shantideva en la estrofa 182: *¿por quién me agoto tanto?* ¿Por qué nos hacemos esto a nosotros mismos?, ¿a esos «mismos» momentáneos y pasajeros?

En la estrofa 183 tenemos otro conocido diálogo. Afirmamos que al cuerpo lo *protegemos y mimamos porque le gusta a otra gente* y así ellos se deleitan, pero, si ese es el caso, ¿por qué no protegemos y amamos los cuerpos de los demás? Con toda seguridad también los demás se deleitarían con ello.

8.184 Por tanto, libre de todo apego,
por bien de los seres daré este cuerpo.
Y aunque de muchas faltas adolezca,
él será mi necesaria herramienta.

8.185 Comportamientos pueriles tuve muchos y ya basta.
Ahora seguiré los pasos de toda la gente sabia.
Recordando sus consejos sobre el prestar atención,
dejaré de lado toda mi somnolencia y sopor.

Aquí Shantideva promete usar su cuerpo como la base de su trabajo, su *necesaria herramienta*. Cuando del mismo modo seguimos con entusiasmo los *pasos de toda la gente sabia*, el cuerpo nos servirá bien y nos llevará a la iluminación insuperable.

8.186 Igual que los compasivos herederos del Buda,
soportaré todo lo que haya que soportar.
Ya que si no trabajo día y noche,
¿cuándo cesarán todas mis penurias?

Trungpa Rimpoché usaba a menudo la palabra *soportar*, llevar una carga, en un sentido positivo. Sentía la gran carga de beneficiar a los seres, pero la llevaba con alegría. *Trabajar día y noche* no significa pelearse, luchar, sino perseverar con el entusiasmo de ese elefante que se zambulle en agua fría, o con el deleite de aquel cisne que desciende entre lotos a la laguna. Al final, todo se reduce a tener claras nuestras prioridades, para hacer todo con la intención de despertar el corazón de la bodhi.

8.187   Y así, para desvanecer todos los oscurecimientos,
apartaré esta mente del camino equivocado.
Y sobre el objeto perfecto, constantemente,
reposaré mi mente en meditación estable.

Dedicatoria

E N EL DÉCIMO CAPÍTULO de *La práctica del bodhisattva*, Shanti-deva dedica el mérito que haya acumulado por la composición de esta obra al beneficio de sí mismo y de todos los demás seres. Leyendo estos versos de dedicación, podemos valernos de su ayuda experta para dar voz a nuestros deseos más profundos.

Esta es una manera simple, aunque profunda a la vez, de dedicarse a una actividad iluminada. Tras finalizar cualquier actividad (una comida, una reunión o una enseñanza budista) podemos hacer la aspiración de que cualquier beneficio que hayamos recibido de ella sea compartido por los demás. Podemos pensar en una persona en concreto que necesita ayuda, o en los hombres, mujeres y niños que viven en países arrasados por la guerra, o en todos los seres de todo el mundo sin excepción.

En una ocasión, le pregunté a Trungpa Rimpoché acerca de compartir el mérito al final de la comida. Como a menudo comía sin prestar atención, parecía un tanto hipócrita pensar que había acumulado algo aparte de más ensimismamiento conmigo misma. Me respondió que tenía en realidad un montón de buena fortuna que ofrecer, por el simple hecho de tener la suerte de poder llevarme a la boca una comida nutritiva y de poder disfrutarla en un ambiente seguro y cómodo. También me recordó las tres noblezas de una actividad: que sea buena al comienzo, buena en el medio y buena al final. Si comenzamos cualquier actividad con la intención clara de que sea beneficiosa, y si la proseguimos con una mente tan abierta como podamos mantener, siempre tendremos entonces algo que compartir al final. Incluso si nos despistamos completamente de lo que estamos haciendo, la aspiración clara con la que comenzamos transforma cualquier acción en una actividad bodhisáttvica.

Dedicar el mérito cambia nuestra actitud porque, en vez de simplemente centrarnos en nosotros mismos, empezamos a pensar más allá de «mí» y de «lo mío». Recordar la aflicción y las penalidades de los demás, así como que todos tienen la posibilidad de iluminarse, nos abre a una perspectiva más amplia.

Dedicar el mérito también nos ablanda. El sufrimiento de toda la gente y de los animales con los que compartimos este planeta se hace más real. Necesitan tanta ayuda como nosotros, sino más. Incluso quienes no nos gustan y aquellos que, según nosotros, «han recibido su merecido», se convierten en los recipientes de nuestra dedicación. Estos gestos de amor y cariño, pequeños en apariencia, pueden ayudar a curar el sufrimiento del mundo. El paso más significativo que cualquiera de nosotros puede dar hacia la paz global es ablandar las rigideces de nuestro corazón.

10.1   Gracias a la virtud que en mí se acumula
por la composición de esta obra que trata
de cómo iniciar la vía del bodhisattva,
que todo ser recorra la senda hasta ser buda.

Shantideva comienza con esta breve dedicatoria. Como resultado de su encomiable actividad, tiene la aspiración de que todos los seres gocen de la oportunidad de llevar la vida de un bodhisattva. *Que todo ser recorra la senda hasta ser buda*, incluyendo aquellos que ahora mismo pensamos que no se lo merecen. El deseo de que todos los seres despierten tiene dos partes. La primera es el sincero anhelo de que ocurra más bien pronto que tarde, y la segunda es la confianza creciente de que esto no es solo posible, sino inevitable. La única cuestión es si elegimos ralentizar o acelerar el proceso.

10.2 Que a los seres que por doquier padecen
martirios en sus cuerpos y en sus mentes,
por mi mérito, les sean otorgadas
ventura y dicha ilimitadas.

10.3 Y en tanto permanezcan en el samsara
que su felicidad nunca disminuya;
y que gocen de beatitud excelsa
en ininterrumpida continuidad.

Shantideva hace aspiraciones para todos los seres de los seis mundos: que puedan, por la virtud de su mérito, tener las personas y los animales que sufren comodidades físicas y alegría mental ilimitadas; que puedan disfrutar de buena salud y de otros beneficios mundanos, así como de la alegría suprema de conocer su verdadera naturaleza. Cuando compartimos el mérito, podemos pensar en toda la gente en todas partes y desearles la beatitud excelsa, no solo para una tarde, sino para siempre. En otras palabras, pensemos tan a lo grande como podamos.

10.4 Que en todos los ámbitos del mundo y sus confines
y en todos los estados infernales que existen,
quienes allí habiten logren saborear
la paz de Sukhavati y su dicha sin par.

Shantideva dirige primero su compasión hacia quienes sufren en el infierno. Les desea el bien incluso a esos seres que consideramos despreciables. Las mentes de los seres que han hecho cosas horrorosas, muy probablemente disfrutándolas a fondo, proyectan los ambientes infernales que se describen aquí. Este es el panorama en que se pueden encontrar apresados Hitler, Pol Pot, o los asesinos en serie.

Una de las razones por las que recibimos enseñanzas acerca de los mundos infernales es para despertar nuestra compasión, otra es que nuestro despiadado pensamiento convencional se estremezca. Generalmente, nos alegramos cuando los culpables de malos tratos reciben lo que se merecen. Sin embargo, estas aspiraciones determinan un cambio profundo en la manera en que vemos las cosas, porque nos damos cuenta de que si los responsables de malos tratos pudieran despertar el bodhichita, la crueldad sería imposible. Los mundos infernales se vaciarían y los daños inhumanos que nos infligimos cesarían.

Es posible que, ahora mismo, muchos de nosotros no nos sintamos listos para desear esto. Quizá nos encontremos en un lugar en el que el resentimiento o la amargura nos impidan hacer ese tipo de aspiraciones por aquellos que no nos gustan o que tememos. Veo una lección de humildad en el hecho de que Shantideva no guarde tales rencores, y hago la aspiración de que llegue el momento en que todos seamos capaces de decir estas palabras: que todos aquellos que se encuentren en estados infernales logren *saborear la paz y la dicha* de percibir el mundo con una mente clara y abierta; que puedan percibir el mundo como la tierra pura de Sukhavati.

10.5 Que se calienten quienes ha atrapado el hielo,
y que las nubes altas llenas de bodhisattvas
se deshagan en lluvias y rápidos raudales
para enfriar a quienes arden en los inflemos.

10.6 Que los bosques cuyas hojas son espadas y cuchillas
pasen a ser arboledas dulces con claros de hierba.
Y que aparezcan sotos de árboles milagrosos
suplantando los que había en la colina de Shalmali*.

10.7 Que se endulcen hasta las mismas simas del infierno
con lagunas fragantes perfumadas por lotos,
y que lindos chillidos de cisnes, ocas y ánades
las ambienten con agradables armonías.

10.8 Que los montones de ascuas se tomen en otros de joyas
y el suelo abrasador en cristal muy bien pulido;
y las lomas aplastantes en viviendas sublimes:
templos llenos de ofrendas en donde los budas moran.

10.9 Que el granizo de lava, armas y rocas
sea una lluvia de flores desde ahora.

---

* La colina de Shalmali está llena de árboles con hojas que son cuchillas. En este infierno, a causa de su karma, los seres que han tenido una conducta sexual incorrecta en el pasado ven al ser objeto de su pasión en la colina, y avanzan hacia él cortándose con las hojas. Cuando lo alcanzan, este se toma en un monstruo o diablo que los devora. *(N. del T.)*

Y toda estocada de arma afilada
se torne en flor que jugando se lanza.

10.10 Y los que en el Vaitarani están en aguas profundas
sin carne ya y con los huesos blanqueados cual flores de kunda,
por la fuerza de mi mérito, se transfiguren en dioses
y en el manso Mandakini con las diosas jueguen y gocen*.

Estos versos se refieren a las descripciones del infierno donde, análogamente al Infierno de Dante, la intensidad del sufrimiento hace que parezca eterno. Tanto si se trata de la agonía del odio frío o del caliente, Shantideva aspira a que esta agonía se alivie.

¿Cómo pueden los seres infernales llegar a cambiar su odio y su agresión para apartarse de la crueldad? ¿Cómo podría despertar en sus corazones un atisbo de ternura? Esto es algo que raramente ocurre en medio de un tormento incesante. La clave es la frase *las nubes altas llenas de bodhisattvas*. Una de las razones por las que estos atormentados seres pueden tener un cambio de actitud, aunque parezca tan poco probable, es que los bodhisattvas, e incluso la gente como nosotros, hagan aspiraciones por ellos. Ahí radica el poder de dirigir nuestra compasión hacia quienes están atrapados en modos de pensar de los que es prácticamente imposible escapar. Influenciado por nuestras aspiraciones, alguien que esté atrapado en una situación de cerrazón mental y de corazón puede de repente sentir una chispa de bondad y vislumbrar la posibilidad de vivir de otra manera. Puede que esta persona lo experimente como un

---

* Vaitani: nombre de un río del infierno. Mandakini: nombre de un río del cielo. *(N. del T.)*

cambio aliviador en su entorno. En lugar de estar sumergido en ríos de fuego, puede que se encuentre en los mansos arroyos de la Tierra Pura.

10.11   «¿Qué miedo es ese —dirán— que atenaza a los sicarios del Señor de la Muerte y a los cuervos y abantos?
¿Qué noble fortaleza es la que nos llena de gozo y aleja esta noche de terror de nosotros?».
Y, cuando mirando al cielo, alcen sus ojos, verán a Vajrapani con un cuerpo luminoso.
Que se extingan entonces sus faltas con alegría y que puedan llegar a estar en su compañía.

10.12   Y cuando vean las hirvientes riadas de lava infernal, extinguirse en una lluvia de flores y torrentes fragantes, quedarán al punto henchidos de gozo y maravillados: que los que moran el infierno contemplen a Padmapani*.

10.13   «Desechad vuestra aprensión, amigos, y rápidamente aquí reuníos.
¿Pues quién es este que ha venido a desterrar todo miedo y suplicio, joven y con el moño recogido, este bodhisattva lleno de brillo que a todos salva y cuida con cariño, su poder dando alivio y regocijo?

10.14   ¡Contemplad como a sus pies de loto ofrecen sus coronas los cien dioses, y en su cabeza una lluvia de flores, la compasión que humedece sus ojos

---

* Padmapani: «Aquel que sostiene el loto». Un título del bodhisattva Avalokiteshvara. *(N. del T.)*

y el brillo de su casa, que resuena con alabanzas de miles de
diosas!».
Que puedan aclamar a Mañjughosha quienes se encuentran en el
infierno.

10.15 Y puedan de igual modo, gracias a las raíces de mi virtud,
viendo a los intachables bodhisattvas como Samantabhadra,
nubes de beatitud repletas de fresca y fragante lluvia,
arribar a la suma alegría aquellos que languidecen en el infierno.

Los bodhisattvas se meten en lugares de una oscuridad indecible para ayudar e inspirar a quienes viven allí. Como resultado,
estos seres atormentados pueden quizá experimentar una nueva
apertura. No es que nuestra naturaleza de buda desaparezca
cuando estamos en el infierno, lo que pasa simplemente es que
es difícil acceder a ella. Cuando los bodhisattvas aparecen en
nuestra vida, despiertan nuestra sabiduría y compasión. Tanto si
nos encontramos en el infierno como en algún otro tormento
menor, nuestra bondad y fortaleza innatas reverberan en su presencia.

10.16 Y puedan los animales encorvados verse libres
del miedo a devorarse mutuamente.
Y que los fantasmas hambrientos sean igual de felices
que los que viven en el continente situado al norte.

10.17 Y que queden ahítos y bien satisfechos
con los chorros de leche que sin parar rezuman
de la mano del noble Avalokiteshvara,
y bañándose en ella disfruten de su frescura.

El primer par de versos de la estrofa 16 trata acerca del miedo y sufrimiento de los animales. Los dos siguientes, junto con la estrofa 17, se refieren al mundo de los fantasmas hambrientos, en donde los seres que lo habitan sufren el tormento de un hambre y una sed insaciables.

Según la antigua mitología India, *el continente situado al norte* se llama Uttarakuru, en él hay una gran armonía y paz. Nosotros vivimos en el continente del sur, llamado Jambudvipa, en el que, aunque no haya tanta armonía y paz, no es un lugar tan malo para nacer.

Tras tratar el sufrimiento de los mundos inferiores, Shantideva muestra ahora su compasión hacia los seres humanos como tú y como yo. Enumera nuestras penalidades y formula el deseo de que todas ellas acaben: que podamos todos liberarnos del sufrimiento y de sus causas.

10.18   Que los ciegos recuperen la vista
         y que los sordos comiencen a oír.
         Y que puedan parir las mujeres
         sin contratiempos, como Mayadevi*.

10.19   Puedan los desnudos vestirse ahora,
         y saciarse todos los hambrientos,
         y aliviar su sed los sedientos
         con agua pura y bebidas deliciosas.

10.20   Que los pobres encuentren la riqueza,
         y los débiles y amargados la fiesta.
         Y los desesperados una entereza
         dotada de inapreciable constancia.

---

* Mayadevi: La madre de Buda Shakyamuni. *(N. del T.)*

10.21 Que todo ser que sufra enfermedad
se libre al punto de todo mal.
Que todas las dolencias de los seres
abandonen el mundo para siempre.

10.22 Que los que temen no sientan temor,
los presos se libren de sus cadenas,
los débiles recuperen sus fuerzas
y los seres se ayuden con amor.

10.23 Que los viajeros que están en camino
hallen la alegría en todos sus destinos,
y sin mayores esfuerzos alcancen
las metas que en sus corazones laten.

10.24 Que los que zarpan en bote o navío
ganen los puertos que su deseo dicta,
y sanos y salvos hollen la orilla
en compañía de parientes y amigos.

10.25 Que los que se han perdido y vagan
se encuentren con otros viajeros
y, sin topar bandido o animal fiero,
tengan una jornada leve y descansada.

10.26 Que a niños, ancianos y desvalidos
que yerran por tierras abandonadas
y duermen inconscientes del peligro,
les cuiden sus ángeles de la guarda.

Shantideva aspira a que toda la gente imaginable pueda estar cómoda y tranquila. Cuando alguien piensa de este modo, y hace estas aspiraciones con autenticidad y con el corazón, está tan dichoso como aquellos por quienes las hace. El lector se puede preguntar por qué. Cuando sentimos empatía, amor y cariño hacia los demás, nos ablandamos y cambiamos. De este modo, tanto el que da como el que recibe se benefician profundamente. Hay estudios que demuestran que las aspiraciones y los rezos tienen de hecho un efecto positivo en la gente. Aunque seas un escéptico, puedes limitarte a desear algo bueno para alguien, con la esperanza de que lo reciban. Entonces tú también te beneficiarás, con toda seguridad, de hacer esta práctica de la dedicación.

10.27 Que nadie sufra estados de opresión;
posean todos sabiduría, fe y amor.
Que con conducta y sustento perfectos
de sus vidas previas tengan recuerdo.

10.28 Que todos obtengan grandes riquezas,
un tesoro como el mismo espacio,
y puedan disfrutarla a voluntad
sin un ápice de odio, ni agravios.

La aspiración de *que todos obtengan grandes riquezas* puede ser peligrosa, por lo que Shantideva añade una importante coletilla: que todos los seres satisfagan sus necesidades sin crear enemistad hacia nadie ni provocar egoísmo, avaricia o mezquindad.

10.29 Que los seres privados de esplendor
adquieran el brillo de la grandeza.
Y quienes padecen deformación
obtengan perfección y belleza.

10.30 Que todas las mujeres de este mundo
alcancen la fuerza de los hombres.
Que llegue a la excelencia el mediocre
y el arrogante pierda su orgullo.

Que quienes se encuentren agotados por su trabajo recuperen la salud y la belleza. Que los que se encuentran abatidos se animen, que los arrogantes encuentren la humildad y que *las mujeres alcancen la fuerza de los hombres*. Para entender este verso, tenemos que conocer el contexto en que Shantideva enseñaba. Nacer como mujer en la India del siglo VIII no era una perspectiva especialmente halagüeña. Incluso a las mujeres ricas se las valoraba poco más que a un animal de labor; y a menudo se las trataba peor. Para las que tenían aspiraciones espirituales para practicar el dharma, su género suponía un gran impedimento. Incluso hoy en día, hay monjas en algunas partes del sureste asiático que reciben malos tratos; a causa de los prejuicios culturales, nadie les da alimentos ni cuida de sus necesidades.

Esta es la clase de desigualdad a la que se refiere Shantideva. Él aspira a que las mujeres se liberen de esta injusticia y del dolor que produce, y que nazcan en una situación en la que no haya prejuicios; de modo que hay mucha compasión en lo que dice. Si padecemos a causa de cualquier clase de prejuicio (género, raza, religión, etc.), que podamos salir de esa injusticia, con todas sus dificultades y obstáculos inevitables.

10.31 Y así, por todo el mérito que he creado,
que absolutamente todos los seres
abandonen todos sus malos hábitos
y abracen el bien ahora y siempre.

10.32 Que nunca se aparten del bodhichita,
obren siempre como bodhisattvas,
les acepten los budas como alumnos
y renuncien a las obras satánicas.

En estas dos estrofas se produce un cambio. Mientras que en otras estrofas, precedentes y posteriores, Shantideva deseaba que nuestras circunstancias externas fueran cómodas y propicias, aquí también nos desea inspiración espiritual. El reto del bodhisattva es trabajarse hasta la última parcialidad y prejuicio. Entonces el poder de nuestra aspiración puede influir en todos los seres vivos de la mejor manera posible.

10.33 Disfruten de suma longevidad
todos y cada uno de estos seres
viviendo siempre satisfechos
y sin conocer la palabra «muerte».

10.34 Que por doquier haya en las diez direcciones
sotos de árboles que otorgan deseos,
resonando con las dulces enseñanzas
de los budas y sus hijos bodhisattvas.

10.35 Y que la tierra entera sea saludable,
libre de rocas, simas y cortados,
llana como la palma de la mano
y, como el lapislázuli, suave.

10.36 Que en todos los círculos de discípulos
haya multitudes de bodhisattvas,
que estos vivan en todos los países
adornándolos con cada excelencia.

10.37 Que escuchen todos los seres vivos
el sonido incesante del dharma,
en el árbol que suspira y en los trinos,
en los rayos y en el mismo cielo.

10.38 Y que estén siempre en presencia de los budas,
y conozcan a sus hijos bodhisattvas.
Que se reverencien los maestros del mundo
con cúmulos de ofrendas ilimitadas.

10.39 Que los buenos espíritus traigan la lluvia a tiempo,
para que la cosecha sea rica y abundante.
Que gobiernen los príncipes de acuerdo con el dharma;
y el mundo sea agraciado con una gran prosperidad.

Que haya buenos gobiernos; que tengamos una sociedad iluminada, cuyos gobernantes tengan presentes el bien e interés comunes.

10.40 Que todas las medicinas resulten muy eficaces
y el poder de repetir los mantras tenga éxito.
Que las dakinis, rakshasas* y otros demonios necrófagos,
imbuidos de piedad, se nos muestren amables.

10.41 Que los seres nunca sufran de angustia,
ni enfermen, ni obren con maldad.
Que desconozcan el miedo y la injuria,
sus mentes siempre libres de amargura.

---

* Dakini: con varios significados en el budismo tibetano, en este contexto es más bien un espíritu maligno del hinduismo que sirve a la diosa Kali, «La Negra», que se alimenta de carne humana.

Rakshasa: demonio nocturno que frecuenta los cementerios y que puede devorar seres humanos. *(N. del T.)*

Los versos que siguen a continuación se dirigen en particular a los monjes y las monjas, los hermanos y las hermanas del sangha de Shantideva.

10.42 Que en los monasterios, los templos y demás,
florezcan y se extiendan lectura y recitado.
Que llegue a reinar la armonía en el sangha
y que todos sus propósitos se puedan realizar.

10.43 Que los monjes ordenados, resueltos a la práctica,
encuentren sitios perfectos para el retiro en solitario;
puedan abandonar los pensamientos errantes
y meditar con mentes flexibles y entrenadas.

10.44 Que estén las monjas provistas de todas sus necesidades;
y les sean desconocidas las rencillas y la malicia.
Que todos los que abracen votos de vida monástica
mantengan sin corromper la más pura observancia.

10.45 Que se arrepientan aquellos que quiebran su disciplina
y que se esfuercen siempre en limpiar sus errores,
pudiendo lograr por ello un renacimiento feliz
en el que podrán seguir una disciplina sin tacha.

Shantideva aspira a que la sabiduría florezca en los monasterios, a que monjes y monjas vivan juntos en armonía, a que se realicen sus metas de ayudar a los demás y a que se les provea de todo lo que necesiten. Por último, aspira a que el sangha monástico cumpla siempre sus votos. Como yo vivo en un monasterio, conozco la importancia que todas estas cosas tienen para el bienestar diario de monjes y monjas.

10.46 Que reciban reverencia los eruditos y sabios,
y que puedan siempre sustentarse con limosnas.
Que sus mentes estén completamente puras,
y que por todas partes se extienda su fama.

10.47 Que los seres no languidezcan en los mundos inferiores,
y que ellos nunca sepan de apuros ni de penas.
Que con cuerpos superiores a los de los dioses
alcancen el despertar sin ninguna demora.

10.48 Que los seres, una y otra vez,
hagan ofrendas a todos los budas.
Y que con su inconcebible bendición
puedan gozar de la dicha pura y eterna.

10.49 Que cumplan ahora todos los bodhisattvas
su elevada intención por bien de los errantes.
Que todos los seres obtengan ahora
todo lo que sus Guardianes les desean.

10.50 Y que tanto los shravakas como los pratyekabudas*
puedan llegar sin falta a la felicidad pura.

La causa de uno de los mayores sufrimientos que padecemos
a veces es rechazar la bondad y el apoyo que nos prestan. Es
posible que percibamos esta ayuda como negativa o sospechosa
y, a causa de nuestra paranoia, seamos incapaces de beneficiarnos
de ella. Esta es casi una definición de estar en un mundo inferior.

---

* Pratyekabuda: Practicante del hinayana que por sus propios esfuerzos, sin
la ayuda de un maestro, se libera de su propio sufrimiento. Véase *shravaka* en el
glosario. *(N. del T.)*

Shantideva desea que los seres estén lo suficientemente abiertos como para recibir todas las bendiciones y la buena fortuna.

10.51 Y hasta que por la bondad perfecta de Mañjughosha
alcance yo la tierra llamada «la muy gozosa»,
me sea dado recordar todas mis vidas pasadas,
y pueda yo abrazar la observancia monástica.

10.52 Que pueda así vivir, y mantenerme
con comidas comunes y corrientes.
Y que halle en cada una de mis vidas
una morada en soledad perfecta.

10.53 Y siempre que quiera verle
o preguntarle algo, aunque sea nimio,
que contemple sin obstrucción
a Mañjughosha, mi fiel protector.

10.54 Para satisfacer las necesidades
de los seres de las diez direcciones
que se reflejen en todos mis actos
las hazañas perfectas de Mañjushri.

Aunque a veces lo que más nos cuesta desear es nuestra propia felicidad, Shantideva dedica el mérito a su propio bienestar en estos versos. En la estrofa 51, aspira a tener una experiencia directa del vacío, lo que se conoce tradicionalmente como la llegada al primer *bhumi: la tierra muy gozosa.*

10.55 Y ahora mientras el espacio perdure
y siga habiendo seres que encontrar,

que de igual modo continúe yo existiendo
para alejar las amarguras del mundo.

10.56 Que en mi mismo ser maduren totalmente
todos los sufrimientos de los seres errantes.
Y que los bodhisattvas les den felicidad
por medio de su virtuosa compañía.

Se dice que la estrofa 55 es una de las favoritas del dalái lama, y resume mejor que ninguna otra el anhelo y el espíritu del camino del bodhisattva. Un ejemplo de lo que se expresa en la estrofa 56 es la práctica del tonglen.

10.57 Que a la doctrina, única cura del sufrimiento
y origen de toda felicidad y gozo,
no le falten riquezas ni la dejen de honrar,
¡que pueda perdurar muchísimo tiempo!

Las enseñanzas budistas han perdurado más de 2.500 años. Llegaron al siglo VIII, y así Shantideva se pudo beneficiar de ellas, y se han mantenido desde entonces hasta ahora, quizá a causa de aspiraciones como esta. El Buda enseñó, sin embargo, que todo es impermanente y que incluso sus enseñanzas se perderían. Al escuchar esto pienso que seríamos sabios si hiciéramos un buen uso de ellas mientras duren.

10.58 Y ahora a los pies de Mañjughosha me postro,
pues toda mi buena intención mana de su bondad.
Y también me inclino ante mis amigos virtuosos:
su inspiración me da fuerza para crecer más.

Esta última estrofa es un recuerdo de la bondad de los bodhi-sattvas y de los amigos espirituales que nos han ayudado en el camino: una última expresión de gratitud y veneración. Según la tradición, se dice tres veces.

* * *

Esto concluye el capítulo y nos lleva al final de las enseñanzas de Shantideva. Que encuentres en estas enseñanzas tanta inspiración y apoyo como yo misma he encontrado, y que te sirvan para sacarle provecho a tu vida.

Aunque se compusieron hace mucho tiempo, estas enseñanzas pueden hacer que cambiemos de un modo significativo la manera en que cada uno de nosotros trabaja con los retos de estos tiempos que vivimos. Nos podrían ayudar a reconocer todas nuestras capacidades y a convertirnos en personas conciliadoras que buscan la paz, ciudadanos eficaces, responsables y compasivos en un mundo turbulento.

Podemos considerar las palabras de Shantideva como instrucciones claves para trabajar con las dificultades venideras. Si aprender a no empeorar las cosas no es una habilidad que todos necesitamos cultivar rápidamente, no sé qué pueda serlo. Y Shantideva no se conforma con esto, también nos da enseñanzas concretas para cultivar la compasión hacia, incluso, nuestros «enemigos», y para promover el amor en vez del odio.

Trungpa Rimpoché dedicó los últimos años de su vida a impartir enseñanzas acerca de la creación de una sociedad iluminada, a las que denominó «visión de Shambhala». Este linaje de enseñanzas está representado todavía hoy por su hijo, Sakyong Mipham Rimpoché. Lo que nos dicen es simple y profundo a la vez: todos tenemos la sabiduría innata para crear una existencia saludable y elevada, por nuestro bien y el de los demás; y las palabras de Shantideva apoyan esto. Podemos pensar más allá de nuestro capullito e intentar echar una mano en este mundo lleno de problemas. Y no solo se beneficiarán nuestros amigos y parientes, sino que incluso en nuestros «enemigos» madurarán las bendiciones de la paz.

Si estas enseñanzas tienen sentido para nosotros, ¿podemos comprometernos a usarlas? En estos tiempos, ¿tenemos realmente otra elección?¿Tenemos la opción de vivir inconscientemente ensimismados en el yo? Cuando nos estamos jugando tanto, ¿podemos darnos el lujo de ir arrastrando los pies? Como somos amigos, por ser miembros de la misma familia y pasajeros del mismo barco, comparto estas preocupaciones con vosotros. Que estas enseñanzas nos ayuden a cada uno.

Que pueda el bodhichita, preciado y sublime, surgir donde todavía no ha llegado a ser; y donde ya ha surgido que no decline, sino que crezca y florezca siempre, más y más.

Reconocimientos

MI INSPIRACIÓN PRINCIPAL ha surgido, como siempre, de mis maestros: el Vidyádhara Chogyam Trungpa Rimpoché, su santidad Karmapa XVI, el Karmapa XVII, su santidad Ogyen Trinley Dorje, su santidad Dilgo Khyentse Rimpoché, el venerable Thrangu Rimpoché, Sakyong Mipham Rimpoché y mi maestro principal hoy en día, el venerable Dzigar Kongtrul Rimpoché.

Los escritos de su santidad el dalái lama han familiarizado al público en general con Shantideva más que cualquier otra enseñanza. Le estoy muy agradecida por sus comentarios, especialmente por su libro *El poder de la paciencia*, que nos instruye sobre cada verso del capítulo seis de *La práctica del bodhisattva*. Las enseñanzas orales del venerable Dzongsar Khyentse Rimpoché sobre los primero siete capítulos han sido una fuente muy importante de información e inspiración. También me he valido mucho del comentario de Geshe Kelsang Gyatso y, para el primer capítulo, de los comentarios de Khenpo Kunpal y Khenpo Choga, traducidos por Andreas Kretschmar.

En mis estudios, me he remitido repetidamente a las diferentes traducciones de este texto y quisiera darle las gracias especialmente al Grupo de Traducción Padmakara. La introducción de su traducción ha sido especialmente útil. También he consultado transcripciones de enseñanzas impartidas por el venerable Ponlop Rimpoché en Gampo Abbey. Y también quiero darle las gracias a Kakai Roberts, cuyas enseñanzas acerca del capítulo seis me han influido mucho, y a Tim Olmstead por sus excelentes enseñanzas acerca del capítulo ocho.

Por último, mi sentido agradecimiento a toda esa buena gente que ha trabajado tanto para que este libro llegara a buen término: Gigi Sims, que transcribió mis enseñanzas orales; Sue Keely, que lo pasó a máquina, investigó, viajó y dio ánimos; Warner Keely, que recopiló el glosario, Clare Ming, Glenna Olmstead y Margaret Jones Callahan, que escribieron el texto original; Helen Tworkov, cuyas valiosas ideas lo mejoraron considerablemente; Eden Steinberg de Shambhala Publications, por sus sugerencias y su apoyo; y, finalmente, a mi editora, Helen Berliner, que hizo el heroico trabajo de crear un libro acabado a partir de las transcripciones originales.

[El traductor quiere también mostrar su agradecimiento aquí a aquellas personas que le animaron y ayudaron: Nicole Martínez, quien me alentó inicialmente en la difícil empresa de traducir el *Bodhicharyavatara*; Cecilia Amador, que pacientemente cotejó la traducción con el original en busca de deslices y omisiones; Álvaro Pérez, que me dio inestimables consejos en la traducción de los versos de Shantideva; y Teresa Gómez, Amaya Elezcano y Mercedes de Blas, que leyeron la traducción antes que nadie en busca de frases cuyo significado no estuviera claro, aportando sus valiosas sugerencias.]

APÉNDICE
Pautas para el estudio

O FRECEMOS A CONTINUACIÓN algunas sugerencias para estudiar *La práctica del bodhisattva*, por nuestra cuenta o en un grupo.

LECTURA A VIVA VOZ

Forma parte de la tradición que *La práctica del bodhisattva* se lea en voz alta, para que así puedan escucharlo tantos seres sensibles como sea posible, incluyendo los niños que van al colegio, las ardillas y los perros, y todos los pequeños insectos. Puede que ahora no lo escuchen verdaderamente, pero quizá se les cuele por los poros y les afecte, de alguna manera, de un modo positivo.

Patrul Rimpoché enseñaba frecuentemente al aire libre, y entonces se leía el texto para que todos los pájaros y otros animales y cualquiera que pasara por allí pudieran oírlo y se beneficiaran con ello. Esa es la idea. Se trata de la actitud de abrir nuestras puertas a todos los seres sensibles.

MEMORIZACIÓN

Según vas leyendo cada capítulo, trata de memorizar al menos una estrofa. Puedes escribirla en una tarjeta y ponerla en algún sitio que esté a la vista. Repítela una y otra vez hasta que seas capaz de recordarla. Esto será, sin duda alguna, beneficioso.

DIARIO

Tanto si estás estudiando por tu cuenta o en grupo, es útil llevar un cuaderno en el que puedes registrar tu experiencia de una estrofa concreta. Por ejemplo, tras leer o memorizar uno o varios versos, camina por ahí con él por un rato. Examina lo que significa para ti y escribe algo sobre ello, aunque sea breve. Más tarde, después de asistir a una clase o a un grupo de debate, o simplemente tras haber vivido con ello algo más de tiempo, es posible que quieras escribir más. La experiencia de tan solo uno o dos días puede ser significativa.

DEDICACIÓN DE MÉRITO

Si lo deseas, tras finalizar una sesión de lectura, puedes concluir dedicando el mérito de tu estudio. Un modo de hacer esto consiste en cantar uno o más versos de dedicación del décimo capítulo de Shantideva. Tras los versos de dedicación, puedes hacer la práctica de visualización que se describe seguidamente.

VISUALIZACIÓN PARA CONCLUIR UNA SESIÓN DE ESTUDIO

Tras dedicar el mérito, puedes finalizar con esta visualización. Cierra los ojos y visualiza enfrente de ti el texto de Shantideva,

La práctica del bodhisattva. Puede ser en la forma que tiene este mismo libro o bien en la de un texto tradicional envuelto en tela. Puedes considerarlo como una encarnación de la compasión, la bondad y la sabiduría. El texto puede representar también tu anhelo de aliviar tu propio sufrimiento, para poder así contribuir a aliviar el sufrimiento del mundo.

Con esta visión delante de ti, visualiza que el libro se convierte en luz. Esto lo puedes hacer como quieras. La luz irradia y se disuelve en ti. Puedes imaginar que esto llena tu cuerpo y te pone muy feliz, es decir, que sientes verdaderamente las cualidades del bodhichita del amor, la compasión, y un corazón y mente abiertos y libres. Acaba irradiando esta luz hacia todo aquel que se halle en tu entorno inmediato, y luego hacia todos los seres de tu pueblo o ciudad, provincia, región, país y de todo el mundo.

Glosario

L AS REMISIONES A OTROS términos aparecen en versalita. Las
abreviaturas «sans.» se refieren al sánscrito y «tib.» al tibetano.

ARHAT (Sans.): Practicante que se encuentra en el estadio más
avanzado del logro espiritual del camino, o yana, fundacional.
Véase también YANAS, TRES.

BHUMIS, DIEZ (Sans.): Cada uno de las diez etapas que el bodhisattva ha de recorrer para alcanzar la budeidad: la muy gozosa, la inmaculada, la iluminadora, la resplandeciente, la difícil
de conquistar, la que está enfrente (de la realidad), la que
llega lejos, la inamovible, la del buen intelecto, la nube del
dharma.

BODHICHITA (Sans.): Corazón, o mente, despierto. El bodhichita
relativo consiste en la aspiración y perseverancia necesarias
para despertar y poder así beneficiar a todos los seres que
sufren. El bodhichita absoluto es nuestra mente despierta,
libre de conceptos, que ve el vacío de todos los fenómenos.

Budismo Mahayana (Sans.): El «gran vehículo» de los bodhisttavas. Este camino pone de relieve la práctica de la compasión y el cultivo de la sabiduría del vacío, la naturaleza última del yo y de todos los fenómenos. Con la motivación de sacar a todos los seres del estado de no iluminación, lleva a la consecución de la *budeidad* para bien de los demás. El budismo mahayana floreció en países del norte de Asia: China, Corea, Japón, Mongolia y Tíbet. Véase también YANAS, TRES.

Dharma (Sans.): Hablando en general, dharma es cualquier «verdad», «norma» o «ley». Desde el punto de vista del budismo, dharma se refiere a las enseñanzas del Buda histórico, Shakiamuni. Se conoce también como budadharma.

Kleshas (Sans.): Traducido en ocasiones como «neurosis», «aflicciones», o «emociones envilecedoras», son emociones fuertes que irremediablemente conducen al sufrimiento: agresión, ansia, ignorancia, celos, arrogancia, orgullo y todos sus vástagos.

Nidanas (Sans.): Los doce eslabones que forman la cadena del surgimiento dependiente: ignorancia, formaciones o impulsos, conciencia, nombre y forma, los seis reinos de los sentidos, contacto, sensación, ansia, apego, devenir, nacimiento y envejecimiento y muerte.

Paramitas (Sans.): Las seis prácticas del camino mahayana: generosidad, disciplina, paciencia, diligencia o entusiasmo, meditación y sabiduría. Se llaman «trascendentes» porque nos llevan, cruzando el río de la existencia confusa, a la «otra orilla» de la iluminación.

Pudridero: Históricamente, los pudrideros de la antigua India eran lugares apartados donde se dejaban los cadáveres para que fueran devorados por las alimañas. En la sociedad contemporánea, un «pudridero» puede ser cualquier lugar en que no se esconde la verdad del sufrimiento y tiene, por tanto, una cualidad de desesperanza o de infundir terror. A los bodhisattvas estas situaciones no les asustan y se sienten inspirados a trabajar con tal caos.

RIMPOCHÉ (Tib.): Término honorífico que significa «preciado»: un título que se da a maestros reverenciados del budismo tibetano.

SAMSARA (Sans.): El ciclo vicioso de sufrimiento producido por la búsqueda constante de seguridad.

SANGHA (Sans.): La comunidad de los que siguen el camino budista.

SEIS MUNDOS: Según las enseñanzas budistas, hay seis grandes divisiones de la experiencia en que nacen los seres sensibles como resultado de su karma, o acciones, pasado. En los tres «mundos inferiores» de los animales, de los fantasmas hambrientos y de los infiernos, lo que predomina es el sufrimiento. En los tres «mundos superiores» de los dioses mundanos, de los asuras o semidioses y de los seres humanos, el sufrimiento se ve mitigado por placeres temporales.

SHAMATHA (Sans.): La meditación de la «quietud apacible». Una de las dos prácticas principales de meditación budista, centrada en aquietar la mente mediante el cultivo de la atención.

SHENPA (Sans.): Normalmente traducido como «apego» u «obsesión», es la sensación no conceptual de sentirse enganchado, la carga detrás de las emociones y, de un modo más básico, la carga detrás de la sensación de «mí».

SHRAVAKA (Sans.): Literalmente, «los que escuchan». Aquellos que escucharon las enseñanzas del primer giro (hinayana) y las aplicaron en sus vidas, centrándose especialmente en la liberación individual. Véase también YANAS, TRES.

SUTRA (Sans.): Los sutras budistas recogen las enseñanzas que se atribuyen al Buda Shakiamuni, que tomaron la forma de discursos y diálogos con los estudiantes.

TONGLEN (Tib.): La práctica de enviar y recibir, la cual cultiva la ecuanimidad y la compasión recibiendo dentro el sufrimiento de los demás y enviándoles todo lo que es bueno y positivo.

YANAS, TRES (Sans.): Los tres estadios evolutivos, o «vehículos», para recorrer el camino hacia la iluminación, se conocen en el budismo tibetano como «hinayana», o yana fundacional, «mahayana» y «vajrayana». Cada uno de ellos tiene un punto de vista específico del camino y un cuerpo específico de conocimiento y práctica.

Direcciones útiles

Acerca de la autora:

http://www.shambhala.org/teachers/pema/

Existen centros de meditación de Shambhala en varios países de habla hispana:

http://www.shambhala.org/centers/

Bibliografía recomendada

CHOGYAM TRUNGPA RINPOCHE. *Cutting Through Spiritual Materialism* Berkeley:Shambhala Publications, 1973. See particularly the section called «Styles of Imprisonment» for a description of hell as a psycho- logical state.

——. *Training the Mind and Cultivating Loving-Kindness.* Boston: Shambhala Publications, 2003. An excellent companion to *The Way of the Bodhisattva.*

DZIGAR KONGTRUL RINPOCHE. *It's Up to You.* Boston: Shambhala Publica tions, 2005.

PEMA CHODRON. *The Places That Scare You.* Boston: Shambhala Publica, tions, 1997. Gives pertinent practices that complement *The Way of tthe Bodhisattva.*

SAKYONG MIPHAM RINPOCHE. *Turning the Mind into an Ally.* New York Riverhead Books, 2003. Clear teachings on how to meditate; a helpful companion to chapter 5 of *The Way of the Bodhisattva.*

ANTE EL MIEDO Y LA INCERTIDUMBRE

108 enseñanzas prácticas para desarrollar la compasión y la lucidez

PEMA CHÖDRÖN

Este volumen recoge 108 enseñanzas esenciales para desarrollar la compasión y la claridad en medio de las ansiedades y dificultades propias de la vida. Es un manual para la práctica espiritual lleno de sabiduría e inspiración que recopila algunos de los mejores pasajes de las destacadas obras de Pema Chodron.

CARTAS DE LA COMPASIÓN

Enseñanzas para despertar el corazón

PEMA CHÖDRÖN

El libro de la compasión y 59 cartas con la clásica práctica budista Loyong y los instructivos e inspiradores comentarios de Pema Chödrön, que facilitan su comprensión y su aplicación a la vida cotidiana. Permite que la compasión y la ausencia de temor te guíen y vivirás con sabiduría y efectividad, tanto en los buenos tiempos como en los malos.

De la misma autora

CUANDO TODO SE DERRUMBA

Palabras sabias para momentos difíciles

PEMA CHÖDRÖN

Esta obra cálida, llena de aliento y de consejos sabios, nos recuerda que la vida es un buen maestro y un buen amigo; y que los momentos difíciles de nuestra vida, aquellos en los que uno se siente descentrado y todo parece derrumbarse, son precisamente una situación ideal para librarnos de lo que nos mantenía atrapados y para abrir nuestro corazón y nuestra mente más allá de los antiguos límites.

VIVIR BELLAMENTE

En la incertidumbre y el cambio

PEMA CHÖDRÖN

Pema Chödrön plasma en esta obra un tesoro de sabiduría para aprender a zambullirse plenamente en el desafiante río de la vida y poder permanecer completamente presentes y sin miedo en medio de la existencia, incluso en los momentos más duros y las situaciones más difíciles.

COMIENZA DONDE ESTÁS

Guía para vivir compasivamente

PEMA CHÖDRÖN

Comienza donde estás es un manual imprescindible para cultivar nuestro espíritu intrépido y despertar el corazón compasivo. Con lucidez y humor, Pema Chödrön nos presenta una guía práctica de cómo hacernos amigos de nosotros mismos y desarrollar la auténtica compasión hacia los demás.